张掖职业教育发展述略

陈天仁　编著

Development Statement of Vocational Education in Zhangye

蘭州大學出版社
LANZHOU UNIVERSITY PRESS

图书在版编目（CIP）数据

张掖职业教育发展述略 / 陈天仁编著. -- 兰州 ：兰州大学出版社，2023.4
ISBN 978-7-311-06468-6

Ⅰ. ①张… Ⅱ. ①陈… Ⅲ. ①职业教育－发展－研究－张掖 Ⅳ. ①G719.2

中国国家版本馆CIP数据核字(2023)第078915号

责任编辑　马媛聪　宋　婷
封面设计　陈　欣

书　　名　张掖职业教育发展述略
作　　者　陈天仁　编著
出版发行　兰州大学出版社　（地址:兰州市天水南路222号　730000）
电　　话　0931-8912613(总编办公室)　0931-8617156(营销中心)
　　　　　0931-8914298(读者服务部)
网　　址　http://press.lzu.edu.cn
电子信箱　press@lzu.edu.cn
印　　刷　广东虎彩云印刷有限公司
开　　本　710 mm×1020 mm　1/16
印　　张　15
字　　数　268千
版　　次　2023年4月第1版
印　　次　2023年4月第1次印刷
书　　号　ISBN 978-7-311-06468-6
定　　价　45.00元

（图书若有破损、缺页、掉页，可随时与本社联系）

前言

"教育是国之大计、党之大计"。2019年8月20日，习近平总书记视察山丹培黎学校时强调，西北地区因自然条件限制，发展相对落后。区域之间发展条件有差异，但在机会公平上不能有差别。要解决这个问题，关键是要发展教育，特别是职业教育。我国经济要靠实体经济做支撑，这就需要大量专业技术人才，需要大批大国工匠。发展职业教育前景广阔、大有可为。

多年来，张掖历届党委、政府高度重视职业教育发展，把加快发展现代职业教育摆在突出位置，不断扩大投入，持续提高保障水平，统筹推进全市职业教育和成人教育发展，形成了政府统筹、部门配合、社会共同参与的职业教育运行机制，为全市经济社会高质量发展提供了强有力的人力资源支持。特别是习近平总书记视察山丹培黎学校后的这几年，全市上下牢记习近平总书记嘱托，全面贯彻落实全国教育工作会议精神，抢抓机遇、突出重点，立足"三新一高"站位，以"一品牌引领、三示范创建、四集群发力"（即以"培黎"为特色品牌，三所国家、省级示范校创建优质校为突破，以甘州、临泽、高台、民乐四个"全国农村职业教育与成人教育示范县"为骨干的"四大区域专业集群"）为抓手，全力构建面向"一带一路"和地方经济社会发展的实用型、技能型、服务型人才的中高职贯通、一体化发展的现代职业教育体系。全市职业教育百花齐放、百舸争流的局面已经形成，高质量发展和大有作为的态势已经呈现。

职业教育是与普通教育具有同等重要地位的教育类型，是国民教育体系和人力资源开发的重要组成部分，是培养多样化人才、传承技术技能、促进就业创业的重要途径。步入新时代，我国正处于"两个一百年"奋斗目标的历史交汇期。张掖经济社会高质量发展正处在战略机遇的叠加期、转型升级的加速期、追赶超越的关键期。对全市职业教育而言，当前正处在提质培优、攻坚克难、提升形象、赋能经济社会高质量发展的关键时期。在“十四五”时期国家建设高质量教育体系的进程中，与教育发达地区比较，我市职业教育仍是短板，更是关键。加快构建现代职业教育体系，建设技能型社会，弘扬工匠精神，培养更多高素质技术技能人才、能工巧匠、大国工匠，推动职业教育供给与经济社会发展需求高度匹配，是职业教育的主要任务。如何从类型特色、产教融合、校企合作、教学改革、打造品牌等方面制定现代职业教育高质量发展的具体举措，切实提高职业教育的质量，为全市“一屏四城五区”目标建设提供有力人才和技能支撑，培养更多高素质技术技能人才，是摆在全市教育系统面前的重大课题。

鉴往知来、守正创新、知史激志，不忘过去张掖职业教育发展的历程和成就；向史而新、激志尽责、勇毅前行，无愧今天的使命担当，是我编撰《张掖职业教育发展述略》的初衷。张掖独特的历史、独特的文化、独特的市情、独特的经济基础、独特的人力资源和需求，形成了独特的职业教育发展历程。正本清源，才能继往开来。基于以上认识思考和对职业教育的梦想情怀，在市、区教育行政部门领导的关心支持和全市职业教育同仁的鼓励帮助下，我利用三年时间，整理、参考了大量文献史料，请教走访过往职教人士，结合个人多年对职业教育发展的思考和研究，摘引了《张掖地区教育志》职教部分，汇集了职业教育行政部门和各学校的集体智慧，终于完成了此书。

全书由七章内容和要事纪略、附录组成。第一章综述，概述张掖不同时期经济社会发展及职业教育发展的情况和特点，是本书的纲。第二章回顾历史，记述张掖职业教育发展的历程，是对第一章的细化和扩展，将张掖职业教育发展放置于全国职业教育发展的背景之下，分项记述张掖职业教育发展状况，重点记述了改革开放以来张掖职业教育发展的变革和取得的成就，力求突出时代性、专业性、参考性，体现史料价值。第三、四、五章介绍张掖中等职业教育、高等职业教育和成人教育，按通用断代方式设章领节，分时期叙述，为方便读者全面了解张掖不同层次职业教育发展的历史，前后内容略有重合。第六章简述职业教育管理体制沿革。第七章展示张掖职业教育的实践创新及其成果，以课题研究的成果和办学模式的实践探索为主，集中反映不同时期张掖职业教育发展的实践探索和理论思考。要事纪略，主要是从史志等文献中按照编年体式摘编张掖职业教育发展史上的重要事件和教育行政部门的工作推进情况，溯古记今至2021年。附录部分编录了相关重要文献目录，列举了不同时期市级层面出台的重要文件，突出市党委、政府推动职业教育的顶层设计和制度创新，同时编录了张掖职业教育在不同年份的主要数据表，为研究职业教育的同仁提供方便。

由于水平有限，收集资料不够，缺漏和错误在所难免，敬请阅及此书的领导、专家学者、职教界同仁和各界社会人士不吝赐教，以期更正。

编 者

2023年3月

目 录

第一章 综 述

张掖地理位置独特、历史悠久，教育源远流长。自古以来就有尊师重教、兴学育人的优良传统。在漫长的历史长河中，张掖职业教育与传统教育相互交融、相伴发展，形成了诸多独有的特点和优良传统。改革开放以来，张掖历届党委、政府始终坚持把教育特别是职业教育放在优先发展的战略地位，促进了职业教育较快发展，构建了较为完整的高职、中职、成人教育发展的现代职业教育体系，为张掖经济社会发展提供了人才支撑。

第一节 张掖历史沿革

张掖，位于中国甘肃省西北部，河西走廊中段。以“张国臂掖，以通西域”而得名，古称“甘州”，即甘肃省名“甘”字由来地，自古以来就是丝绸之路商贾重镇和咽喉要道，素有“塞上江南”“金张掖”之美誉。

张掖在远古属雍州之地，夏商时为羌族所居。周时，戎、狄两族在这里居住，春秋战国时期乌孙、月氏人在这里繁衍生息。秦汉之际，河西为匈奴王族领地。汉元鼎六年，取“张国臂掖，以通西域”之意，置张掖郡。

东晋时，临松卢水胡人沮渠蒙逊在张掖建立北凉国，发展农业，大兴儒学，扩大同西域各国的文化交流，推广佛教，使张掖文化呈现出空前繁荣的局面，成为北方中国文化特别是佛教文化的中心。

隋代，张掖商业发达，商贾云集，张掖郡治所在地的张掖县城成为国际商业大都市。炀帝派西域校尉裴矩掌交市，发展商业。大业五年（609），炀帝西巡至张掖，登焉支山会见27国国王及使者，盛况空前。

唐时期，河西国际贸易地位达到前所未有的高峰，张掖成为中国对外贸易的重要场所。经济的繁荣，促进了文化昌盛。

北宋天圣六年（1028），党项族首领李元昊击败甘州回鹘，建立西夏。西夏王朝建立后，其继承汉文化传统，兴修水利，发展农业，兴办教育，推崇佛教。

元代置甘肃等处行中书省，张掖为省会。在甘州城内建立了甘肃最大的粮仓（扎浑仓），供应各路军粮。

明代，甘州为陕西行都司及甘肃镇的治所。在甘州大兴土木，修筑长城等一大批军事设施以巩固边防，形成了完整的军事防御体系。大力发展文化教育，建设了一批学校、书院，使甘州自此进士、举人、秀才辈出。

清代，张掖为甘州府治所，甘肃提督统军驻地，节制凉州、肃州、西宁、宁夏四镇总兵。清时，张掖文化教育更加兴盛。

1927年，设张掖县。1985年5月，撤销张掖县，设立县级张掖市。2002年3月1日，国务院批复撤销张掖地区和县级张掖市，设立地级张掖市。张掖市设立甘州区，以原县级张掖市的行政区域为甘州区的行政区域。地级张掖市辖原张掖地区的临泽县、高台县、山丹县、民乐县、肃南裕固族自治县和新设立的甘州区。

张掖市是国家1986年颁布的第二批全国历史文化名城之一，是古丝绸之路重镇，是新亚欧大陆桥的要道，是全国历史文化名城和中国优秀旅游城市，全国第二大内陆河黑河贯穿全境，是甘肃省商品粮基地，自古有“金张掖、银武威”美誉。张掖总面积3.86万平方公里，辖甘州区、肃南县、民乐县、临泽县、高台县、山丹县一区五县，辖区有汉、裕固、藏、蒙、回等38个民族，其中分布于祁连山区的裕固族是全国独有的少数民族。2021年，全市常住人口112.25万人，城镇人口58.95万人。张掖自然资源富集，是国家现代农业示范区，全国最大的玉米制种区和重要的粮食、蔬菜、瓜果、油料与牛羊生产基地，也是全省以钨钼、铜、金、铁、煤、黏土、钾盐等矿种为主的金属、非金属矿产集中区和水能、光能、风能开发区。

张掖市教育资源丰富，发展水平较高。区域内有省属综合性普通本科院校1所——河西学院。2021年，全市有各级各类学校和幼儿园597所，在校（园）学生（幼儿）183623人，教职工15823人。其中，幼儿园391所（民办73所），在园幼儿37268人（民办12322人），教职工3545人（民办1407人）；小学137所，在校学生76203人，教职工5961人；初中49所，在校学生37646人，教职工3224人；普通高中9所（省级示范性高中6所），在校学生20844人，教职工2114人；中等职业学校9所，在校学生11052人，教职工850人；高等职业学校1所，在校学生1882人，教职工99人；特殊教育学校1所，在校学生199人，教职工56人。另有甘肃广播电视大学张掖分校1所，网络培训学员4099人，教职工16人。民办校外培训机构356所。全市学前三年毛入园率99.51%。小学适龄儿童入学率100%，初中阶段入学率99.9%，九年义务教育巩固率99.96%。高中阶段毛入学率95.59%，比全国指标（91.2%）高出4.39个百分点。高等教育毛入学率55.2%，进入普及化阶段。

第二节　张掖古代职业教育的基本特征

在距今5000多年的新石器时代，张掖先民已在这里从事原始农业生产和畜牧业，会使用石球，能用石纺轮纺织，制造彩色陶器，并开始使用青铜器。随着原始农牧业的发展，张掖先民在劳动和生产劳动产品的过程中，把磨制石器、烧制陶器、耕牧纺织的知识与技巧进行传授，这种随机性、偶然性、分散性的与劳动融为一体的言传身教，是最初的职业教育形式。

汉代以前，张掖属地主要由少数民族交替占据，职业教育的形式和内容主要是有关生活、文化和畜牧业、农业、手工业、商业等方面的经验和技术的传授与推广。汉代张掖建郡，内地移民大量迁入，官学、私学在张掖郡各县的坞、堡相继兴起。在政府的干预和强制推动下，“以法为教”“以吏为师”的职业教育形式和“劝课农桑”“礼仪传习”“风俗教化”为内容的职业教育得到发展。魏晋诸凉时期，统治者推行“农职之教”，重视生产技术推广，发展私学和官学，促进了职业教育发展。隋唐时期，重视对河西经济的开发，畅通丝绸之路，建立互市，吸取外来技术发展手工业，促进商业发展，推动了不同民族和区域的生产技术的交流与发展，促进了以手工业、建造业、商贸、农业、畜牧业、医学、佛教、音乐等方面的职业教育发展。西夏王朝建立后，重视学习汉族文化，设立刻字司、金工司、铁工院、木工院等官管机构，加强对专业技术人员的培养和管理，促进了专业化的职业教育。元代兴学设教，创办路、府、州、县官学，发展私学、社学，培养了大量专业技术人才，促进了职业教育的发展。明代在张掖设置粮仓、兵器制造厂等，强制推行农业、工业、建筑业、手工业等方面的技术传授。清朝建立后，在文化传播和学校教育方面，设府学署，发展县学，兴办书院和讲舍，同时发展社学、义学。

概括起来，张掖古代职业教育具有以下特征：一是发展的独特性。地处河西走廊中部的张掖是古丝绸之路的重镇，也是中西文化交流的重要通道。在历史进程中，游牧文化与农业文明在这里交流，西域文化与中原文化在这里撞击，历史文化与现代文明在这里融合，汇集成深厚的文化底蕴和历史沉淀，伴随着经济社会和文化的发展，职业教育经历了封建时代的私塾、官学到国家办学的过程。特别是南北朝时期天下纷乱，唯河西独安，一些学者开始选择在名胜之地建筑精舍，群居讲学，形成了最初的书院。明清时期，书院勃兴，劝学修礼，崇化厉贤，为河西走廊积淀了丰厚的人文底蕴。二是推广的强制性。古代张掖以农牧业为主，历代政府及官吏为了提高农业和畜牧业产量，增加收入，都非常重视对农业生产技术进行推广。因此，推行职业教育便成为一种政府行为，具有强制性。统治者为发展经济，通过各种行政措施，设置专门机构，选派专门的人员，总结来自民间的创造发明和职业教育经验，并广泛推广，使得职业教育技术在推广中得到发展，提高了社会生产力。政府有关强制推行生产技术的事例在敦煌文献和居延汉简多有记载。三是形式和内容的多样性。职业教育自古以来都是与国计民生密切相关的，历代历朝的统治者都非常重视，以国家举办为主、民间举办为辅便成为古代职业教育的主要办学途径。历史上，张掖曾是北凉国的国都、行都司的首府，是历朝诸代设州置府的治所，独特的地理位置，使张掖成为历代中原王朝在西北地区的政治、经济、文化和外交活动中心。在漫长的历史长河中，职业教育的创立、形成和发展与传统教育相互交融、相伴发展，在历经生产方法、生活方式的口传身教，民间的世袭相传和师徒相传，劝课农桑的社会教化，官府作坊艺徒制，封建时代的私塾，官学到国家办学的演变中形成了诸多独有的特点，呈现出多样性的特征。

第三节　张掖现代职业教育的萌生与快速发展

张掖职业教育作为一种独立的教育制度，成立专门的职业学校分类发展，严格讲是从20世纪初开始的。民国时期，张掖专门职业学校开设起步，并得到发展。1915年，张掖县成立乙种师范讲习所，培养平民教育的师资，后改为“甲种讲习所”，为后来张掖师范教育发展开创了条件。1939年，张掖县成立国医学校，为张掖举办医疗卫生教育探索了经验。1941年，省立临夏师范学校迁至张掖，更名为“甘肃省立张掖师范学校”，为张掖的师范教育成建制规模发展奠定了基础。1941年，省级政府在张掖创办张掖农业学校，设农艺、森林专业，为以农业为主的张掖发展经济培养了专业人才。特别是1944年，路易·艾黎将陕西省凤县双石铺创办的培黎工艺学校迁至山丹，建立了半工半读的“山丹培黎工艺学校”，为张掖发展职业教育在办学方向、办学思想、教育理念、培养模式等方面都起到了十分重要的作用。张掖山丹培黎工艺学校的创建，对张掖乃至全国的职业教育都产生了一定的影响。

中华人民共和国成立后，山丹培黎工艺学校、张掖师范、张掖农校等经过改造、整顿，逐步发挥了专业学校的基本职能和作用。

20世纪50年代初，张掖在农村开展了冬学教育，不仅为农村社会教育和扫盲教育创造了条件和经验，还为发展农村小学教育创造了条件。同时，全区开始举办工农速成初等学校、业余初等学校、工农速成中学和业余中学，培养了一大批生产骨干，为初等教育和中等职业教育创造了条件。

1958年开始，张掖掀起了全民办教育的热潮，辖区范围内先后成立了8所职业教育类型的“学院”和十多所职工学校，之后经过调整，大多停办。1964年开始，全区开始兴办耕（牧）读小学和农业中学，发展初级和中等职业教育。不完全统计，这一时期全区兴办耕读校（班）676个，创办和改办农（牧）业中学13所。“文化大革命”时期，职业教育遭受破坏，职业学校几乎全部停办。到1976年，中等专业学校和农业职业中学只占全区中等学校的6.3%。

改革开放后，张掖职业教育得到全面快速的发展。特别是20世纪90年代，张掖各级党委、政府认真贯彻落实《中国教育改革发展纲要》，把大力发展职业教育作为加快小康建设步伐、落实科教兴区战略的主要举措，先后投资7000多万元新建扩建7所县级职教中心、93所乡镇农科教中心和814所村农民文化技术学校，张掖县、乡、村三级职教网络体系初步形成，从根本上改变了区域职业教育薄弱的状况，形成了“三教”统筹、结构合理、协调发展的教育体系，为促进地方经济的快速发展奠定了坚实的基础。这一时期职教发展的主要特点是抓规划、打基础、上规模、搭架子，总体上呈数量扩增状态。尤其是1994—1996年，各级党委、政府高度重视职业教育，形成政府主推、部门联动齐抓共管、全社会支持的办学高潮，在中等职业教育发展方面创造了许多亮点，形成了“张掖模式”，领跑了全省职业教育的发展。

进入21世纪，为适应经济社会的发展和不同类型教育的需求，张掖职业教育经过布局结构调整和特色发展，职业学校办学水平和层次得到进一步提升。张掖师范专科学校经教育部批准升格为综合性本科院校，更名为“河西学院”。张掖地区卫生学校升格为张掖医学高等专科学校。张掖师范保留建制，压缩师范教育，改办为“张掖实验中学”，以举办普通高中教育为主。各职业学校深化办学机制改革，以服务地方经济和促进就业为导向，加强骨干专业建设，强化学生技能教学，实现了办学规模和办学效益的同步发展。3所学校被教育部认定为国家级重点职业学校，5所学校达到省级重点职业学校标准。

2005年，全国职业教育工作会议召开，国务院出台了《关于大力发展职业教育的决定》。张掖各级党委、政府高度重视和支持职业教育的改革与发展，把改革和发展职业教育放在整个教育工作的突出位置，整合各部门的力量，共同推进职业教育发展，为职业教育快速健康持续发展创造了条件。各级各类职业学校，面向市场，坚持以服务为宗旨、以就业为导向，转变办学思想、办学模式、办学机制，加强职业道德教育和职业技能培训，狠抓实验实训基地建设和招生就业工作，构建农科教结合、产学研一体的人才培养模式，使全市职业教育在创新中不断发展，形成了以县级职教中心为龙头，乡镇农科教培训中心为骨干的办学格局。

党的十八大以来，张掖市各级党委、政府更加重视职业教育发展，始终坚持把快速发展现代职业教育摆在更加突出的位置，多措并举、多点发力，强力支持和推动职业教育发展，张掖职业教育进入黄金发展时期。2019年8月，习近平总书记视察山丹培黎学校并发表重要讲话，极大地鼓舞了全市上下大办职业教育的决心和信心。全市上下特别是教育系统，深入贯彻落实习近平总书记视察山丹培黎学校重要讲话和指示精神，站在把握新发展阶段、贯彻新发展理念、构建新发展格局的高度，进一步解放思想、转变观念，有效落实各项支持政策和举措，着力打造职教品牌，对接区域产业规划布局和技术技能人才需求，坚持服务导向，突出特色培植，形成了“龙头”带动、体系完善、布局合理、水平较高、服务较强的中高职贯通办学新格局，以优异的成绩提交了“技能甘肃”高分答卷，奋力谱写了全面建设社会主义现代化、加快建设幸福美好新张掖征程上职业教育高质量发展的时代新篇。这一时期全市职业教育发展总体呈现以下特点：一是政策措施保障更加完善。党委、政府高度重视职业教育发展，在全面落实国家法律法规、政策文件、标准体系的同时，市委、市政府先后出台了《张掖市人民政府关于加快发展现代职业教育的实施意见》《张掖市深化产教融合实施方案》《张掖市职业教育改革实施方案》等系列文件和配套措施，强化了发展职业教育的制度和政策保障。建立了与办学规模和培养要求相适应的财政投入机制，严格执行地方教育费附加用于职业教育比例不低于30%的规定，足额及时落实学生生均公用经费。2021年，全市中等职业学校生均经费达到16470.47元。二是职业学校布局结构调整更加科学。全市职业学校通过整合、转办、合并、共建、联办等多种形式进行布局结构调整，进一步优化了资源配置，扩大了办学规模，使各职业学校的办学规模和效益得到提高。2021年，全市7所中等职业学校在校生12111人，校均在校生1730人，3所学校在校生超过2500人。三是职业学校内涵建设不断提升。产教融合、校企合作、工学结合，校企协同育人的体制机制初步建立。“三教改革”不断深化，五级技能大赛制度化、常态化，现代学徒制试点、“1+X”证书制度试点、“理实一体化”教学改革，推进了“岗课赛证融通”的教育教学改革。四是职业学校在落实立德树人、德技并修和国家职业教育课程体系、专业目录、专业标准的同时，强化美育和劳动教育，突出“合格+特长”学生综合素养提升。遵循教育和人才发展规律，坚持“就业升学”并重，注重为高等职业教育输送具有扎实技术技能基础和合格文化基础的生源的理念形成共识。对口升学考试、技能大赛成绩连续十多年居全省前列，学生就业率保持在99%以上。五是高中阶段教育协调发展，职业教育效益稳步提升。严格落实国家高中阶段职普大体相当的政策，采取刚性考核措施，建立高中阶段招生六项机制，强化职业教育招生，保证职教生源，扩大职教规模。2013—2021年，在初中毕业生人数逐年减少的情况下，中职在校生规模逐年增加，高中阶段招生“职普比”稳步提高，基本达到了大体相当的要求。六是品牌创建、示范引领，职业教育逐步迈向高质量发展阶段。进入新时代，全市创建了3所国家和省级示范校，4个全国农村职业教育与成人教育示范县，3所省级优质校。国家项目基地，省、市级创新团队，名师工作室及典型案例逐年增多，整体提升了全市职业学校的办学水平和知名度。七是教师队伍整体素质提升，“双师型”教师培养更加注重。完善职业学校教师准入、聘用、培养机制，依托国家和省级职教研修基地，持续实施校长能力提升、教师能力提升、名师骨干引领、专业带头人选拔培养、“双师型”结构优化、兼职教师资库建设等6项“强师工程”，常态化开展教师技能竞赛、能力比武等奖励选拔活动，全市职教师资整体素质提升。2021年，全市职业学校专任教师本科及以上学历占比96.7%，专任教师学历达标率为100%。专任教师高级职称占专任教师的33.25%，“双师型”教师占专任教师的43.57%。八是中高一体化人才培养体系基本建立。历时五年建设，培黎职业学院建成并招生运行。培黎职业学院正式运行后，与全市各职业学校实行“2+3”联合办学，在张掖市职业技术教育中心新校区挂牌成立“培黎职业学院甘州分院”，标志着张掖职业教育中高一体化人才培养体系基本建成。九是统筹协调、部门联动，大职教培训体系基本构建。依托4个全国农村职业教育与成人教育示范县、7所西部创客大学及其分校、6个市级企业人才培训基地，构建了大职教网络和平台。各职业学校和培训机构大力开展企业职工、技能人才、创新创业、社区服务、农村劳动力转移、农村实用技术、新型职业农民培育和农村劳动力技能等社会培训，年均超过2万人次。

第四节　张掖职业教育发展的亮点和经验

综观张掖职业教育发展历程，特色鲜明、影响深远、颇具亮点，具有里程碑意义，在全省乃至全国产生影响的发展高峰有三个时期。

第一个亮点时期是以路易·艾黎在山丹迁办“山丹培黎工艺学校”为标志的发展职业学校的启导时期。1944年，路易·艾黎将陕西省凤县双石铺创办的培黎工艺学校迁至山丹，建立了半工半读的“山丹培黎工艺学校”。张掖山丹培黎工艺学校的创建，对张掖乃至全国的职业教育都产生了一定的影响。山丹培黎工艺学校的举办，不断形成了立足需求、面向大众、手脑并用、创造分析、合作共处和教学生产相融合的现代职业教育思想和实践体系，为20世纪中国职业教育的发展探索出一条具有历史意义和现实价值的创新之路。路易·艾黎在办学中重视教育与生产劳动相结合，创造性提出“手脑并用，创造分析”的教育理念，揭示了职业教育的本质和特征。山丹培黎工艺学校在创办和发展的过程中，充分利用国际文化资源，利用外援，创建纺织厂、机械厂、陶瓷厂、造纸厂、玻璃厂、皮革厂、印刷厂、建筑队，创办煤矿、医院、农场等引进推广了先进技术，促进了当地社会经济的发展，为职业教育走产教一体、工学结合道路积累了经验。“努力干，一起干”的工合精神和艰苦奋斗、自力更生的办学精神，是欠发达地区发展职业教育、建设职业学校的精神财富。

第二个亮点时期是20世纪90年代举全区之力创办职教中心、大力发展职业教育的中兴时期。1993年，张掖地区被国家教委、农业部确定为全国农村教育综合改革联系点以后，全区实施“科教兴区”“科教兴农”战略，举全区之力，先后投资7000多万元新建扩建7所县级职教中心、93所乡镇农科教中心和814所村农民文化技术学校，形成了“三教”统筹、农科教结合的办学格局，构建了县、乡、村三级职教培训体系，为促进张掖经济的快速发展奠定了坚实的基础。其价值在于率先在全省创办职教中心，引领示范了“优先发展、大力兴办，整合资源、齐抓共管，服务‘三农’、三教统筹”的办学模式，成功探索了在经济总量小、农业人口多、工业经济薄弱的西部欠发达农业地区，发展什么样的职业教育、怎么发展职业教育的经验，形成了在全省乃至全国产生影响的典型案例。

第三个亮点时期是党的十八大以来，以创建“培黎职业学院”为标志，构建中高一体高质量发展的黄金时期。2019年8月，习近平总书记视察山丹培黎学校之后，张掖全市上下，认真贯彻落实总书记重要讲话指示精神，结合整省推进职业教育发展，打造“技能甘肃”工作任务，高标准推进培黎职业学院建设，全方位提升中职学校办学水平，全市职业教育整体迈入提质培优、增值赋能的高质量发展新阶段。培黎职业学院和张掖市职业技术教育中心新校区的建成，形成了以“培黎”特色品牌为引领，3所国家、省级示范校优质校创建为引力，4个“全国农村职业教育与成人教育示范县”优势发挥为引擎的产教融合、中高职贯通、一体化发展的现代职业教育新高地。张掖职业教育百花齐放、百舸争流的局面形成，高质量发展和大有作为的态势呈现，全市职业教育整体迈入提质培优、增值赋能的高质量发展新阶段。

改革开放以来，张掖职业教育从调整到发展、从发展到壮大、从全面推进到系统提升、从规模发展到高质量发展转型，主要得益于以下几个方面。

一、坚持党的领导，强化组织保障，政府强力推动是职业教育健康发展的前提

张掖职业教育能够迅速崛起并得以快速发展，得益于各级党委、政府的高度重视和大力支持。历届党委、政府高度重视职业教育的改革与发展，系统设计，科学决策，全力保障，为职业教育发展创造了条件，提供了保障。主要做到了“一加强三到位”。一是加强党的领导，强化政治引领。张掖职业教育发展的历程证明：什么时候党委、政府重视职业教育，这个时期职业教育就一定会得到大的发展。经验告诉我们，任何时候、任何阶段，发展职业教育都必须坚持党的领导、坚持党的教育方针，坚持社会主义办学方向，坚持立德树人、德技并修，坚持产教融合、校企合作，坚持面向市场、促进就业，坚持面向实践、强化能力，坚持面向人人、因材施教。二是转变观念，认识到位。职业教育与普通教育同等重要，是国民教育体系和人力资源开发的重要组成部分，是培养多样化人才、传承技术技能、促进就业创业的重要途径。多年来，张掖各级党委、政府充分认识到发展职业教育的重要性，始终把职业教育和普通教育放在同等重要的战略地位，作为“一把手工程”来抓，强化政府行为，加大政府统筹和宏观调控力度，形成了“抓教育，特别是抓职业教育就是抓经济发展”的执政理念。三是统筹协调，工作措施到位。张掖市各县区的党委、政府牢固树立“党以兴教为先，政以重教为本”的理念，形成了“五优先三常态”（发展优先规划、投入优先安排、人才优先引进、政策优先落实、问题优先解决；常委常务会常态研究、人大代表常态视察、政协委员常态调研职业教育）保障体制和党委、政府主导推动，部门齐抓共管的工作机制，有力推动了职业教育的发展。四是多措并举，政策保障到位。改革开放以来，市委、市政府先后出台了《关于加快全区教育改革和发展若干问题的决定》《关于大力发展职

业教育的实施意见》《张掖市30万农村劳动力技能培训工程工作大纲》《张掖市中长期教育改革和发展规划纲要（2010—2020年）》《张掖市职业教育改革实施方案》《张掖教育现代化2035行动纲要》《张掖市加快推进教育现代化实施方案（2021—2023年）》等一系列优惠政策和措施，为职业教育发展奠定了坚实的政策保障和支持。

二、聚焦支柱产业，立足社会需求，服务经济发展是职业教育快速发展的基础

服务经济社会发展是方向，勇于超前、敢于创新是职业教育持续发展的不竭动力和源泉。多年来，张掖职业教育“任凭东西南北风，锁定服务发展不放松”，在不同时期为经济社会发展做出了应有的贡献。改革开放初期，职业教育突出技能培训，促进了商品经济的发展；20世纪90年代，职业教育坚持面向市场、面向农村、面向产业化经营，成为全面建成小康社会征程上的生力军；21世纪初期，全市职业教育立足人力资源开发、聚焦农村劳动力转移和催生地方产业发展，坚持育训一体，着力培养实用型人才，服务农村劳动力转移和企业职工培训，为张掖经济社会快速发展提供了智力支撑；党的十八大以来，全市职业教育聚焦产业升级和经济转型发展，坚持“升学就业”并重，积极促进专业与产业企业对接、专业课程内容与职业标准对接、教学过程与生产过程对接，促进了教育链、人才链与产业链的发展，助力脱贫攻坚、乡村振兴，为张掖经济社会发展做出了重要贡献。

三、深化教学改革，强化技能培养，靠质量求发展是职业学校持续发展的关键

职业教育的吸引力和职业学校的办学效益如何，关键在于质量，在于能否培养出具有创新精神和创业能力的高素质劳动者。多年来，张掖职业教育在专业建设和开发上，坚持服务需求、贴近市场、动态调整原则，按照“契合产业设专业、产教融合建专业、凝练特色强专业”的建设思路，打造服务地方支柱产业和企业的专业群，实现了产教融合发展。在课程设置和教育教学方面，坚持“合格+特长”培养目标，强化对受教育者进行思想政治教育和职业道德教育，培育劳模精神、劳动精神、工匠精神，全面提高受教育者的素质。在提质培优方面，重视联合办学，采取“拿来主义”，积极引进现代办学理念和优势教育资源，不断提升办学水平和效益。为提高职业学校学生就业、择业和创业能力，重视“两创”人才培养，强化创新思维、创业能力和心理健康教育，全

市职业学校普遍开设职业生涯规划、创新创业教育等课程，推行“教学教技能，考核考技能，毕业看技能”的职教评价制度，提升了学生的综合素质。

四、聚焦“三农”发展，强化“三教统筹”，系统协调发力是提升职业教育服务能力的支撑

张掖职业教育始终坚持服务农业增产、农村发展、农民致富，立足市情，跳出就职业学校谈职业教育的盲圈，通过构建大职教培训网络，建立职前教育培养、在职培训提高的终身职业教育体系，形成以县级职教中心为龙头，乡镇农科教培训中心为骨干，多层次、多形式、多规格的办学格局。一段时间，张掖依托职业学校以信息技术为平台，探索“三教统筹”新模式，积极推进普教、职教、成教“三位一体”的融合发展，提升了基础教育，激活了成人教育，充实了职业教育，拓展了基层党建教育作用，在推进学习型社会建设和构建终身教育体系方面发挥了积极作用。

五、坚持遵循规律，坚守发展定力，提振发展信心是职业学校内涵发展的动力

一段时间内，职业教育受社会上“重普教、轻职教，重学历、轻技术”的传统观念的影响，遭遇到了“生源缺，招生难”的“寒流”。面对诸多的考量和困境，全市职业教育直面现实，勇立潮头，立足全市经济社会发展大局，坚持稳中求进总基调，举改革之“纲”，求发展之“要”，以就业为导向、服务为宗旨，打造职教特色品牌为主线，坚持提高质量、内涵发展，在苦抓实干中谋求新进步；坚持夯实基础、扩大规模，在改革创新中谋求新突破；坚持攻坚克难、奋力而为，在转变发展方式上开创新局面；坚持遵循人才成长规律、升学就业并重，在破解难题中谋求新发展，全市职业教育实现了漂亮的“转型”和“坚实”的跨越。质量是职业教育的生命线的理念已凝聚为职业教育的共识，内化为全市职教人的具体实践。

六、聚焦创新发展，注重内涵特色，强化增值赋能是职业教育高质量发展的引擎

近年来，张掖市县区政府和教育行政部门以全面落实国家和全省发展职业教育构建的各项决策部署为主导，着力地方政策制度创新，先后出台了一系列发展现代职业教育的政策和制度，初步形成了以落实国家教育“四梁八柱”政策为支持、强化地方支持保障、管理创新、内涵发展、提升质量的政策体系。各职业学校坚持德技并修，着力育人机制改革，落实《中等职业教育德育大

纲》，把中华传统文化教育系统融入课程体系必修必考，广泛开展经典诵读、三百美育教程谱“文明风采”竞演、“技能大赛”比武、“劳模进校园”宣讲、道德讲坛正能量传播、创新大课堂实践引导等活动，构建了全员、全过程、全方位的德技并修、工学结合的育人机制；坚持管理创新，着眼扩容增量、效益提升，强化品牌建设，示范引领发展，按照“县有特色、校有品牌”的建设思路和专业动态调整机制，创建5所国家级重点职业学校、1所国家级改革示范校、2所省级改革示范校，品牌创建成效明显；着力课程改革，通过五级“技能大赛”提升、便民服务实践、实习操作强化，“理实一体化教学改革”等措施，严格执行教学标准，创新教学方式，加强和改进公共基础课教学，形成了特色鲜明的地方职业教育课程体系；通过举办全市职业学校特色文化现场交流观摩活动，对学校精神文化、制度文化、课程文化、环境文化、行为文化、企业文化六个方面进行交流评估，推进职业学校内涵提升；出台《职业学校创新创业三年行动计划》，启动“十大行动”，组建专业或技能社团，开设职业生涯课程，将职业规划纳入技能大赛项目强化，与行业联姻，和企业对接，不断探索订单培养、定向服务、资源共享、互惠共赢的办学新机制，引资源创建了西部创客大学6所分校，搭便车加入7个省级职教集团，重合作与58家企业共建实训基地，攀平台与省内12所高职院校联合办学，强联手与组织部门创建4个企业人才培训基地，初步形成了课堂学、基地做，产教融合有平台、校企合作有热情的办学机制；积极开展国家级农村职业教育和成人教育示范县创建工作，各职业学校成立西部创客大学分校，设置培训部、建立电大作站、开放实训基地，在做好中等学历教育的同时，发挥师资和设备优势，主动承担市县区人社、扶贫、农业、妇联、商务、旅游、劳务、农牧、残联等部门实施的30万农村劳动力培训工程、新型职业农民培育、“两后生”学历教育和农村劳动力技能培训工程等项目培训工作，职业学校职教规模持续扩大，服务功能日益提升。

第二章 历史回顾

习近平总书记指出："历史是一面镜子，它照亮现实，也照亮未来。了解历史、尊重历史才能更好把握当下，以史为鉴、与时俱进才能更好走向未来。""今天，我们回顾历史，不是为了从成功中寻求慰藉，更不是为了躺在功劳簿上、为回避今天面临的困难和问题寻找借口，而是为了总结历史经验、把握历史规律，增强开拓前进的勇气和力量。"

第一节 古代张掖经济发展对职业教育的影响

以张掖历年出土的斧、锛、刀、锄、镰、纺轮、砍砸器、切割器、刮削器等石器，罐、盆、钵、壶、鼎、豆、杯等陶器，以及猪、牛、羊骨，碳化的小麦、高粱、大麦、谷、粟等农作物粮粒为代表的四坝文化、马家窑马厂文化遗迹及器物，充分证明了在新石器时代，张掖先民已在这里从事原始农业生产和畜牧业，在劳动和生产劳动产品的过程中，进行了生活经验、生产知识与技巧的传授和推广。

先祖后稷子不窋率族人"奔戎狄之间"，教民稼穑，树艺百谷。帝尧陶唐氏八十六年（约前2272），禹西巡到流沙地区，声教布于四海。反映了当时"教民以猎""教民以渔""教民以耕"等技能教育活动和打磨石器、制作陶器等生产工具、生活用品方面手工艺技能的传授和训练。

《史记·周本纪》记载，周人初兴于西北地区，其先祖后稷"逆好农耕，相地之宜，宜谷者稼穑焉，民皆法则之"。奴隶社会建立后，随着社会生产力的提高，社会分工进一步扩大，为满足统治者的要求，需要大批的奴隶进入手工作坊从事制造，出现强制性的技术培训。

汉代以前，张掖属地先后有月氏、乌孙、匈奴等13个少数民族交替占据，少数民族独有的生活习性和生产方式，衍生了不同特征的教育形式和技术的传播与发展。《匈奴史》载，战国时期“甘肃河西走廊，尤其是黑河流域一带，有匈奴制造弓箭、车辆的兵器制造厂”。随着社会的发展，农业、畜牧业、手工业、军事、祭祀、宗教、集市贸易等有了专业化分工，不同行业需要相关知识、经验、技能的传授，从而形成了专业化的职业教育。

两汉时期，“丝绸之路”开通，中原地区先进的生产经验和技术传入河西，繁荣了张掖的商业经济，推动了中西文化的交融，促进了农牧业、制造业、手工业技术技能的教育和发展。汉代政府重视挖掘民间的先进生产经验，在进行提炼改进后推行全国。汉武帝时，搜粟都尉赵过提炼改造了民间创造的代田法，先在宫廷空闲地进行试验，证实每亩能增一斛，然后在京畿地区的公地进行扩大试验和推广示范，取得成效后逐步向全国推广。赵过还在民间创造的基础上发明了耦犁法和播种的耧车并加以推广，使先进的技术得到迅速传播。西汉武帝为了推行赵过的代田法，命全国郡守派遣所属县令、三老、力田、乡民到京师培训，学成结业后负责教民。通过这种强制性的教育行为，代田法在居延（张掖郡所辖）也得到了推行。汉代规定县吏要下乡指导农民生产。张掖建郡，随着内地移民的大量迁入，官学、私学在张掖郡各县的坞、堡相继兴起。张掖郡属各县相继建起官办县学，学校教育在张掖兴起。先秦时期家业父传的职业教育形式通过汉代官府加以推广，出现了设官教民的职业教育形式。在政府的干预和强制推动下，以生产技术传授和推广为主要内容的职业教育得到了发展。

魏晋诸凉时期，张掖经济社会、文化教育进一步发展。北魏统治河西后，大力推行“农职之教”，重视粮食、桑麻等生产技术的推广，发展畜牧业，实行“不设科禁，买卖任情”的贸易政策，促进了农业、畜牧业、手工业和商业的发展。特别是“劝课农桑，兴富民之本”的均田制的提出与大力推行，使张掖成为南北劳动力在河西的大会师、南北生产技术在河西的大融合。随着张掖郡辖扩大（辖永平、临泽、屋兰三县。西郡辖日勒、删丹、仙堤、万岁、兰池五县），文化教育趋于多元化，促进了私学大师的讲学和家庭、宗族教育的发展，除经学外，书学、算学、律学、文学、史学、玄学等进入官学范畴，推动了职业教育的发展。魏明帝时，凉州刺史徐邈、敦煌太守仓慈都在其所任倡导教育，立学明训，推行教化，促进教育的兴盛和商贸的繁荣。五凉时期，河西地区的各族统治者，提倡汉族文化，立学校，置博士，遂使官学发展，私学昌盛，学者云集。张轨任凉州刺史时，设立学馆，征召学子，选拔贤才，延师明训。西凉武昭王李暠，割据河西后，在敦煌兴办官学。这一时期，张掖私学和官学得到进一步发展。郭瑀隐居临松后凿石开馆，著录弟子千余人。东晋沮渠蒙逊在张掖建立北凉国后，重视发展农业，大兴儒学，使张掖文化呈现出空前繁荣的局面，成为北方文化教育的中心。魏晋五凉时期，张掖铁器、建材等手工业继续发展。北凉时能用芦苇、大麻造纸。北魏佛教盛行，建筑、雕塑、彩绘业盛兴，马蹄寺、金塔寺创建于此期。随着内地与西域通使和商贸的中介，各种生产技术和文化得以交流，促进了职业教育的发展。

隋朝建立后，加强了对河西地区的政权建设，设武威（治姑臧、领四县）、张掖（治张掖、领三县）、敦煌（治敦煌、领三县）等郡，重视对河西经济的开发，派军驻守河西，畅通丝绸之路。大业五年（609）六月，隋炀帝临张掖并登燕支山（今山丹境内），设观风行殿（一种可以拆卸组装的活动宫殿），召见各国使者举办交谊会，观赏鱼龙戏和具有民族特色的清乐、龟兹、西凉等乐，促进了文化和商业的发展。选用地方官吏，重视推广先进耕作技术的考察。隋代河西地区屯垦（军屯、营田与犯屯）制度的推行，促进了张掖畜牧业和农业的发展。民间贸易与互市的建立，促进了商业的发展。隋开皇二年（582）重建的张掖木塔，展示了建筑业的高超水平。农业、建造业、手工业、畜牧业、畜产品加工业、交通、商业的发展促进了职业教育的发展。

唐王朝建立后，重视文化和教育，加强了对河西的控制，推行屯田制度，重视农田水利建设，大力发展手工业，朝廷设有少府监“掌百工技巧之政令”、将作监“执掌供邦国修建土木”、军器监“缮造甲弩之属”等机构加强对官营手工业者的管理和培训。手工业门类齐全，有纺织、冶铸、制瓷、造纸、造船、制糖、印染、印刷、面粉等，官营手工业人数庞大，少府监有工匠19850人，将作监有工匠15000人。相关资料表明：唐朝从中央到地方建立了门类齐全、学制完善的职业教育体系。中央官学中的专门职业学校系统包括尚书省国子监管辖的律学、算学、书学等专科学校，尚书省管辖四种职业技术学校，分别是太医署管辖的医药卫生学校，太乐署管辖的音乐舞蹈学校，太卜署管辖的卜筮学校，司天台管辖的天文、历数、漏刻等学校。唐朝的官学就有职业教育教学计划，《新唐书·百官志》记载：掌管百工技的少府监，每年十月，从刑部都官司的官奴婢和官户中挑选一部分人为工户，送到少府监学习细缕、车辂、乐器制造等精细手艺。少府监还对不同工种的学徒年限做了明确的规定："细缕之工，教以四年；车辂、乐器之工，三年；刀鞘之工，二年；……"同时，唐前期手工业善于吸取外来技术。唐太宗曾派人赴天竺"取熬糖法"，中郎将周庆立与波斯僧"广造奇巧"，吸取波斯的某些先进工艺。唐代建筑也吸取了印度和巴基斯坦的技巧。唐时重视发展畜牧业，朝廷内设太仆寺，有兽医六百人、兽医博士四人、学生一百人，在河西地区设置监牧促进牧马。唐代重视商业经济发展，丝绸过境贸易和粮食贸易促进了商品经济的发展，商旅繁盛、胡商定居，使团、商、队、僧侣不绝于道，使甘州成为河西大城市。唐代诗人元稹描述这种贸易繁荣的景象为："狮子摇光毛彩竖，胡姬醉舞筋骨柔。大宛来献赤汗马，赞普亦奉翠茸裘。"张掖手工业发展虽与内地相比落后，但手工业生产水平超过前朝各代，特别是铸造业、食品加工业、木制品、皮革制品业、金属制品业、纺织业遍及城乡，具有一定的生产规模（考证出的手工业产品有酒、酱、醋、木盘、木勺、犁架、家具什物、麻布、鞍、铜器、铁器、毯、毡、毛袋等）。在水利方面，张掖县南黑水流域在唐代就有盈科渠、大满渠、小满渠、大官渠、永利渠和加官渠等，并在黑河流域及渠道上筑高堰阻水，安装水磨，从事粮食加工。唐朝时冶炼、铸造技术已较精湛，张掖镇远楼"唐钟"造型雄伟、工艺精美。从大长岭唐墓出土的金壶、金垂饰、鎏金铜壶、鎏金六龙杯、鎏金三足盘、银匜、银勺、银钧、玉带、铁剑等文物，也反映了当时工艺技术水平的高超。唐王朝文化上复兴佛教、发展儒学、推行科举、重视官学和乡学、鼓励文化交流，促进了经济文化的繁荣。在经济方面，农业、工业、商业、手工业发展迅速，随着"互市"的建立和发展，张掖成为中外贸易的中转站、中西文化的交融地。

宋王朝建立后，整个河西仍为吐蕃、回鹘、党项、蒙古等游牧民族所据。宋初，甘州回鹘吸取中原、中亚的先进技术，制作鞣制皮革品、捻线织褐、纺纱织布、编织锦帛、酿造美酒、制造水车、煅冶镔铁、制作器具、刻版印刷等。李元昊继位后，进行了变发式、定服饰、造文字、简礼仪、立官制等一系列改革，脱宋建西夏国。

西夏王朝建立后，重视学习汉族文化，行政区划大体上是州（府）、县两级，张掖属河西9州。河西走廊地区"地饶五谷，尤宜稻麦"，党项族向汉族学习比较先进的耕种技术，已普遍使用铁制农具和牛耕。畜牧业发达，设立群牧司以专属管理，推广喂养、疾病、生产等方面的技术。统治者重视水利设施，在甘州、凉州一带利用祁连山雪水，疏浚河渠，引水灌田，鼓励人民开垦荒地，并规定水利灌溉事宜。党项族大量吸收汉、吐蕃、回鹘等各民族文化，促进了张掖经济社会的进步、文化的发展以及各民族间的相互融合。设立农牧业机构（受纳司、农田司、群牧司），发展生产。兴修水利，推广先进的生产工具和生产技术知识，促使农业生产分工多样化，广泛使用牛耕，农业生产技术水平与中原接近。《文海》释有犁耕图、踏碓图、酿酒图和锻铁图可证。重视手工业生产的发展，设文思院职掌供御仪物服饰的制造，后又设工技院、刻字司、造案司、金工司、绢织院、铁工院、木工院、造纸院、砖瓦院和出车院等管理生产技艺的机构，促进了手工业分工和生产技艺、制作水平的提高。张掖手工业生产受西夏手工业整体水平提高的影响，有了一定的发展。如：始建于西夏永安元年（1098）的张掖大佛寺，其建筑艺术也足以证明张掖当时建筑工艺的独特和高超。西夏统治者重视兵器的制造，铠甲“系冷锻而成，坚滑光莹，非劲弩可入”，“夏人剑”享有“天下第一”的盛誉。西夏《锻铁图》描绘了手工锻铁的生产状况，钢铁冶炼中采用了当时比较先进的鼓风技术。张掖的锻铁制造有一定规模，并有大量的技术人员，元成宗元贞元年（1295）七月，一次从甘州调入襄阳的御匠就有500余户，由此可见西夏时期张掖的手工业生产已具有相当高的水平。在教育方面，西夏大致设立了五种学校：蕃学、国学、小学、宫学、太学。纺织、冶炼、金银、木器制作、兵器制造、采盐、酿造、陶瓷、建筑、砖瓦等手工业的发展，促进了专业化的职业教育的发展。手工业的发展促进了职业分工的细化，有银匠、鞍匠、花匠、甲匠、石匠、桶匠、木匠、伞匠、纸匠、金匠、针匠、漆油、鞘韛、韂辔、索盖、赤白、弓箭、销金、捻塑、砌垒、扎抓、铸锻、结瓦、生铁、针工、彩画、雕刻、剜刀、镞剪、结绾、镟匠、笔匠、结丝匠等名目繁多的工匠单，足以证明当时以手工技术传授为主的职业教育的发展状况。

元朝初期，推行汉法，设立管理农业的政策机构，大力开展军民屯田、设立粮仓、兴修水利、抚治救恤、迁徙人口、促进了经济的发展。兴学设教，路、府、州、县皆设官学，私学、社学特色明显。元朝统治者为提倡农耕，在各地创办了主持教化的“社学”，凡农田、水利、树艺、渔畜等职业教育都在社学中进行。据《新元史·食货志》记载：“凡五十家立一社，每设立学校一，择通经者为师，农隙使子弟入学。择年高晓农者为社长，社长专以教劝农桑为事。”社学的创建对组织农民及劝课农桑起到一定的作用，是古代建立的一种兼有文化教育和职业技术教育的学校。元仁宗延祐四年（1317），在甘州置甘肃儒学提举司，设教授理所属路、府、州、县之学。官学设有医学、阴阳学等教育机构培养专门人才。在教学内容上除重点学习经学外，还教授天文、地理、典章、食货、刑法、字学、音韵、医经、术数、律历、书算等科技知识。手工业方面设专门机构管理，如纺织业就设有河西置织毛段匠提举司。手工业的发展，促进了职业教育，培养了大量专业化技能人才。元朝时张掖曾设毡局、银局、毛缎局、镔铁局、纳失局等九局，管理手工业，官署有一支专职从业人员，城镇、农村都有规模不等的酿造业、皮革业、金银业、服装鞋帽业等。职业教育方面呈现的特点：一是传统私学教育与职业教育的结合加强，出现了研讨和传播自然科学与技术应用的新风气。二是官营作坊中的艺徒制进一步发展，培养了大批能工巧匠。三是出现了大量职业教育的教材。代表性的有《沈氏农书》《补农书》《三农纪》《农言著实》《知本提纲》《豳风广义》《烟草谱》《木棉谱》《金薯传习录》《元亨疗马集》《养耕集》《木棉图说》《园治》《算法统宗》《盘珠算法》等。四是职业专门学校进一步发展和完善。元朝统治者为提倡农耕，在各地创办了主持教化的“社学”，凡农田、水利、树艺、渔畜等职业教育都在社学中进行。

明代大兴屯田（军屯、民屯和商屯），教以种植方法，发展农业经济。设立茶马互市，设置马政，大力发展养马等畜牧业。鼓励工商业发展，实行低税政策，为商人建立储货之地，许可百姓开矿，促进了工商业的发展。发展丝织业和棉纺织业，明末织机在全国推广（张掖出现了脚踏纺车和搅车）。明代张掖煤炭开采已具规模，煤炭开始用于砖瓦烧制、铜铁冶炼等手工业生产。明朝手工业实行“一条鞭法”，组织工匠轮班与坐班，在完成官府役务外，均可“自由趁作”，促进了手工业生产快速发展。不少手工业产品转为简单的机械生产，弹花、纺纱、织布多用脚踏纺车、搅车、织机。官营手工业，如采铁、铸铜、造船、制瓷、织染、军器火药的制作等，无论是生产规模，还是产品质量，都超过前代水平。明代张掖已有官办冶炼业。冶炼业的兴起，使铸造业不断扩大。明代兵器制造设置于张掖，《防边碑记》（陈棐）载：“铸铁飞炮万余，霹雳火车一百辆，旋风炮火车百辆，冲枪飞火独脚车四百辆，用京降式造鸟嘴铳，金刚腿诸火炮、连珠双头诸枪及铸生铁榴炮共二千余。”《甘镇志》载：明代甘州五卫，每年制造盔3200顶、甲3200副、刀3200把、弓3200张、弦6400条、撒袋3200副、箭24万支、圆牌（即盾牌）1600面。另外还制造火枪、火炮、火药，年产量数万杆（门、斤），说明张掖的铸造能力和兵器制造水平高超，其生产规模十分可观。明代张掖的建筑行业发达，众多能工巧匠闻名于西北，而且建筑别具一格，独具西北民族特色。肃王府以及佑善观、显应观、普门寺、赞化宫、东岳庙、医祖宫、神机库、崇神祠、奎星阁、城隍庙、玉皇庙、万寿宫、风神庙、公输殿、马神庙、八腊庙、武庙等20多座宫、祠、寺、庙建筑物，展现出高超的建筑技艺，不仅拥有泥水匠、砖瓦匠、木瓦、石匠、铁匠、油漆匠等建筑队伍，而且制砖业等建材业已超过前朝各代。《重刊甘镇志·兵防志》载："甘州左卫派办，水胶十五斤八两"，说明明代已有水酸生产。山丹县老军硖口村民土法熬制火硝，加工黑色火药。明代农业、工业、建筑业、手工业等发展，从侧面反映了当时职业技术教育的发展。在文化教育和学校发展方面，明初官学昌盛，明太祖重教兴学，府、州、县普设学校，礼、乐、射、御、书、数设科分教。在蒙学教育方面，内容广泛、教材种类增加，在识字教学基础上，广泛开展社会及生活常识教育，在职业教育方面主要传授天文、地理、历算、鸟兽、花木、耕种操作等基本知识。此时，张掖私学得到进一步发展，民间师徒制技能技艺的传授兴盛，地方官学得到发展，书院、卫学、社学有了一定规模，职业教育得到发展。明太祖洪武五年（1372），甘州人刘宽设立经馆，聚徒传授天文、历算、医学等。此后，地方行政和军事长官相继在甘州、山丹、高台等设立行都司儒学、卫学、所学、社学。嘉靖三十一年（1552），都御史王诰撤修甘泉书院。地方官学和私学开始重视职业教育相关方面的教育。明朝时期，社学还教一些有志于医的学生习读《医学三字经》《药性赋》《濒湖脉诀》等医学书籍。

清朝建立后，对河西地区管理进一步加强。移民屯垦发展农业，引进内地技术改进水利，张掖有了凿洞通水、飞槽渡水、偃水上流、衬砌渠道等水利灌溉技术。发展河西畜牧业，在甘州等地设置茶马司、监牧马场。手工业主要有毛纺织、皮革加工、玉器制造、米面加工、榨油、酿酒等。建筑业发达，在建筑工匠中，已出现了包工头。山西会馆、十方院、太白庙、道德庵等建筑技艺精良，集西北各民族的建筑艺术风格，将中国和印度、尼泊尔等中外国家的建筑艺术融为一体。反映了当时张掖有技艺较高的设计师、建筑师，并有一批木刻、雕塑、绘画、建筑、安装等技艺高超的能工巧匠，还有一支泥水、砖瓦、木工、石匠等建筑专业队伍。清代的甘州府，是一个“四面番回”“华夷交会”的地方，民族贸易十分活跃，既有市内交易，也有乡下集镇贸易，有钱物交易，也有用谷物、羊、马、酥酪、毡毛等物物交换。当时，张掖县城有米粮市、炭市、菜市、木头市、房笆市、油市、麻渣市、苇席市、骡马市九大市，还有出售布、絮、裘、褐、毡、毛、皮及铜、锡、铁器等日用品的店铺。经济发展促进了生产、管理、经营等技术的职业技术教育发展。在文化传播和学校教育方面，设府学署，发展县学，兴办书院和讲舍。张掖有八大书院，同时发展社学、义学。元、明、清三代在乡里设社学，农闲时节组织农民学习各项生产技术。社学主要由政府出资兴办，是官学向乡间教育的延伸，利用农闲为农民提供基础文化礼仪课程和丰富多样的职业教育。

在明清政府的文教政策作用下，再加上地方政府官员的重视和大力支持，张掖教育类型多样，规模较大，生源众多，这对于张掖人才的培养、社会的稳定，都发挥了重大作用。明清时期，张掖教育形式多样，主要有以下几类：

地方官学。明清两朝的地方学制在张掖得到全面贯彻实施，兴建了各级学校。据《张掖重修文庙碑记》记载，张掖地方官学在元朝已有。明洪武间，改建为行都司学。明洪武初，兴建的陕西行都司，成为当时张掖，也是整个河西走廊的最高学府。行都司儒学在育人方针上，主张文武兼顾，反对重文轻武或重武轻文，为张掖培养了一批文武兼备的人才。清初，张掖行都司儒学在战火中焚毁。顺治九年（1652），巡抚周文华、总兵张勇、分巡道李日芳重建行都司儒学。自聂玠来张掖后，行都司儒学的教育状况大为改观。东乐县的学校教育比较落后，自邑侯蒋韵胪莅任东乐后开始改变。高台县的学校教育在县令陈世五的倡导下也大为改观。

书院教育。明清时期，张掖的书院教育开始出现并逐渐兴盛起来。明武宗正德年间，张掖创建甘泉书院，这是见诸史籍的张掖最早的书院。自从雍正朝放宽开办书院的政策后，张掖的书院教育逐渐发展起来。清代甘州府城内，有南华书院、觻得书院和甘泉书院，东乐有仰止书院（天山书院）、金山书院，山丹有仙堤书院，抚彝厅有蓼泉书院，高台有建康书院。

社学。张掖社学初建于元至元二十三年（1286），兴盛于明清。社是乡村组织，元代五十家为一社，每社置学校一所，称为社学。社学是州、县学的预备学校，以教习民间子弟为主，是幼童求学的基层教育机构，主要分布在乡村。明太祖洪武八年（1375）命天下立社学，乡社皆设置社学，使民间子弟兼读

《御制大诰》及本朝律令。《创建镇夷堡社学记》记载镇夷堡（今高台县）建有社学，是史料记载的张掖最早的一所社学。清初令每乡置社学一所。甘州府的社学，在文庙侧，是清康熙十八年（1679），副使胡悉宁创置，董延恩及甘山道刘弘恩增置。张掖县社学在城内，乾隆二十六年（1761），知县王廷赞修文庙崇圣祠，又设立了左右两科社学。临泽建有圆通寺社学。张掖社学分布广泛，数量众多，对启童蒙、兴教化起到重大作用，使教育深入社会最底层。

庙学。在我国封建社会，全国各地普遍修建孔庙以祭祀孔子，同时还在孔庙中从事教育活动。张掖也建有庙学［阎汶《创建镇夷堡社学记》记载：万历十五年（1587），南和朱工经营所治竣，即建至圣庙，附有学舍］。庙学与其他学校相比，有不同之处：一是庙学设在孔庙之中，是一种类似佛教“俗讲”的教育形式。二是庙学的教育内容和社学大致相同，都在宣传普及儒家的道德伦理。不同的是，社学还涉及一些农桑科技方面的知识，而庙学则是专门宣传儒家的基本道德伦理之说。三是和普通官学相比，庙学并非长年设置的进行系统教学之基地，而是以祭奠为主而进行的一种暂时性的教育，以孔庙的活动为中心展开。尽管如此，庙学这种普及的教育形式，在民间还是产生了相当大的道德和立法教育影响，促进了社会的相对稳定。

义学。义学也叫义塾，多由地方绅士捐资兴办，专收无力缴纳学费的儿童入学。清雍正以后，甘肃各地除府、厅、州、县书院外，各立义学，以专训诲，以养蒙童。张掖各县设立义学36所，其中：张掖县12所、山丹县11所、高台县2所、临泽县1所、民乐县10所。

第二节　新民主主义革命时期张掖职业教育的萌生

一、发展背景

鸦片战争后，“洋务派”主张推行“新政变”，以谋求“自强”“致富”，提倡“中学为体，西学为用”的教育方针，学习西方教育，创办技术学堂和派遣留学生出洋学习。1902年，后清政府废除八股文和科举考试制度，开始推行文化普及教育和实业补习教育，兴办新式学堂，吸收外国文化等。《奏定学堂章程》发布后，以实业补习普通学堂为代表的教育实体所实施的教育，已经是分类明晰的典型职业教育和成人教育。《实业补习普通学堂章程》颁布后，各地实业补习学堂不断增加，先后出现了各种工业学堂、艺徒学堂、习艺所、讲习所、夜课补习班，以及图算学堂、半日学堂、补习夜馆、学徒补习所等。

辛亥革命建立资产阶级的政权后，孙中山重视教育，主张教育普及，实行社会教育。1913年，《壬子癸丑学制》规定了实业补习学校的性质、教学内容、种类、入学资格，确立了职业教育的地位，推动了民国初期职业教育和成人教育的发展。到1926年，全国职业学校达到1659所。这一时期，除通俗教育和平民教育外，还出现了函授教育。比较典型的是上海商务印书馆开办的函授学社，商务印书馆所办的师范讲习社到1917年前后共3期，有学生近9000人。

1927年国民党执政后，继续关注职业教育的发展，先后制定和颁布了《专科学校组织法》《职业学校法》《职业学校规程》《职业补习学校规程》《修正职业学校规程》等有关职教的基本法规与章程，进一步规范了职业教育的活动（如教育宗旨、学校设置、学制、校长及教员要求、课程教材、教育行政管理制度等），并对各级各类职业学校建设的总体框架做了一定的规划和布局，把职业学校分成初、高两级，并允许附设各种职业补习班。1943年，全国范围内开办职业学校达384所，共培养学员7227人。到1946年，已设立职业学校724所，在校学生约13万人，分设有农、工、商、海事、医事、家事及其他科类，使职业教育初具规模。

二、发展概况

光绪末年，山丹县开办“师范传习所”（因生源不足，一年后停办），标志着张掖职业学校的萌芽。

1915年，张掖县在清行台旧址成立乙种师范讲习所，培养平民教育的师资。1918年改为“甲种讲习所”，1921年停办。1924年，山丹县设高级师范学校，一年后停办。1927年，张掖县县长柴春林在张掖甲种师范讲习所旧址创办张掖县立初级中学。1939年，张掖县在三皇药王庙成立了张掖县国医学校。省立张掖初级中学临时增设一年制师训班，培养初小教师。1941年，甘肃省教育厅决定，徙省立临夏师范学校至张掖，更名为“甘肃省立张掖师范学校”，先后设四年制简师班和三年制中师班，共培养简、中师毕业生410人。1941年春，曾任过敦煌县长的鲁玲在张掖县城定居后，倡议创建张掖农业学校。当年，甘肃省政府创办了张掖农业学校，招收高校毕业生，设农艺、森林专业。1943年春，张掖农业学校经甘肃省教育厅、建设厅同意迁现址（原白塔寺），更名为“甘肃省张掖高级农业职业学校”，设6个班级，增设了畜牧专业，学生增加到300多人。1944年，路易·艾黎将陕西省凤县双石铺创办的工艺学校迁至山丹，创建了山丹培黎工艺学校。1945年8月，路易·艾黎请人在一块古石碑的背面镌刻“创造分析”立于学校大门内，作为山丹培黎工艺学校校训。1945年，张掖师范增设中师班，自此形成四年制简师班、三年制初师班、三年制中师班并存局面。1948年9月，西北军政长官公署长官张治中参观山丹培黎工艺学校，手书“山丹培黎工艺学校系国际友人所办，凡我军警不得动用该校一草一木，违者军法处置”的军令，学校得到了保护。这一年，联合国善后救济总署派遣美国机械工程师瓦尔特·易斯利指导山丹培黎工艺学校煤矿及运输工作，为学校的煤矿设计使用了半机械化的采煤装置，开创了山丹机械采煤的先河。

第三节　社会主义革命和建设时期张掖职业教育的壮大

中华人民共和国成立后，党和国家高度重视职业教育发展，出台了一系列有关职业教育的法律法规和政策，明确了职业教育的地位、性质、任务、学制、教学模式等，在大力发展农村职业教育、技工学校、职业技术学校方面进行了探索和发展，对发展我国职业教育奠定了基础。

一、发展背景

（一）明确职业教育地位

《中国人民政治协商会议共同纲领》规定：“有计划有步骤地实行普及教育，加强中等教育和高等教育，注重技术教育。”1951年，政务院《关于改革学制的决定》规定：中等教育包括工农速成中学、业余中学，各种高等学校应附设先修班和补习班，以便利工农干部、少数民族学生及华侨子女等入学。

1954年9月，《中华人民共和国宪法》规定："国家举办各种学校，普及初等义务教育，发展中等教育、职业教育和高等教育，并应发展学前教育"，国家首次以国家大法明确赋予职业教育应有的地位。

（二）职业教育名称演变

我国职业教育称谓经过了如下演变：在1949年《中国人民政治协商会议共同纲领》中，职业教育称为"技术教育"。1954年《中华人民共和国宪法》颁布，开始出现"职业教育"名称。1958年9月，中共中央、国务院在《关于教育工作的指示》中强调"普通教育与职业技术教育并举"，出现了"职业技术教育"的称谓。1963年7月，中央宣传部印发征求有关职业、技术教育问题的两个文件，教育部与劳动部党组对职业教育与技术教育做了简要阐述，明确实施一般劳动就业训练的是职业教育，培养劳动后备与技术后备力量的学校称职业学校。中专和技工学校分别培养国家技术干部和工人，强调"中等专业学校，它的任务是培养中级专门人才，与技工学校和职业学校任务不同，应该加以区别"，把两种教育、三种学校做了一般的区分。1982年，教育部成立职业技术教育司，将职业教育通称为职业技术教育。《中华人民共和国职业教育法》规定："国家举办各种学校，普及初等义务教育，发展中等教育、职业教育和高等教育，并应发展学前教育"，正式确定名称为"职业教育"。

（三）建立发展职业教育的政策和措施

一是教学模式的学习和借鉴。中华人民共和国成立初期，在教学模式上移植苏联教学模式，实行三段式教学（即先公共基础课，后技术基础课，再专业课），明确三种课程结构的比例关系和理论教学与实践教育（教学实习、生产实习、毕业设计或实践）的课时要求，引进各种教学环节、教学组织、教学文件，规范教学、教学检查与考核方法，使职业学校的教学制度趋向系统化、科学化。在教学形式上，重视与生产实际的结合，强调中专的生产实习要到工厂现场，普遍建立了校内外生产实习（实践）基地，形成了一定的特色。同时，在中专学校设置、专业设置、专业的划分、各种管理等方面，都程度不同地参考了苏联的做法和要求。二是实行教育与生产劳动相结合。1958年1月，毛泽东在《工作方法（草案）》中指出："一切中等技术学校和技工学校，凡是可能的，一律试办工厂或农场，进行生产，做到自给或半自给，学生实行半工半读。"1958年2月，教育部发出通知，强调半工半读、勤工俭学是脑体结合、革新教育制度、贯彻教育方针、学校教育与生产劳动相结合的重大措施之一。

3月19日，教育部发出文件，决定中等专业学校组织部分学生到本部门所属工矿企业参加生产劳动，或半工半读，或在校参加生产劳动。3月20日，劳动部在天津召开全国技工学校工作会议时指出：技工学校的生产和教育应是统一的，要做到“既是学校，又是工厂；既是学生，又是工人；既是学习，又是劳动”。自此，职业学校把生产劳动列为正式课程，总方向是学校办工厂、农场，或农场合作社办学校。三是实行灵活的教学计划。1958年8月，中共中央、国务院发布《关于教育事业管理权力下放问题的决定》，明确“各地方根据因地制宜、因校制宜的原则，可以对教育部和中央主管部门颁发的各级各类学校的指导性教学计划、教学大纲和通用的教材、教科书，领导学校进行修订补充，也可以自编教材和教科书”。四是推行两种教育制度。1958年5月，刘少奇在政治局扩大会议上提出两种劳动制度和两种教育制度的主张：“中国应该有两种主要的学校制度和工厂农村的劳动制度，即一种是全日制的学校制度和全日制的工厂、机关劳动制度，一种是半工半读的学校教育制度和半工半读的工厂劳动制度。”之后几年，他又指出：半工半读既是劳动制度，又是教育制度，两者是结合的，提出“五年试验、十年推广”的实施方针和步骤。在中央的大力倡导下，全国出现了半工半读中等技术学校、半工半读学校、工业中学、工读训练班、农业中学、农村初级中学、中级农业技术学校、初级农业职业学校等多种形式的职业类学校。1951年8月，周恩来总理提出：“中等专业学校由各业务部门或企业单位办理，教育部检查指导”，这一办学体制调动了从中央到地方各个部门行业举办职业教育的积极性。两种教育制度和几个并举的方针为以后职教的发展准备了条件，提供了经验。五是重视红与专的结合。提出能文能武的要求，培养全面发展的人才，从根本上提高了教育的质量。

（四）发展技工学校

1953年，《发展国民经济的第一个五年计划》提出：“工人技术学校是培养熟练工人的主要方式之一，亟须发展新的技工学校。”1954年至1956年，劳动部先后制定了《技工学校暂行办法（草案）》《工人技术学校标准章程（草案）》《技工学校编制标准定额暂行规定》等文件，使技工学校的培养目标、学制、教学工作、机构编制、领导管理、办学条件、师资建设都得到进一步明确和加强，技工学校快速发展。1958年年底，全国技工学校增到417所，学生达到16.9万人。

（五）发展农村职业教育

1953年开始，全国各地掀起举办农业技术学校的高潮。1958年，在“鼓足干劲，力争上游，多快好省地建设社会主义”总路线的推动下，职业教育异军突起。在全国学习江苏省海安县率先在农村创办农业中学的经验，大力兴办农业中学。不完全统计：一个月内，全国23省办起农业中学近6万所，374万余名小学毕业生和农业青年入学。1959年，中央指出：农业中学是一种重要的中等学校，必须反右倾、鼓干劲，多办农业中学，并把它办好。从此，农业中学在全国更加受到重视。

（六）明确职业（技术）学校的学制、要求和标准

1951年政务院《关于改革学制的决定》规定：初级技术学校招收小学毕业生（或同等学力者）修业2—4年，技术学校招收初中毕业生（或同等学力者）修业2—4年，入学年龄不做统一规定。1952年政务院《关于整顿和发展中等技术教育的指示》指出：必须对中等技术教育进行有计划、有步骤的整顿和发展。此后，教育部《中等技术学校暂行实施办法》《各级中等技术教育委员会暂行组织条例》《关于加强领导私立技术补习教育的指示》《中等专业学校章程》等都对发展职业教育提出了要求。同时，对中等技术学校的建设标准也做了要求。1959年中共中央、国务院《关于试验改革学制的规定》提出：中等专业学校未经批准的都不许改变修业年限。1963年，《关于颁发中等专业学校专业目录的通知》规定了中等专业学校共8种348个专业。1961年，劳动部颁发《技工学校通则》《关于技工学校学生的学习、劳动、休息时间的暂行规定》和《技工学校人员编制标准（草案）》等一系列文件，对学校规模、工种、专业设置以及学生学习、人事编制等问题做出了明确规定。1963年6月，教育部《关于制定全日制中等专业学校教学计划的规定（草案）》全面对职业教育培养目标、修业年限、课程设置、学时安排、实习、计划审批权限做出明确规定。

二、发展概况

中华人民共和国成立后，张掖职业教育经过改造、整顿、调整，逐步得到发展。

（一）对职业学校的接管和改造

1949年9月，人民政府接管张掖师范。人民解放军代表张丕成受“中国工合”兰州事务所军管会派遣，到山丹接管了山丹培黎工艺学校。1950年初，

西北合作总局甘肃省合作局代管山丹培黎工艺学校，后中共甘肃省委派兰州市城关区委书记阎伯玉担任山丹培黎工艺学校第一副校长，负责学校日常管理。4月，张掖农校、张掖师范和张掖中学合并，更名为“甘肃省立张掖联合中学”，内设中学、师范、农林三部，师范部仍设在木塔寺。7月，张掖农校和张掖中学分立，命名为张掖高级农业职业学校。原甘肃省立张掖联合中学更名为“甘肃省立张掖中学”，附设师范班一个。人民政府接管学校后，按照教育“为人民服务，首先为工农服务，为当前的革命斗争与建设服务”的基本职能和作用，面向工农及其子女开门办学。1953年8月，山丹培黎工艺学校迁往兰州，改称西北石油技工学校。1954年迁校完成，更名为“培黎石油技工学校”。

（二）开展冬学、扫盲教育，发展农村职业教育

1950年，按照教育部《关于开展今年冬学工作的指示》《关于开展职工业余教育的指示》《关于举办工农速成中学和工农干部文化补习学校的指示》《各级职工业余教育委员会条例》《关于开展农民业余教育的指示》等要求，农村开展了冬学教育。1951年，政务院公布《关于改革学制的决定》以后，全区开始举办工农速成初等学校、业余初等学校、工农速成中学和业余中学。

（三）发展中专教育

《关于改革学制的决定》颁布以后，师范学校加快发展，1950—1951年，张掖中学师范部先后举办了师资训练班、师资短期培训班、一年制“师范速成班”和三年制初师班，加快培养中小学师资。1954年《中华人民共和国宪法》颁布后，按照“国家举办各种学校，普及初等义务教育，发展中等教育、职业教育和高等教育，并应发展学前教育”的规定，积极举办中专教育。1954年4月，甘肃省教育厅视导组对张掖农校、张掖中学（含师范）的学校管理和教学工作进行检查后，省政府批准恢复张掖师范，由地区行署管理，在张掖县城北郊清明坛重建校舍。11月，根据省教育厅指示，张掖农校停止招收初级班，将原有农、林、牧三科学生移交张掖中学初中班学习。到1955年，张掖师范恢复招生，改建为“三三制”中等师范学校。1956年3月，专署召开职工业余教育会议，传达省有关会议精神，分析全区开展职工业余教育的形势，对组织领导、开展形式与方法、教师与经费等问题进行了研究，提出了具体解决的办法。12月，张掖县成立农业合作化干部学校，开展对干部的培训教育。

1958年，甘肃省教育厅颁发《关于举办农业中学的几项规定》后，张掖

举办农业学校的积极性提高。专署农林局提出在肃南、马蹄寺各建一所林业学校的方案，加快林业技术人才的培养，以适应河西林业发展的需要。张掖农校和张掖地委农业合作化学校合并成立了张掖农学院，高台、山丹、肃南县分别在教师进修班基础上创建了师范学校，张掖先后成立了张掖师范学院、张掖艺术学院、张掖医学院、张掖工学院，在原张掖县干部业余文化学校和张掖专署干部业余文化补习学校的基础上成立了张掖县红专大学。同时，山丹、高台县也办了山丹县农业大学、高台县农业大学等。这些“大专院校”是当时高指标、浮夸风的产物，不具备大学的办学条件。1960年后，国民经济发生严重困难，各级各类学校大幅度缩减。1961年1月，全区落实“调整、巩固、充实、提高”的八字方针，教育战线又进行调整，缩短战线，压缩办学规模，裁减学校，精简教工。张掖师范将1959年8月招收的初师班、幼师班4个班170名学生大部分动员回乡或转入中学学习，剩余约50名学生学完全部课程后于1962年秋动员回家。张掖师范专科学校暂不招生，张掖农业专科学校恢复为张掖农业学校（中专），张掖工业学校、张掖拖拉机学校、张掖林业学校停办，张掖农业专科学校和张掖艺术学校停办。到1962年，全区5所高等院校中2所撤销，3所降为中等专业学校。各县新办的“大学”、农业中学和中等专业学校全部撤销，幼儿园、戴帽子初中全部停办，扫盲教育停顿，教职工减员50%，全区教育事业经历了大起大落。张掖师专停办，部分教员及全部校产并入张掖师范学校。1964年开始，在贯彻落实“两种教育制度”的大形势下，全区耕（牧）读小学和农业中学兴起。1964年，全区大力兴办半耕半读学校，或在全日制小学中增设耕读班，全区兴办起耕读校（班）676个，学生9.85万人，创办和改办农（牧）业中学13所。

1966年“文化大革命”开始，各级各类学校秩序混乱，学校领导及一些教师被批斗，“两种教育制度”受到批判，一些农业中学和半耕半读学校停办。1968年，地、县革命委员会成立，学校开始复课。8月，工人毛泽东思想宣传队、解放军毛泽东思想宣传队、贫下中农管理学校委员会陆续进驻城镇、农村各级学校。1969年春，根据甘肃省革委会《全省中、小学教育革命座谈会纪要》精神，废除原有学校领导体制，城市中小学实行“厂办校、两挂钩”（即校厂挂钩、校社挂钩），农村中小学由社队办；废除原有学制，小学改为五年，中学改为四年，改秋季招生为春季招生，废除班主任制，改班级为“班、排、连”军事编制。中等专业学校停止招生，有的校舍被占用，图书、仪器、设备惨遭破坏。1971年，“工农兵学员”上大学，实行群众推荐、组织批准的招生方法。1975年，推广“朝阳农学院”经验，提出“上高中不出公社，上初中不出大队”，职业技术教育遭到破坏。到1976年，全区中等学校总数中，中等专业学校和农业职业中学只占6.3%，中等教育结构单一。

第四节　改革开放和社会主义现代化建设新时期张掖职业教育的快速发展

一、发展背景

1978年党的十一届三中全会后，我国进入新的发展时期。邓小平提出“教育要面向现代化，面向世界，面向未来”，明确了教育工作改革和发展的指导思想。由此，职业教育进入了快速发展的好时期。

以1978年全国教育工作会议为标志，我国职业教育进入了恢复重建时期。一是恢复发展中等职业教育。邓小平在1978年全国教育工作会议上指出：“应该考虑各级各类学校发展的比例，特别是扩大农业中学、各种中等专业学校、技工学校的比例。”之后，国家先后出台了一系列政策发展中等职业教育。二是国务院决定技工学校管理工作由教育部划归到劳动部。三是新建并大力发展职业高中。1980年，中共中央转发《进一步做好城镇劳动就业工作》文件，指出“必须积极地逐步地把一部分普通中学改为职业学校”。1983年，教育部联合各部委颁布《关于改革城市中等教育结构发展职业技术教育的意见》，开始对全国中等教育结构进行调整，重点是大力发展职业技术教育，促进高中阶段教育结构更加适应社会主义现代化建设的需要，明确了改革中等教育结构、发展职业技术教育的方向、途径和要求。四是职业大学起步发展。1980年在江苏省建立了全国第一个高等职业教育院校——金陵职业大学。中等教育的结构调整，迅速扩大了中等职业教育规模，培养了一大批社会主义建设中急需的人才。1999年，中共中央、国务院做出《关于深化教育改革全面推进素质教育的决定》，提出“积极发展包括普通教育和职业教育在内的高中阶段教育”，

“大力发展高等职业教育”。

1985年，中共中央做出的《关于教育体制改革的决定》提出：“调整中等教育结构，大力发展职业技术教育”，“逐步建立起一个从初级到高级、行业配套、结构合理又能与普通教育相互沟通的职业技术教育体系”，“造就数以亿计的工业、农业、商业等各行各业有文化、懂技术、业务熟练的劳动者”。该决定首次在战略高度上明确了职业教育的地位、作用和任务，为全面改革职业教育指出了方向，提出了目标和实现目标的基本途径与方法。同时，国家教委下发《关于同意试办三所五年制技术专科学校的通知》，决定在三所中等专业学校的基础上试办五年制技术专科学校，开创了五年一贯制高职的先河。1986年，第一次全国职业教育工作会议召开，促进了整个社会对发展职业技术教育的认识，它标志着我国职业教育踏入正轨，步入迅速发展时期。1991年，国务院做出《关于大力发展职业技术教育的决定》，要求各级政府“要高度重视职业技术教育的战略地位和作用，积极贯彻大力发展职业技术教育的方针”。1996年，《中华人民共和国职业教育法》颁布，对职业教育在国民经济和社会发展以及国民教育体系中的地位与作用，职业教育的体系结构、办学职责、管理体制等都做出了规定，确立了职业教育的法律地位。1996年，全国职业教育会议召开，明确了发展高等职业教育的方针（“三改一补”）。

1994年，国务院颁布《中国教育改革和发展纲要》后，取消中专毕业生由国家统包统分的政策，采取双向选择、自主择业的就业新模式。1998年，世界银行亚太地区人力开发部印发《21世纪中国教育战略目标》，对我国中职发展的必要性提出异议，建议中国降低中等职业教育的比例。1999年起，全国高校扩招。在这些因素共同作用和连锁反应下，中职生源和声誉大幅下滑。1999年，教育部印发《关于调整中等职业学校布局结构的意见的通知》提出：要通过合并、共建、联办、划转等途径，改变当前“条块分割”的中等职业学校布局结构。这一时期职业教育发展的主要特征体现在以下四个方面：一是以刚性要求巩固发展中等职业教育。2002年，全国职业教育工作会议针对中职招生数锐减等问题，出台了《国务院关于大力推进职业教育改革与发展的决定》，提出：要以中等职业教育为重点，保持中等职业教育与普通高中教育的比例大体相当，扩大高等职业教育的规模。“十五”期间，职业教育要为社会输送2200多万名中等职业学校毕业生，800多万名高等职业学校毕业生，每年培训城镇职工5000万人次，培训农村劳动力1.5亿人次，每年为300多万名下岗失业人员提供再就业培训。这是国家第一次明确规定“职普比例大体相当”，在这一政策的推动下，全国中等职业教育规模得到恢复和增长。二是大力发展高等职业教育。在一系列政策的推动下，全国高等职业教育得到快速发展。1999年，教育部和发改委印发《试行按新的管理模式和运行机制举办高等职业技术教育的实施意见》规定：短期职业大学、职业技术学院、具有高等学历教育资格的民办高校，普通高等专科学校、本科院校内设立的高等职业教育机构（二级学院），经教育部批准的极少数国家级重点中等专业学校，办学条件达到国家规定合格标准的成人高校等都可以成为高职的办学机构来源（“六路大军办高职”）。2004年，《关于以就业为导向，深化高等职业教育改革的若干意见》提出：“以服务为宗旨，以就业为导向，走产学研结合的发展道路”。“就业导向”成为此后职业教育发展的主流方向。三是建立职业教育工作部际联席会议制度。2004年，教育部等七部委联合召开第五次全国职业教育工作会议，印发《教育部等七部门关于进一步加强职业教育工作的若干意见》，建立了职业教育工作部际联席会议制度，这是我国职业教育发展史上一个重要的体制创新，对后续的改革发展产生了深远影响。四是发展农村职业教育。1998年，针对西部地区中等职业学校年招生数和在校生数占高中阶段招生数和在校生数的比例不足50%的状况，国家教委印发《关于加快中西部地区职业教育改革与发展的意见》提出：县级以上各级人民政府应集中力量兴办骨干示范性中等职业学校，一般每个县应首先办好一所，在人口特别稀少和分散的地方也可每个地区办好一至两所。2002年，《国务院关于大力推进职业教育改革与发展的决定》提出“三教统筹”。在一系列政策的推动下，全省职业教育也得到了快速发展。2003年年底，甘肃省共有初等职业学校10所，各类中等职业学校303所（其中：国家级重点学校28所，省部级重点学校39所）；高等职业学校16所。2003年，初等职业教育招生85人，在校生2378人，毕业生1453人；各类中等职业教育招生62861人，在校学生176509人，分别占高中阶段学生的24.18%和26.66%；成人技术培训学校8039所，在校生1161540人，年培训人数1290446人。据不完全统计，1980年以来，全省各类职业学校累计培养培训各类中初级人才60多万人，为甘肃经济和社会的发展做出了积极的贡献。

2005年以后，全国职业教育发展进入“快车道”，并全面转向内涵发展。一是积极构建中国特色的现代职业教育体系。2005年，全国职业教育工作会议首次提出建立和完善中国特色的现代职业教育体系。2010年，《国家中长期教育改革和发展规划纲要（2010—2020年）》颁布，进一步明确了中等职业教育和高等职业教育发展的指导思想、目标任务和发展重点，提出构建中国特色的职业教育体系，健全覆盖城乡的职业教育和培训网络，增加职业教育经费投入，完善中等职业学校学生资助政策体系，推进农村免费中等职业教育。针对职业教育发展中的突出问题和主要矛盾，提出政策建议和解决措施。2012年，《国家教育事业发展第十二个五年规划》再次强调构建现代职业教育体系试点，为建立和完善现代职业教育体系提供了有力的政策支持。二是加强基础能力建设。针对职业教育基本的教学设施和条件薄弱的现状，2005年全国职业教育工作会议中提出用100亿投入“四大工程”和“四项计划”。2006年，国家发改委、教育部、劳动保障部发出《关于编制中等职业教育基础能力建设规划的通知》，这些措施大幅提升了职业教育提升办学质量与水平所需的软硬件条件，对增强职业教育吸引力有着非同寻常的意义。三是推进专业与课程改革，提升内涵质量。2006年，教育部、财政部启动了“国家示范性高等职业院校建设计划”，遴选100所高职院校进行重点建设，后续又遴选100所“国家骨干型高等职业院校”。2010年，启动1000所示范性中等职业学校建设项目。《国家中长期教育改革和发展规划纲要（2010—2020年）》提出：把提高质量作为重点。以服务为宗旨，以就业为导向，推进教育教学改革。实行工学结合、校企合作、顶岗实习的人才培养模式。建立健全职业教育质量保障体系，吸收企业参加教育质量评估。这一系列举措积极调动了各地的办学积极性，根据自身特点推进多种模式办学，开展专业建设和课程改革，从而提升了职业教育的内涵。四是提高师资队伍整体素质。2005年《国务院关于大力发展职业教育的决定》、2007年《国家教育事业发展“十一五”规划纲要》和2010年《中等职业教育改革创新行动计划（2010—2020年）》反复强调，要加强职业教育师资培养和培训，建立职业教育专业教师到企业生产一线实践的制度，制定和完善职业教育兼职教师聘用政策，鼓励工程技术人员、高技能人才到职业院校兼职。2011年，《关于实施职业院校教师素质提高计划的意见》出台，全面启动了职业教育教师队伍建设重大项目。2012年，《职业学校兼职教师管理办法》出台，为职教教师队伍的规范化、制度化、发展性建设提供政策规范。在这些政策的支持下，职教师资的整体素质大幅改观。五是构建中职资助体系。2005年，全国职业教育大会指出：“要建立和完善职业教育学生助学制度，使贫困家庭学生通过国家帮助和本人勤工俭学得以顺利完成学业，进一步体现社会主义教育的公平与公正。”2006年，《关于完善中等职业教育贫困家庭学生资助体系的若干意见》出台，从此具有中国特色的中职资助体系建立起来，职业教育的“公益性”更加凸显。

二、发展概况

1978年党的十一届三中全会后，张掖职业教育发展进入了高速发展的快车道，特别是1996年以后，中等职业教育在全省处于领跑地位。这一时期，张掖职业教育发展大体可分为调整重建、大力创办、进等升档和内涵发展四个阶段。

（一）调整重建阶段（1978—1984年）

1978年全国教育工作会议后，全区中等职业教育开始恢复、调整，高等职业教育开始二次创业。1978年3月，甘肃省教育厅决定张掖师范增设高等师范班，并确定张掖师范为省属重点学校。12月，经国务院批准，设立张掖师范专科学校。在师范基础上第二次创办张掖师专，实行“两套班子一块牌子”。1979年，张掖师范与张掖师专分设，大部分设备、资产归属张掖师专，骨干教师及行政人员30多人划入张掖师专，师范迁入现校址。9月，民乐县成立了卫生学校。1980年9月，临泽县设立了教师进修学校（始称教师培训班）。从1981年开始，张掖师范由招收高中毕业生，改为只收初中毕业生及同等学力的社会青年，学制由二年改为三年，同时收回山丹师范班学生。行政公署批准张掖青少年业余体校改为“张掖地区体育中学”。民乐县成立了中央农业广播电视学校民乐分校、甘肃省农村应用技术广播学校民乐分校（简称农广校）。1981年，甘肃省政府发出“合理控制高中，整顿加强初中，大力发展职业技术教育”的指示。1982年，张掖地区成立了汽车技工学校，甘肃省广播电视大学在张掖成立张掖地区电大工作站。民乐县农业中学被省教委确定为全省百所职业中学。1983年，甘肃省政府批转省教育厅《关于改革中等教育结构、发展职业技术教育的意见》，各县兴办职业学校，开始大力发展职业教育。全区先后有6所普通中学改为农、林、牧中学。在原有基础上，新建2所中等职业技术学校和1所职业中学，部分普通中学开设职业技术教育班。1983年，民乐县将第三中学再次改为民乐县农业中学，设三年制普通初中和三年制职业高中。1984年，甘肃省委成立“山丹培黎农林牧学校促进委员会”，开始筹建山丹培黎农林牧学校。同时，民乐县、高台县、临泽县成立了教师进修学校。民乐县还创办了洪水农职业中学和民乐县农村应用技术推广学校。

（二）大力创办职业学校的黄金阶段（1985—1997年）

1985年，中央《关于教育体制改革的决定》颁布后，甘肃省出台《甘肃省发展中等职业技术教育实施意见》，提出：当前及以后一个时期发展职业技术教育的主要任务是“继续兴办一批职业学校，开设短期紧缺专业，调整现有中等技术学校、技工学校和农业中学、职业中学的专业结构与学制，改善办学条件，提高培养能力和培养质量，为各行各业输送更多的适用人才”。自此，张掖进入大力兴办职业教育的发展增长时期。1985年，省政府办公厅下发《关于成立山丹培黎农林牧学校筹委会》通知后，甘肃省计委、教育厅下发《关于兴建山丹培黎农林牧学校的复函》，同意新建山丹培黎学校。同年，省政府批准成立了张掖地区体育运动学校。张掖县政府批准开办张掖县职业中学，民乐县三堡农业中学被省教委确定为全省重点职业中学。1986年，原张掖市政府批准成立张掖市第二职业中学，原张掖市职业中学改称“张掖市第一职业中学”。民乐县将三堡农业中学改为“民乐县农业中学”。1987年，恢复重建的山丹培黎学校正式开学招生，定名为“甘肃省山丹培黎农林牧学校”，省人政府下发《关于办好山丹培黎农林牧学校的通知》，明确了学校性质、办学方向、隶属关系等。山丹培黎农林牧学校实行董事会领导下的校长负责制，董事会聘请国际友人路易·艾黎和马海德任名誉董事长，李屺阳任董事长，省委组织部批准山丹培黎农林牧学校设立党委。临泽县成立了甘肃广播电视大学临泽县电大管理站，与教师进修学校合并办学。1988年4月22日，在山丹培黎学校恢复重建一周年之际，习仲勋副委员长亲笔复信学校，同意担任山丹培黎学校名誉校长。10月，高台县政府决定成立高台县职业中学，省教委主任王松山视察张掖重点农、职业中学。1989年10月，山丹培黎农林牧学校举行艾黎故居落成典礼，全国人大常委会副委员长习仲勋给学校发贺电，省政府决定山丹培黎农林牧学校划归省教委管理。1990年11月，中国农村致富技术函授大学张掖分校成立。

1991年，国务院《关于大力发展职业技术教育的决定》颁布后，张掖各级党委、政府十分重视发展职业教育，先后出台了一系列发展职业教育的政策和措施。1991年9月，张掖地区行政公署印发《关于加强科教兴农若干问题的通知》；1993年9月，张掖地区行政公署出台《关于进一步加快扫盲工作步伐的意见》；1994年3月，张掖地委、行政公署印发《关于贯彻〈中国教育改革和发展纲要〉的意见》；1994年12月，张掖地委、公署印发了《关于加快全区教育改革和发展若干问题的决定》，在这些政策措施的推动下，全区职业教育了得到了长足的发展。1991年，张掖市第一农业中学被国家教委、劳动部、人事部、计委、财政部授予“科教兴农先进学校”称号，并被国家教委确定为“省级重点职业高级中学”。8月，张掖市决定将第一职业中学、第二职业中学合并，组建张掖市职业中学。1992年，全区地、县制订了“教育事业发展十年规划和八五计划”，在大力发展职业教育的环境下，全区职业教育工作取得了明显成效。1992年，张掖职业教育的发展，引起了各级领导的关注，国家教委副主任张文松和省教委副主任罗鸿福一行视察了张掖师范工作。7月，副省长陈绮玲视察山丹培黎农林牧学校。8月，省委书记孙英陪同中顾委常委黄华视察山丹培黎农林牧学校。10月份，省政府在张掖召开全省农村综合教育改革会议。

1993年至1995年是张掖职业教育发展里程碑式的三年。1993年，临泽县、高台县先后成立了临泽县职业技术教育中心、高台县职业教育中心。1994年7月，张掖地区被国家教委、农业部确定为全国农村教育综合改革联系点。9月，地委书记马西林参加“全国农村教育综合改革会议”，副书记梁国安率领地、县党政主要领导赴唐山学习考察农村教育综合改革工作经验后，地委、行署先后出台《关于贯彻落实〈中国教育改革和发展纲要〉的意见》《全区农村教育综合改革张掖实验区实施意见》《关于加快全区教育改革和发展若干问题的决定》等文件，决定按照“一县一中心，投资1000万，学生1000人，教师100人，占地100亩”的思路，在地、县筹建7所县级职教中心，每个乡镇建设1所农科教培训中心。自此，地、县合力推动职业教育大发展的工作机制建立。原张掖市（现甘州区）决定将区域内原有的职业中学、教师进修学校、卫生职业技术学校、农业广播电学校、就业培训中心及部门办的职业学校合并，组建张掖市职业技术教育中心。民乐县决定将原农业中学、职业中学、教师进修学校、卫生学校、农业广播学校、农业机械化学校合并，创建民乐县职业技术教育中心。山丹培黎学校和山丹县联合创办了山丹县职教中心。到1995年，随着肃南县职业技术教育中心的成立，全区地区创建1所、六县（市）兴建6所职教中心的目标基本实现。

从1996年开始，随着《职业教育法》的颁布和6所职教中心的正式运行，张掖职业教育得到了各级党委政府的高度关注和大力推进，同时，教育行政部门也加大了对职业学校的评估和认定。1996年1月和6月，张掖地委、行署先后召开全区农村教育综合改革工作会议、全区县级职教中心建设现场检查交流会。5月7日，国家人事部在张掖召开新形势下发挥专业技术人才作用的座谈会，西北五省区及河南等省区有关人员参加。10月，省教委、省科委、张掖地区行署在张掖联合举办“甘肃省科教兴区张掖研讨会”。年底，地区教育委员会代表全省在全国农村教育综合改革汕尾研讨会上做了经验交流。张掖市职业中学、张掖市教师进修学校、张掖市卫生职业技术学校先后迁入张掖市职业技术教育中心，肃南县职教中心、张掖市第二农中办学条件达到省颁C级标准。

1997年3月，张掖地区行署在全省农村科技工作会议上做了《全面实施科教兴区战略推动经济社会协调发展》的交流发言。7月，地委、行署相继召开了全区职教中心管理研讨会和全区职业教育工作会。9月，教育部在张掖召开了全国农村教育综合改革联系点会议，国家教委副主任王明达、政策法规司司长王根茂出席会议。这一年，张掖职业教育对外交流迈出了实质性步伐，山丹培黎学校与英国达菲尔德中学签署《达菲尔德中学和山丹培黎学校结为友好学校协议书》，两校建立姊妹学校关系，开始互派师生交流学习。同时，新西兰政府设立艾黎托管基金，用于山丹培黎学校教师培训。办学条件方面，经过地区教育处评估，张掖市职业技术教育中心、高台县职教中心达到省颁A级标准，临泽、民乐、山丹三所职教中心和地区职业中专达到省颁B级标准，肃南县职教中心达到省颁C级标准。山丹培黎学校被甘肃省人事厅认定为“甘肃省再就业培训定点机构”。特别是地委、行署出台的《关于进一步加快发展职业教育的决定》，对推动全区职业教育发展起到了重大推动作用。

（三）进等升档的二次创业发展阶段（1998—2004年）

1997年后，各职教中心正式运行，全区职业教育和全国职业教育一样，受取消中专毕业生分配政策和高校扩招的影响，社会上出现了“重普教、轻职教”的倾向，导致中等职业教育生源不足，吸引力减弱，出现“招生难、就业难”。为了生存和发展，各职教中心采取多种办学模式，扩大规模效益，在艰难中求发展。同时，教育部、教育厅和地、县教育行政部门重视质量提升，强化对职业学校的评估和等级认定，提升了职业教育的影响力和吸引力。

1．张掖职业教育得到了中央和部委领导的关怀

2000年6月18日，江泽民总书记视察张掖市职业技术教育中心，鼓励师生。1998年3月，全国人大常委会原副委员长、培黎学校名誉校长习仲勋为山

丹培黎学校题词："发扬艾黎艰苦奋斗精神"。1999年12月，时任福建省委副书记、代省长的习近平鼓励福建益力集团为山丹培黎学校捐款35万元。2000年元旦，时任福建省委副书记、省长的习近平为山丹培黎学校师生寄发"恭贺新禧"的新年贺卡。2002年9月，山丹培黎学校举行"艾黎诞辰105周年暨建校60周年纪念大会"，时任福建省委副书记、省长的习近平向学校发来贺信，祝愿学校在新世纪中不断取得新成就、实现新发展。2000年7月，全国人大常委会副委员长蒋正华视察张掖市职业技术教育中心，并题词"发展职业教育　提高全民素质"。2005年7月，教育部部长周济视察张掖市职业技术教育中心并发表讲话。

2．出台一系列政策推动职业教育发展

1998年，张掖地区行署办公室转发《张掖地区职业教育发展三年计划和2010年规划》《关于组织未升学的高中毕业生进行就业前职业培训的意见》《转发关于动员各类学校大力开展再就业培训的通知》。1999年3月，地委书记洪毅对发展职业教育做出"职业学校要进一步理清办学思路，加强学校内涵发展，重视学校内在质量提高"的批示。2002年，张掖地区行政公署教育处、张掖地区行政公署农业处联合印发《关于在我区农村普通初中试行"绿色证书"教育的实施意见》，自此"绿色证书"劳动教育在全区实施。

3．加强对职业学校的办学评估和教学检查

1998—2003年，地区教育处依据《甘肃省职业中学三级评估方案》，先后组织专家组对所有职业学校进行了办学条件评估和教育教学检查，推动职业学校向规范化方向发展。1998年，经过省教委评估专家组综合评估，张掖市职业技术教育中心、高台县职业中专学校被省教委认定为"甘肃省重点职业中学"，民乐县职教中心、临泽县职教中心、山丹培黎学校和地区职业中专等四所学校被省教委命名认定为"甘肃省示范性职业高级中学"。1999年11月，张掖市职业技术教育中心、高台县职教中心和张掖农校（张掖地区职业中专）接受了由省教委组织的国家级重点职业高级中学的验收评估，2000年6月，3所学校被教育部认定为首批国家级重点职业学校和中专学校。2001年，山丹培黎学校、民乐县职教中心、临泽县职业技术教育中心被省教育厅认定为"省级重点职业中专学校"。张掖市农二中通过省级示范性职业中学标准（B级）的评估验收。

4. 职业学校改制升格和骨干专业建设

2001年，张掖师范专科学校，经教育部批准升格为综合性本科院校，更名为“河西学院”。根据甘肃省人民政府《关于同意张掖职业中专和张掖农校并入张掖师专的批复》，地区职业中专和张掖地区农业学校并入“河西学院”，归口甘肃省教育厅管理。2002年10月，“张掖地区教育处”更名为“张掖市教育局”，内部机构设置不变。2003年，依据《教育部关于同意建立张掖医学高等专科学校的通知》，省政府决定撤销张掖地区卫生学校，建立张掖医学高等专科学校。7月，张掖地区卫生学校经甘肃省教育厅和卫生厅批准，升格为专科学校，“张掖医学高等专科学校”正式挂牌成立，增设了“中西医结合医疗”和“妇幼卫生”专业。同时，张掖市人民政府决定，将张掖师范改办为“张掖实验中学”，开始招收初中应届毕业生，举办普通高中班，保留原“张掖师范”的建制，继续招收四年制中专和“3+2”（三年中专、两年大专）大专学生。张掖师范被甘肃省教育厅确定为“国家普通话测试鉴定站”，承担全区乃至河西地区中小学教师的普通话测试工作。1999年3月，经省教委同意，高台县职教中心更名为“甘肃省高台县职业中等专业学校”，实行职业中专、职业高中并存，一校两制，两块牌子。2002年，张掖市职业技术教育中心、民乐县职教中心、临泽县职教中心经省教育厅批准加挂了“甘肃省张掖市职业中等专业学校”“民乐县职业中等专业学校”“临泽县职业中等专业学校”，实行一校两牌多制。2003年12月，甘州区被教育部确定为“全国社区教育实验区”。张掖市职业技术教育中心的“计算机及应用”“旅游服务”，高台县职业中专的“汽车运用与维修”“电子电器”，临泽县职教中心的“计算机及应用”，民乐县职教中心的“农艺”等专业被省教育厅认定为省级骨干专业。2004年，经甘肃省劳动与社会保障厅批准，张掖市职业技术教育中心与市劳动和社会保障局联合成立了“张掖市技工学校”，迈出了部门协作、联合办学的第一步。甘州区政府决定，张掖市第一农业中学撤并到甘州区第三中学继续开办职业教育班，原校址改建为甘州区青少年综合教育实践基地。

5. 招生就业工作

职业中专就业实行“双轨制”（普通中专分配，职业学校自主选择）。2000年前，除张掖师范、张掖地区卫校、张掖地区体校学生和山丹培黎学校毕业生纳入国家的分配计划，由省人事厅派遣外，其他职业学校毕业生都实行自主择业。2000年5月，甘肃省计划委员会、教育委员会、财政厅、人事厅联合下发

《关于普通中等专业学校实行招生并轨改革的通知》，从2000年起，全省普通中等专业学校实行招生并轨改革。普通中等专业学校招生并轨后，实行统一招生计划，统一录取标准，学生缴费上学，毕业后自主择业的制度。全区张掖师范、山丹培黎学校、张掖体育运动学校实行招生并轨改革。张掖师范开始举办“3+2”小学教育大专班。针对中职生源下滑的局面，从1996年开始，地区教育处每年给职业学校下达招生任务，通过行政手段推动招生，扩大职业教育规模，各职业学校主要采取以下几种方式扩大招生规模：

（1）联合办学。从1997年开始，部分职业学校为扩大招生，采取与省内外大中专院校合作办学、联合招生。1997年，张掖市职业技术教育中心、临泽县职教中心等采取与甘肃省联合中专联合办学形式招收了部分计划内自费生。民乐县职教中心学校同甘肃省广播电视大学滨河分校签订协议联合办学（滨河分校行政隶属于滨河集团，业务上接受甘肃省广播电视大学的指导，业务工作由县职教中心学校组织实施）。之后，各县区职业学校也都采取联合办学的形式，增强招生的吸引力。

（2）在职业学校增设其他类型的教育。1999年开始，张掖市职业技术教育中心利用空置场地先后开办普通初中部、艺术幼儿园。

（3）初二后分流和春季招生。面对招生难的问题，全市职业学校从2000年开始实行春季和秋季两次招生，同时，高台县和临泽县开始实行“初二后分流”招生的办法，在春季学期开始招收初二学生进入职业学校完成义务教育课程和职业教育的渗透教学，是职普融通的积极尝试。

（4）通过就业拉动招生。为解决就业问题，各学校采取向东部经济发达地区输送毕业生，通过“出口拉动进口”的方式促进招生。1998年，张掖市职业技术教育中心成立了学生就业指导办公室，高台县职教中心注册成立了“阳光职业介绍所”，开始将毕业生向东部经济发达地区输送学生。高台县职教中心按照“外出就业，回乡创业”的思路，积极推动了毕业生在东部经济发达地区的就业。之后，各职业学校相继成立招生就业机构。1999年10月，地区教育处举办了全区首届职业学校“十佳”毕业生表彰活动，邀请“十佳”毕业生代表分别在张掖、山丹、民乐、临泽和高台等职教中心做了巡回事迹报告。1998—2003年，全市各县区职业学校招生情况如表2-1所示。

表2-1 1998—2003年张掖各县区职业学校招生情况

（单位：人）

	1998年	1999年	2000年	2001年	2002年	2003年	备注
合计	2657	2646	2398	1766	2650	1855	
市直中专	837	880	1239	692	1032	694	
甘州区	697	640	568	476	859	548	
山丹县	135	236	154	137	11		山丹县职教中心
临泽县	215	291	173	152	179	122	
高台县	307	270	56	161	276	334	
民乐县	393	176	165	103	186	236	
肃南县	73	153	43	45	107	43	

资料来源：张掖教育统计年报。

6.教科研工作

1998年，地区教育处制定《张掖地区职业学校联校教研组工作条例（试行）》，依托7所职教中心组建了财政金融类、农艺类、家庭综合经营类、计算机应用类、幼儿师范类、民族艺术类和机械类等7个专业联校教研组，以及政治、语文、数学和英语4个文化基础课联校教研组，通过跨校联合，开展学科教研工作，推动了全区职业学校的学科建设。1998年，地区教育处举办了全区首届职校生技能竞赛活动，进行了财经、计算机应用、幼师3个专业的技能竞赛。2001年，地区教育处举办了全区首届专业课教师技能竞赛。张掖率先举办师生技能大赛是全省首创。2001年10月，教育部拟定张掖地区作为全国教育科学“十五”规划国家级重点课题《西部人力资源开发战略研究》试验区及课题组城市。经过考核评估，2002年，教育部正式确定张掖地区为全国教育科研“十五”规划国家重点课题“西部地区人力资源开发战略研究”课题组成员单位（全国共6个城市），总课题组组长由教育部部长袁贵仁担任，王湛、王明达任课题顾问组组长。课题组组长由职成教司司长、职教所所长黄尧担任，副组长由教育部职成教司司长黄尧等部委领导担任，张掖市负责《甘肃省张掖地区人力资源开发战略研究》子课题研究，课题组长由甘肃省教育厅副厅长王萍担任。年底，张掖市政府召开《西部人力资源开发战略研究》张掖课题组开题会议，组建了课题组机构，正式启动了课题研究。张掖被教育部确定为课题研究实验城市，提升了张掖职业教育的知名度，加强了与教育部职成司的联系，为张掖争取教育项目奠定了基础，课题研究的部分成果，被总课题组吸收采纳。2003年9月，《中国教育报》刊载“西部人力资源开发战略研究”子课题研究组撰写的署名文章《崛起在河西走廊上的职教之星——张掖市职成教育改革与发展纪实》。2004年5月，《西部人力资源开发战略研究》子课题组在北京向教育部有关领导汇报张掖市职业教育发展状况和课题研究工作，各项工作得到了肯定。

在地区行署《关于进一步加快发展职业教育的决定》（地委发〔1997〕15号）政策的推动下，各县（市）和职业学校积极开展科研和技术试验推广，探索产学研一体化办学路子。张掖农校引进、试验示范农作物、果树、蔬菜新品种等农业高新技术，在生产中推广了一批科技含量高、经济效益好的研究成果和成熟技术，如“水稻引种试验及丰产栽培技术研究”成果的推广，使当地水稻亩产由250公斤提高到650公斤。1997年，张掖农校成立甘肃凯源生物技术开发中心，是西北地区最大的螺旋藻养殖基地，设计年产值可达300万～500万元。1998年，民乐县职教中心立项的可使亩产增产6%～8%的“地膜洋芋盛花期揭膜技术”研究取得成功，获得地区科技进步三等奖，开始在部分乡镇推广。临泽县新华镇农科教培训中心引进工厂化养猪技术，采取“公司+农户”的模式，培训养殖业技术人才，使该项技术在全县很快推广，该镇畜牧业产值在农业总产值中的比重达到46%。1999年，山丹培黎学校开展的高蛋白小麦与高淀粉玉米带田种植、双低油菜种植、良种葡萄栽培等项目取得成效。民乐县职教中心建立了“民乐县食用菌开发研究中心”，研究开发新品种数十种，在取得规模效益的同时，逐步向农户展开示范推广工作，取得显著成效。

7. 乡镇农科教中心建设和评估

1994年，中共张掖地委、张掖地区行政公署出台了《关于加快全区教育改革和发展若干问题的决定》，要求各县农村以乡镇农民文化技术学校或乡办初中、农职业中学为依托，办好乡农科教培训中心，并承担农村初中“3+1”和初三分流职业班的职业技术教学任务。同时各村以村办小学为依托，办好村农科教培训中心（村农民文化技术分校），开展经常性的实用技术培训。根据该决定精神，全区加快了乡村农科教中心建设。1996年，全区新建成乡镇农科教中心44所，村农科教中心526所。1997年，全区建成乡（镇、区）村农科教培训中心90所。至1998年，全区共建成乡镇农科教中心93所，村农科教中心814所。1998年，地区教育处制定了《张掖地区甲级乡（镇）农科教培训中心评估方案》，开始对乡（镇）农科教培训中心进行评估认定。至2004年，全区有17所乡（镇、区）农科教培训中心达到省颁甲级标准，24所达到省颁乙级标准，年培训农村劳动力达25万人次。

8. 社会培训工作

1998年，地区教育处先后印发《关于组织未升学的初高中毕业生进行就业职业培训的意见》《关于组织未升学的高中毕业生进行就业前职业培训的意见》《转发关于动员各类学校大力开展再就业培训的通知》，积极推动职业学校和农科教中心大力开展各种社会培训。2002年，张掖市被教育部、农业部确定农村普通初中开展“绿色证书”教育试点。张掖地区行政公署教育处、张掖地区行政公署农业处联合印发《关于在我区农村普通初中试行“绿色证书”教育的实施意见》，以“绿色证书”为内容的劳动教育在区实施。2004年6月，张掖市教育局成立“张掖市教育局劳动力转移培训工作领导小组”，通过行政措施推动职业学校开展劳动力转移培训。10月29日，山丹培黎学校被科技部星火办公室命名为“星火计划农民科技培训学校”。11月，张掖市政府教育总督学王克强同志在全国农村劳动力转移培训会议（江苏会议）上做了经验介绍。2004年，全市各级各类职业学校开展农村劳动力转移培训7668人次，开展城市下岗就业再就业培训1622人次，开展其他实用技术培训10154人次。

（四）内涵发展的提升阶段（2005—2012年）

2005年，全国职业教育工作会议召开，国务院出台了《关于大力发展职业教育的决定》。张掖市各级党委、政府高度重视和支持职业教育的改革与发展，把改革和发展职业教育放在整个教育工作的突出位置，整合各部门的力量，共同推进职业教育事业，为职业教育快速健康持续发展创造了条件，营造了良好的发展环境。各级各类职业学校，面向市场，坚持以服务为宗旨，就业为导向，转变办学思想、办学模式、办学机制，加强职业道德教育和职业技能培训，狠抓实验实训基地建设和招生就业工作，加强专业建设和教师队伍建设，完善了农科教结合、产学研一体的人才培养模式，使全市职业教育在创新中发展，办学规模不断扩大，办学方式更加灵活，就业渠道进一步拓宽，办学质量和效益显著提高，职业教育服务经济社会发展的能力明显增强。初步形成了以教育、劳动和社会保障部门为主体，以县级职教中心为龙头，乡镇农科教培训中心为骨干，多层次、多形式、多规格发展职业教育的格局。张掖职业教育在各项政策叠加红利的催动下，走上了管理由粗放式向精细化转变，办学由规模化向效益化转变的内涵发展的“快车道”。

1．党委政府把发展职业教育纳入重要议事日程

一是定期召开职业教育工作会议。从2005年开始，市委、市政府每年召开全市职业教育工作会议，全面安排部署职业教育工作。二是各级领导更加关注张掖职业教育的发展。2005年7月，全国中西部地区农村中小学现代远程教育资源应用现场会在张掖召开，国务委员陈至立参加会议，对全市信息技术的应用给予肯定。现场会期间，教育部周济部长、甘肃省副省长李膺等领导视察了张掖市职业技术教育中心并发表了重要讲话。2006年，省政府参事、省委办公厅、省民革委员会、市委市政府分管领导先后调研全市职业教育工作。2008年，省教育厅厅长白继忠调研张掖职业教育。2009年8月，国家发改委等27个部门来张调研，市教育局汇报了全市教育改革与发展情况，提出建议：加大对我市职业教育实验实训基地建设项目的倾斜力度，解决职教债务，充实我市六县区中等职业教育实验实训基地，做大、做强我市六县区职教中心。三是出台发展职业教育的政策措施。2005年5月，市委、市政府召开全市职业教育工作会议，印发了《中共张掖市委、张掖市人民政府关于大力发展职业教育的实施意见》。2007年，市委、市政府召开全市职业教育工作会议，出台了《关于进一步推进职业教育发展的实施意见》。市教育局制定《张掖市“十一五”教育事业发展规划》《张掖市中等职业学校2005—2010年基础能力建设规划》和《张掖市职业学校专业建设指导意见》等。四是建立了全市职业教育工作联席会议制度。2006年5月，市委市政府办公室印发《关于建立张掖市职业教育工作部门联席会议制度的通知》，确定了张掖市职业教育工作部门联席会议制度和成员单位职责，齐抓共管办职业教育的工作机制形成。

2．职业学校基础能力建设步伐加快

2005年，市教育局通过省教育厅向教育部上报了《张掖市职业技术教育中心关于贯彻周济部长视察学校讲话精神的实施方案》，由原教育局局长贾天杰同志带领教育局和张掖市职业技术教育中心校长赴教育部汇报工作，争取项目支持。市教育局、发改委先后编制上报《2004—2007年张掖市职业教育实训基地建设规划》《张掖市2005—2010年中等职业教育基础能力建设规划》，全市职业学校5个项目分别进入国家发改委和教育部项目库，涉及项目资金

3735万元。从2005年开始，山丹培黎学校、张掖市职业技术教育中心、临泽县职业中专、高台县职业中专、民乐县职业中专和肃南县职教中心均被列入中央和省级财政支持建设的实验实训基地建设校。2009—2010年，市委、市政府在投资1806万元，为中小学配备了标准灶具的惠民办实事中，优先安排职业学校，为8所职业学校配备了价值80万元的标准化灶具。2010年，张掖市职业技术教育中心被教育部确定为“国家中等职业教育改革发展示范学校建设计划”第一批立项建设学校，得到中央财政1100万元的资金支持，项目校从2011年开始建设，建设期两年。不完全统计，2005—2012年，全市职业学校争取中央和省级财政支持项目资金达到8003万元，接收各类捐助资金150万元。县区和各职业学校按照“硬件发展抓项目，质量提高靠管理”的思路，利用中央和省级财政职教项目，建成农林、土木水利工程、加工制造等37个专业和数控技术、计算机应用、汽车维修、机电、电子等6个省级实验实训基地，建成国家级骨干专业3个，省级骨干专业12个，市级骨干专业18个。至2012年，全市8所职业学校（不含张掖师范、甘州区第二农业中学、张掖市万通职业技术学校）占地1564.3亩（含农场用地500亩）、生均占地109平方米，建筑面积170804平方米、生均9.1平方米，教学仪器设备总价值3575.13万元、生均0.2813万元，图书161240册，生均图书20册，电子阅览室32个。

3．中职资助体系全面建立

2006年，财政部、教育部印发《中等职业教育国家助学金管理暂行办法》，规定从2006年起，中央财政设立中等职业教育国家助学金。之后，国家不断建立健全中职助学体系，先后设立中职学校国家助学金，实行中职免学费政策等。2007年，省教育厅下达全市62万元中等职业教育助学金，补助标准为每生每学年500元，全市受助学生达1240人，占全市职业学校中职生的15%。2008年，中央和省级财政共拨付中职助学金1351.11万元，18025人次的学生享受到每学期750元的助学金。不完全统计，2007—2010年，省财政厅、教育厅共9次核拨全市中职助学金3969.68万元，受助学生5.12万人次。

4．多措并举，扩大职业教育规模

按照国家和省上高中阶段职普大体相当的要求，全市把扩大招生作为重点工作。主要措施：一是严格控制普通高中招生计划，下达职业教育招生任务，纳入对县区的考核。二是实行春、秋两季集中招生和常年招生制度，采取随报随录、多次补录的办法，并将补录结束时间延长至12月底，尽可能满足学生接受职业教育的需求。三是采取初三和高一后分流措施，引导初、高中学生合理分流，接受中等职业教育。持续时间长、效果明显的是临泽县和高台县，实施分流招生时期，两个县高中阶段职普比均达到了5∶5。四是积极面向未升学高中毕业生、在岗职工、下岗职工、农民工和复转军人开展职业教育与培训。五是加强联合办学。各职业学校积极与省内高等院校和省外有“3+2”办学资质的学校联合办学，拓宽学生升入高一级学校学习的渠道。采取“校企联办”的方式，与企业合作，疏通就业渠道，增强职业教育的吸引力。六是探索招生非全日制成人弹性教学班。2010年，按照“单独组班、因需设教，学制一至五年，开足开够中等职业学历教育课程设置要求的公共基础课程和专业技能课程，保证师资、保证教学、保证学分，保证集中面授时间”的教学标准和质量要求，各县区把35周岁以下的农村党员、基层干部、城区务工人员、返乡农民工、乡镇企业一线员工、农村专业户等农村劳动力作为培训教育对象，采取送教下乡及在乡镇、工厂、企业设立教学点等模式，开展多种形式的成人中等职业技术学历，当年招生3993人。

到2012年，全市教育系统管理的职业学校在校生18768人（其中，全日制学历教育9977人，非全日制学历教育8791人），比2005年增加了9208人，年招生规模由2005年的3500人增加到了2011年的7761人，在校生和年招生规模均翻了一番。依托省内外大专院校开展成人继续教育在校学员达到3000多人。2012年，张掖市教育局被省教育厅评为“全省中等职业教育招生就业先进集体”（表2-2）。

表2-2　2005—2012年张掖各县区职业学校招生情况简表

（单位：人）

	2005年	2006年	2007年	2008年	2009年	2010年	2011年	2012年	备注
合计	3717	3711	3343	5062	3573	3668	4061	4271	不含弹性学制学生（学员）
甘州区	760	1380	1207	1901	1221	1304	1192	1200	
山丹县	480	567	630	697	467	222	1060	333	
临泽县	279	483	643	748	449	832	612	665	
高台县	590	483	461	990	849	473	745	1068	
民乐县	463	751	194	606	497	770	372	946	
肃南县	35	47	89	121	90	59	80	59	

资料来源：张掖教育统计年鉴。

5．转移输出，提高就业率

在就业方面，主要是重视就业创业工作，加强校企合作，积极开展“订单式”培养，在落实招生计划时就与企业签订代培协议，形成了以“出口”拉动“进口”的特色。各职业学校都成立了就业指导机构或职业介绍所，由专人负责收集市场需求信息，安置学生就业，毕业生就业率逐年提高。到2012年，全市各职业学校毕业生到外地就业的达到80%，就业学生月工资达到1600—3000元，形成了“立足西部、面向全国”的就业工作格局，建成了长三角、珠三角、京津塘、环渤海等地稳定的就业基地。就业安置工作实现了“学生满意，家长满意，用人单位满意”的良好局面。

6．深化改革，提高教育教学质量

一是大力推进以技能为导向的教育教学改革。市教育局通过召开教学研讨会、开展优质课比赛、优秀论文评比、挂牌成立市级教研工作室等方式，推行“理实一体教学模式改革”和“项目教学法”教学改革试验。同时，以技能大赛为抓手，强化技能教学，推进教育教学改革。每年举行一次职业学校师生技能大赛，比赛规模和专业种类逐年扩大，通过技能大赛形成教育教学改革的“倒逼机制”，促进课程教学改革。2009年，全市职业学校的教师参加第五届甘肃省中等职业教育教学科研优秀成果评选活动，获得科研成果奖12项。2010年，市教育局组织17名职业学校教师参加全国和全省说课比赛，8人获得全国奖项，9人获得省级奖项，市教育局获得优秀组织奖。二是强化质量检测，促进教育教学质量。市教育局制定出台《关于建立张掖市中等职业教育教学质量检测体系的意见》，每年坚持对全市职业学校学生举行文化课和专业课抽考，成绩作为毕业依据，有效促进了教育教学质量的提高。三是大力推进课程改革。按照普通高等教育对口招收中等职业学校学生招生考试制度改革方案，修订专业教学计划，提高技能教学的比重，开展音乐、美术、体育和课外兴趣活动、专业技能选修等为主的“三课五活动”，提高了学生的综合素质。四是通过开展各种比赛，突出职业教育特点。市教育局组织先后开展了职业学校文艺调演、运动会等，强化“一专多能”的培养目标，提高学生的综合素质。从2005年开始，市教育局通过行政措施，组织各职业学校每年高质量参加全国中等职业学校“文明风采”竞赛，连续8年获奖率居全省前列。2010年，全市职业学校56名学生参加第七届全国中等职业学校“文明风采”竞赛，获奖率达到75%，张掖市职业技术教育中心获得全国决赛优秀组织奖。2005—

2012年，全市职业学校高考升学率、省级技能大赛获奖率、毕业生就业率均居全省前列。

2006年，职业学校学生高考录取率达61.6%，三职生录取率达87.4%；2007年，职业学校学生普通高考录取181人，录取率达56.2%，本科录取率达到29.3%，“三职生”高考录取率达73.4%；2008年，“三职生”高考录取率达85.8%，高于全省平均录取率20个百分点。高台县职教中心音乐、美术两个专业的96名学生参加普通高考，79名学生被高校录取，录取率达到82.3%，其中本科录取45人，本科录取率达到46.9%；2011年，全市职业学校“三校生”高考录取率达93%，全市本科录取18人，占全省本科总录取人数的9.47%。山丹培黎学校、高台县职业中专和民乐县职业中专上线率和录取率均达到100%。高台县职业中专2011年艺术类专业72名考生中，52人被本科院校录取，本科录取率达72.2%，保持了连续三年本科录取率达60%以上。

2008年，全市职业学校参加“甘肃省中等职业学校第四届学生技能大赛”，4所职业学校参赛获得8个团体奖，29名选手全部获奖，获奖率达到100%。高台职教中心2名学生代表甘肃省参加全国职业学校学生技能大赛。2010年，全市职业学校48名学生参加全省中等职业学校技能大赛，6所学校获得13个团体奖，43名学生分别获得8个模块15个专业的一、二、三等奖，18名教师获得优秀指导教师奖。张掖市职业技术教育中心在2010年全国中等职业学校学生技能作品展洽会上，代表甘肃省教育厅参展的项目，荣获全国三等奖；2011年，全市80名选手组队参加全省中等职业学校技能大赛，56名选手获奖，获奖率高于全省平均获奖率10个百分点，团体总分名列全省第三名，市教育局荣获省教育厅表彰的二等奖。全市10名同学参加了2011年全国职业院校学生技能大赛，均获得大赛优秀奖。肃南县职教中心的16名学生代表甘肃省参加了全国少数民族地区学生才艺展，裕固族舞蹈《晨曦》被全国职业院校技能大赛组织委员会授予“永远跟党走”民族地区职业院校才艺教学成果汇报演出表演银奖。

7.加强教师队伍建设，提高教科研水平

2006年，市委、市政府出台《关于进一步推进职业教育发展的实施意见》指出：实施“职业学校教师素质提高计划”。各县区认真贯彻落实该意见精神，建立了灵活多样的教师队伍补充机制，采取“选、调、聘、培”等办法，多渠道补充教师队伍。2005—2012年，全市补充职业教育教师219名，基本解决了专业课教师紧缺的问题。市、县区教育行政部门多措并举，加强教师队伍建设。一是组织开展多层次、全覆盖的培训。积极争取项目支持，依托国家、省级项目，按照“走出去”方式，培养管理队伍和骨干教师。2005—2012年，先后有21名校长和教师赴德国、美国和新西兰等国家学习观摩和接受岗位培训，268名教师参加了国家级骨干专业培训，30%的专业课教师接受了省级专业培训。市教育局通过建立市级培训基地、邀请专家讲座、组织教师考取职业资格证等方式开展市级培训。每年组织各职业学校利用寒暑假组织教师开展信息技术、教育教学改革、教师素养提升等校本培训，职业学校教师参加校本培训达到全覆盖。二是通过评优评先活动，激励教师强化业务学习。从2006年开始，市教育局先后组织开展职业学校教师优质课评选、教师技能比武、教材培训和论文评优等工作，促进教师专业成长。2009年，全市职业学校教师参加第五届甘肃省中等职业教育教学科研优秀成果评选活动，获得科研成果奖12项。2010年，市教育局组织17名职业学校教师参加全国和全省说课比赛，8人获得全国奖项，9人获得省级奖项，市教育局获得优秀组织奖。三是搭建教研平台，推动职业学校学科建设。2008年，市教育局成立“张掖市教育学会职业教育分会”，吸收会员66人，初步组建了市级职业教育教研团队。2010年，市教育局成立张掖市教育学会职教学会，分设18个专业组，组建了156名专业和学科教师组成的联校教研团队，开展职业教育改革发展教研活动。2012年，市教育局组织召开中等职业教育“理实一体教学模式改革”和“项目教学法”教学研讨会，同时以张掖市职业技术教育中心骨干专业教师为主体，命名成立了6个市级教育教学骨干研究与实践工作室。四是牵头主导推动校本教材建设。2009年，市教育局与兰州大学出版社合作，组织全市骨干教师参与兰州大学出版社中等职业学校教材编写工作，42名教师参与23个科目的中职教材编写工作，部分教材已经在全省和青海等地职业学校使用。

到2012年，全市基本建立了能够满足教育教学需求的专兼职教师队伍，全市公办职业学校教职工达到933人（其中专任教师746人），师生比1∶18，“双师型”教师占专任教师的18%。其中：专任教师中文化课教师占教师总数的52%，专业课教师占教师总数的38%，实习指导教师占教师总数的10%；教师的学历结构中硕士占专任教师的2.2%，本科占专任教师的80%，专科占专任教师的16%；职称结构中副高职称的126人、占专任教师的17%，中级职称的358人、占专任教师的48%，初级职称的186人、占专任教师25%。全市各职业学校外聘的任课和兼职教师120名，占教职工总数的13%。

8.以评促建，提升学校办学水平

2006年6月，山丹培黎学校、临泽县职教中心、民乐县职教中心被省教育厅重新调整认定为“省级重点中等职业学校”。12月，山丹培黎学校和民乐县职教中心通过国家级重点中专评估验收，被教育部确定为国家级重点中等职业学校。2009年，临泽县职教中心被教育部命名为“国家级重点职业中专学校”。到2009年，全市5所职业学校（张掖市职业技术教育中心、高台县职业中专、山丹培黎学校、民乐县职教中心、临泽县职教中心）先后被教育部评估认定为国家级重点职业中专学校。2009年，民乐县被教育部确定为“教育部新型农民培训工作联系点”，并被表彰为“全国成人教育先进集体”。2010年，张掖市职业技术教育中心被教育部确定为“国家中等职业教育改革发展示范学校建设计划”第一批立项建设学校。2012年，张掖市职业中专机电技术应用专业和高台县职业中专汽车运用与维修专业被省教育厅评估认定为首批中等职业教育省级重点专业。到2012年，全市教育系统管理的中等职业学校有8所，其中5所学校被教育部认定为国家级重点职业学校，1所学校被市教育局认定为市级重点职业学校。

9.整合资源，大力开展各类培训

2005年，民乐县政府决定，以民乐县职教中心为主体，整合原滨河电大、县委党校、农广校、农函大等11个部门，成立了县职业技术培训中心。2007年，甘州区取消辖区内三、五、六中和铁中普通高中班，将其整合为张掖市职业技术教育中心的教学点，进行了“五校一中心”职教集团办学探索。2008年，市委、市政府启动30万农村劳动力技能培训工程后，教育系统作为农村劳动力培训的重要成员单位和主阵地，主动作为，实施了一系列改革措施，大力开展培训工作。肃南县委、县政府对各类教育培训资源实行优化组合，将县农广校、就业培训中心、阳光工程办公室、职教中心实行联合重组，成立“肃南裕固族自治县农科教培训中心”。各县区按照“县、乡、村三级联动，整合机构、构建大阵地，整合师资、建设大队伍，整合资金、发挥大效益”的工作思路，形成了“县办职教、乡办中心、村建阵地”的纵向大职教格局和“培训联动、辐射延伸、分层施教、服务‘三农’”的横向培训体系。6所县级职教中心在集中精力进行中等职业学历教育的同时，各职业学校依托现代远程教育网络资源、“阳光工程”和农村劳动力转移培训项目，在县区职校附属成立城乡劳动力转移培训中心、农科教培训中心，广泛开展30万农村劳动力技能培训、农村实用技术培训、劳务技能培训、在岗职工的继续教育和再就业培训。统计显示：2008—2011年，各职业学校共向社会输送毕业生8000多人，5000多名在岗职工在接受了继续教育后，近1000名职工取得了大专以上学历，6000多名在岗职工和下岗职工得到了岗位培训或再就业培训。县、乡、村三级农科教中心对农民进行的各项培训达到80多万人次，全市90%以上的青壮年劳动力接受了农业实用技术和职业技能培训。

第五节　新时代张掖职业教育高质量发展的成就

一、发展背景

党的十八大以来，习近平总书记站在党和国家发展全局的高度，把职业教育摆在了前所未有的突出位置，就职业教育改革发展问题做出一系列重大判断，提出一系列重要论述，为职业教育创新发展指明了方向，提供了根本遵循。党中央、国务院密集出台相关配套文件，为职业教育发展提供了政策支持与路径指引，在职业教育改革发展的奋进征程中，我国现代职业教育体系框架全面建成，全国职业教育取得了举世瞩目的成就。

（一）国家将发展职业教育的重要性和地位摆在前所未有的高度

2012年11月，党的十八大报告指出：加快发展现代职业教育，推动高等教育内涵式发展，积极发展继续教育，完善终身教育体系，建设学习型社会。十八届三中全会进一步强调加快现代职业教育体系建设，深化产教融合、校企合作，培养高素质劳动者和技能型人才。2014年，习近平总书记对职业教育工作做出重要批示，强调职业教育是国民教育体系和人力资源开发的重要组成部分，是广大青年打开通往成功成才大门的重要途径，肩负着培养多样化人才、传承技术技能、促进就业创业的重要职责，必须高度重视、加快发展。要求各级党委和政府要把加快发展现代职业教育摆在更加突出的位置，更好地支持和帮助职业教育发展，为实现“两个一百年”奋斗目标和中华民族伟大复兴的中国梦提供坚实人才保障。习近平总书记的重要指示，明确了新时期职业教育的战略地位、时代重任、发展方向、支持重点和各方职责。2017年10月，党的十九大报告提出：优先发展教育事业，加快教育现代化，办好人民满意的教育。完善职业教育和培训体系，深化产教融合、校企合作。2018年9月，党中央召开全国教育大会，指出：大力办好职业院校，坚持面向市场、服务发展、促进就业的办学方向，推进产教融合、校企合作，培养更多高技能人才。2019年1月，国务院关于印发《国家职业教育改革实施方案》，对职业教育进行明确定位，更加强化发展职业教育的重要性。2019年8月，习近平总书记考察山丹培黎学校时强调：我国经济要靠实体经济作支撑，这就需要大量专业技术人才，需要大批大国工匠。发展职业教育，前途广阔、大有可为。

（二）国家更加强调落实“立德树人”根本任务

2014年《中等职业学校德育大纲》（2014年修订）、2016年《中等职业学校学生公约》、2019年《关于加强新时代中小学思想政治理论课教师队伍建设的意见》《教育部办公厅关于加强和改进新时代中等职业学校德育工作的意见》等文件的出台，全面安排部署了新时代学校德育工作的目标和任务，“三全育人”机制建立和“八统一”要求，职业教育以人为本、德育为先、能力为重、全面发展、德技并修、工学结合的育人机制更加完善。

（三）中国特色的现代职业教育体系全面构建

以职业教育和普通教育类型定位和“双轨”运行为标志，以纵向贯通、横向融通为核心，初等职业教育为补充、中等职业教育为基础、高等职业教育为主体，同经济社会发展和深化教育改革相适应的新时代中国特色职业教育体系全面构建。2020年，全国有中等职业教育学校9896所，在校生1663.37万人；高职（专科）院校1468所，在校生1459.6万人，职业教育办学规模和学生总数发展为世界第一。

（四）中高本一体化人才培养体系基本建立

职教高考制度改革、普职融通制度建立、“1+X”证书制度试点、国家资历框架制度、产业人才数据平台搭建、专业教学标准制定、产教融合型企业举办、现代学徒制试点、“三教改革”的深化、“双高双优”计划的实施等，构建了中国特色的职业教育人才培养体系。

（五）发展职业教育的制度建设日益完善

党的十八大以来，国家从深入推进职业教育办学体制机制改革、加快构建现代职业教育体系、着力提升职业院校人才培养质量、不断深化产教融合校企合作、切实加强师资队伍建设、全面提高职业教育发展保障水平、加强职业教育基础能力建设、专业目录和教学标准等诸多方面出台了一系列政策（2013—2020年，国家和部委层面出台的有关职业教育的文件90多个），构建了职业教育法律制度的“四梁八柱”。

（六）职业教育教师队伍建设制度设计系统化

党中央、国务院高度重视职教教师队伍建设工作，对建设高素质“双师型”教师队伍进行了一系列部署。习近平总书记在全国教育大会上发表重要讲话中强调，要“坚持把教师队伍建设作为基础工作”。《中共中央国务院关于全面深化新时代教师队伍建设改革的意见》强调，要“全面提高职业院校教师质量，建设一支高素质‘双师型’的教师队伍”。《国家职业教育改革实施方案》提出，要“多措并举打造‘双师型’教师队伍”。2013年教育部印发《中等职业学校教师专业标准（试行）》，这是中华人民共和国成立后的首个针对中职学校教师制定的专业标准。2016年，《职业学校教师企业实践规定》对职业学校教师到企业实践的重要意义、实践内容和形式等方面进行具体明确的规定。2017年，《教育部财政部关于实施职业院校教师素质提高计划（2017—2020年）的意见》和《职业院校教师素质提高计划项目管理办法》出台。2018年，《教师教育振兴行动计划（2018—2022年）》再次提出：“要大幅增加培养具有精湛实践技能的‘双师型’专业课教师。”2019年，《深化新时代职业教育“双师型”教师队伍建设改革实施方案》明确：基本建成一支师德高尚、技艺精湛、专兼结合、充满活力的高素质“双师型”教师队伍。十八大以来，职业教育教师培养培训体系基本建成，教师管理制度逐步健全，教师地位待遇稳步提高，教师素质能力显著提升，为职业教育改革发展提供了有力的人才保障和智力支撑。2020年，全国高等职业院校教职工达到744478人、专任教师556424人，中等职业学校教职工1083042人、专任教师857401人。

二、发展成就

2019年8月20日，习近平总书记视察山丹培黎学校时发表重要讲话，指出：实体经济是我国经济的重要支撑，做强实体经济需要大量技能型人才，需要大力弘扬工匠精神，发展职业教育前景广阔、大有可为。党中央的战略决策、习近平总书记的重要指示、国务院的决定和会议部署，以及此后出台的一系列政策措施，把职业教育的战略地位提到了前所未有的高度。张掖市各级党委、政府把加快发展现代职业教育摆在更加突出的位置，多措并举，多点发力，强力支持和推动职业教育发展，张掖职业教育进入黄金发展时期。

（一）政策措施保障更加完善

2014年，全国职业教育工作大会召开后，张掖市、县区党委政府把大力发展职业教育摆在更加重要地位。

1.建立了发展职业教育完善的体制机制

党委、政府高度重视职业教育发展，形成了党委常委会、政府常务会经常研究职业教育，主要领导和分管领导经常性现场办公研究调研职业教育，人大、政协定期检查、调研职业教育，各部门支持和承担发展职业教育责任的工作机制，党委政府主导推动、部门齐抓共管发展职业教育的发展环境不断强化。

2.构建了发展职业教育的政策体系

2015年4月，市政府出台《张掖市人民政府关于加快发展现代职业教育的实施意见》，提出加快构建具有张掖特色的现代职业教育体系，将该意见细化为32个方面，制定《重点任务分工及进度安排表》，明确各部门的责任，协调多个部门、采取多种措施共同推进职业教育改革，提升职业教育的吸引力。2019年6月，出台《张掖市深化产教融合实施方案》，提出提高行业企业参与办学程度，健全多元化办学体制，全面推行校企协同育人，构建产业和教育统筹融合发展格局的目标。2019—2021年，市级层面先后出台《张掖市职业教育改革实施方案》《张掖市职业技能提升行动实施方案（2019—2021年）》《张掖市贯彻落实关于整省推进职业教育发展打造“技能甘肃”的意见的实施方案》《张掖教育现代化2035行动纲要》《张掖市加快推进教育现代化实施方案（2021—2023年）》等系列支持发展职业教育的文件和措施，全面构建了新时代发展职业教育的制度体系。

3.健全了保障职业教育发展的投入机制

《张掖市人民政府关于加快发展现代职业教育的实施意见》提出：建立与办学规模和培养要求相适应的财政投入机制，足额及时落实学生生均公用经费。严格执行地方教育费附加用于职业教育比例不低于30%的规定。从2015年起，市级财政每年安排200万元专项资金支持职业教育发展；县区每年安排不低于100万元职教专项资金，重点扶持骨干专业建设和改善职业学校基本办学条件。2015年10月，张掖市委第19次常务会议研究决定，启动艾黎国际职业学院建设工作。2016年，学院建设正式启动，规划占地1000亩，总建筑面积27.42万平方米，概算总投资11.8亿元，全日制住校生规模8000人。一期投入7.8亿元，2020年建成招生，实现了历届市委、市政府独立创建高校的愿望。2019年，甘州区委、区政府决定在滨河新区智能产业园新建职教中心，仅用一年半时间，建成投资6.39亿、占地400亩、设计规模6000人的新校区建成并投入使用。两所职业院校的建成投入使用，开创了张掖职业教育发展的新局面，谱写了全市上下全面贯彻落实习近平总书记视察张掖重要指示精神大有作为的历史篇章。

4. 持续加强对县区政府履行职业教育职责进行督导

2012年，国务院《教育督导条例》颁布后，市委、市政府高度重视教育督导工作，每年由分管领导带队，依据教育部《中等职业教育督导评估办法》《甘肃省县级人民政府职业教育工作督导评估方案》，从政策措施、职教机构、职教经费、发展水平等四个方面，按照评估指标体系和要点，建立了“三年一轮、一年两县”的县区政府职业教育工作督导评估制度，2019年启动了县级政府教育履职督导评估。教育督导对职业教育发展起了积极的推动作用。

（二）职业学校布局结构调整更加科学

1999年，教育部关于印发《关于调整中等职业学校布局结构的意见》后，历经十二年，全市职业学校通过整合、转办、合并、共建、联办等多种形式进行布局结构调整，进一步优化了资源配置、扩大了办学规模，使各职业学校的教学质量和办学效益都得到了提高，基本解决了管理上“条块分割”、办学分散、专业重复、效益不高、规模不大的矛盾。2012年，全市中等职业学校有12所（其中，县级职教中心6所，普通中专3所，成人中专1所，农村综合高中1所，民办职业学校1所），在校生9977人，校均全日制在校生831人。到2021年，全市中等职业学校7所，全日制在校生12111人，在校生超过2000人的学校3所、超过1000人的2所（其中：山丹培黎学校在校生2790人，张掖市职业技术教育中心在校生3014人，民乐县职业中专在校生2634人，临泽县职业中专在校生1288人，高台县职业中专在校生1185人），校均全日制在校生1382人。全市职业学校布局结构更加科学，形成有中职、有高职，“一县（区）一职校、全市一高职”的格局。

（三）招生更加规范、升学就业渠道更加畅通

2012年开始，市教育局先后制定了《普通高中招生制度改革方案》《高

中阶段学校招生管理办法》《进一步规范办学行为的通告》等规范高中阶段招生的文件，严格落实国家高中阶段职普大体相当的政策，采取刚性措施，并将职业教育招生任务作为县区考核的重要指标，强化职业教育招生，保证职教生源，扩大职教规模。建立完善了严格管理、刚性落实的高中阶段统一招生的六项机制。一是成立高中阶段招生统一领导工作机制。成立统一招生领导小组，全面领导、指导、监督招生工作，做到了“四统一”（工作统一部署、计划任务统一下达、进度统一推进、录取公示统一执行）。二是建立职普招生统筹协调高中机制。建立普通高中和职业学校统一招生系统平台，严格审核毕业生人数，精准核定办学规模，统一公示办学资质，同步下达高中阶段学校招生计划。联合监管、联校招生，做到了考生同一系统报考、同一平台填报志愿，学校同一时间录取、同一时间公示、同一时间发放录取通知书，职普招生录取协调推进、同步进行。三是建立信息公开公示机制。通过职教宣传周系列活动广泛宣传职业教育政策、发展成果、就业升学前景和各项资助政策，利用微信公众号、信息网站等媒体提前通告招生学校性质、收费和办学质量等情况，积极推介兰州职教园区和省内优质职业学校，及时回应考生和家长关切的问题，确保招考工作平稳有序进行。四是建立初中毕业生升学追踪机制。初中毕业学校班主任负责，引导学生全部升入高中阶段教育学校学习，对毕业生的去向要登记并收集相关信息，确保职业教育全兜底招生。五是实行管理问责机制。严格按照职普比大体相当的要求考核县区教育工作，提高考核权重；对普通高中超计划、降分数招收的学生一律不注册普通高中学籍，对招生中存在违规招生的学校追究责任、限制招生；职业学校招生实行月报制度，对职业学校招生组织不力、宣传不到位的及时约谈督促。六是强化招生宣传。将每年5月确定为“全市职业教育宣传月”，市教育局牵头组织，连续八年举办全市“职业教育宣传周”启动仪式，重点方案开展“十个一”职业教育宣传活动。2012年，市教育局下发通知，要求从当年9月开始，在全市初级中学推行职业技能渗透教育，组织初中毕业生到职业学校轮流进行为期一周的“实用技术”学习和劳动技能培训，以此为载体拓展素质教育，推进新课改，强化初中毕业生对职业教育的认同。2016年，全市职业教育宣传周活动在教育部官方媒体上被报道后，连续几年，宣传周活动都被省级以上媒体报道。2013—2021年，在初中毕业生人数逐年减少、“普高热”不减的情况下中职在校生规模逐年增加，高中阶段招生“职普比”

稳步提高，基本达到了大体相当的要求（表2-3）。

表2-3　2013—2021年张掖市中等职业学校招生情况统计表

（单位：人）

	2013年	2014年	2015年	2016年	2017年	2018年	2019年	2020年	2021年
合计	4147	2483	3340	4180	3520	3536	3719	4588	4776
甘州区	1394	756	781	1552	1029	1039	921	1042	1247
山丹县	401	320	455	507	567	591	648	1201	1138
临泽县	954	463	577	527	486	475	440	442	468
高台县	693	390	545	592	412	382	386	459	467
民乐县	583	490	903	740	750	818	965	1026	1039
肃南县	122	63	79	110	100	98	59	50	41
市直学校				240	176	129	360	368	376

资料来源：张掖教育统计年鉴。

随着我国高等教育大众化的推进，接受高等教育成为一个人成长的必经阶段和需求，中等职业学校学生接受高等职业教育的愿望越来越强烈。2010年，甘肃省全面实施中职学生对口升学考试，甘肃省高等学校招生委员会、甘肃省教育厅印发《关于甘肃省普通高等教育对口招收中等职业学校学生招生考试制度改革的通知》，对中等职业学校学生（普通中专、职业中专、职业高中、成人中专、技工学校）对口升入普通高等院校招生考试制度进行了重大改革，将原来“文化课（语文、数学、英语）+专业基础课综合+专业课综合”调整为“文化综合素质测试+专业基础知识测试+专业技能水平测评”。2013年，甘肃省在14所高职院校开展中高职“2+2+1”贯通培养试点；2014年，启动“五年一贯制”招生，同时开展高职院校单独测试招生和综合评价录取，省内18所高职院校开展单独测试招生、7所高职院校实施推免招生试点（2017年增加到14所）；2015年，省教育厅印发了《甘肃省中高等职业教育衔接贯通培养方案（试行）》，自2015年秋季学期起，除继续实施中高职“五年一贯制”一体化人才培养外，开展中职—本科“3+4”、高职—本科“3+2”衔接贯通培养；2016年，《甘肃省深化教育考试招生制度改革实施方案》确定：逐步扩大高职院校省内单独测试招生计划和专业，扩大“专升本”招生计划和专业，适度提高高职院校招收中等职业学校毕业生、普通高等学校招收职业院（学）校毕业生的比例。逐步完善从中职到高职（专科）的升学办法，推动中职毕业生采取“文化知识+专业技能”的测试办法进入高职院校学习的试点工作，适度加大专业技能测试成绩在最终成绩中的权重。形成初中起点“五年一贯制”、高职“3+2”升本科、高等职业学院单独测试招生贯通培养格局，探索实施从中职到高职人才培养办法。上述政策和招生考试制度的改革，打通从中职、高职（专科）、本科到专业学位研究生的上升通道，形成中高职“五年一贯制”、中职“3+4”升本科、高职“3+2”升本科、中职学生“文化素质+职业技能”对口升学考试、高职院校单独测试招生和推荐优秀中职毕业生免试升入高职院校并存的贯通培养格局。

2011年，市委、市政府印发《张掖市中长期教育改革和发展规划纲要（2010—2020年）》指出：增量扩容，创新发展职业教育。坚持升学和就业并重，鼓励毕业生在职继续学习和参加高校对口招生考试，拓宽毕业生继续学习渠道。2015年，《张掖市人民政府关于加快发展现代职业教育的实施意见》明确：贯通人才多元化成长渠道，落实单考单招、“3+4”中职升本科招生考试和中等职业学校学生“文化素质+职业技能”对口升学考试制度，为打通从中职、专科、本科到研究生的上升通道打好基础，形成就业与升学并重，人才培养模式多元并存的办学格局。在国家和全省一系列职业教育招生考试制度改革利好和中职学生接受高等教育的愿望的推动下，职业学校适时调整培养目标，“升学就业并重”的教育思路达成共识。2013年起，中等职业学校毕业生升学人数比例逐年提高，选择直接就业的学生人数比例逐年下降。2010年，全市职业学校毕业生3131人，直接就业2514人、升学617人，升学比例为20%。2016年，全市职业学校毕业生2144人，升学1707人，直接就业437人，升学比例为79.6%。2021年，全市职业学校毕业生2859人，升学2813人，直接就业46人，升学比例为98.39%。全市职业学校毕业生就业通过升学实现高层次就业的趋势逐年上升。

（四）专业设置和建设更加科学

市县区教育行政部门和各职业学校围绕地方经济社会发展和产业结构建设专业。

1．专业建设

2007年，张掖市教育局通过多方征求意见和论证，制定了《张掖市职业学校专业建设指导意见》《张掖市中等职业学校专业建设总体规划》，配套制定了《张掖市职业学校骨干专业实训基地建设评估标准》，提出：各职业学校按照每个中等职业学校建设国家级1个、省部级2个和市县区3个的要求，引导中等职业学校进行合理的专业调整、专业建设，集中力量办好优势专业，争取用三至五年的时间，全市职业学校建成6个国家级重点专业、16个省级重点专业、17个市县级重点专业，使每个职业学校在一定区域内保持和做强三四个优势专业。全市按照职业学校的专业设置不雷同、不重复的要求，开始专业整合和建设。截至2011年，全市职业学校建成加工制造、农林、信息技术、财经商贸、土木水利工程、医药卫生、文化艺术与体育等7大类32个专业。其中：建成国家级骨干专业3个，省级骨干专业12个，市级骨干专业18个。从2013年开始，省教育厅和市教育局按照各专业在校生规模和效益，重新制定标准，对全市职业学校的专业建设开始了第二轮省、市级骨干专业的评估和认定。2013年1月，张掖市职业中专机电技术应用专业、高台县职业中专汽车运用与维修专业被省教育厅确定为甘肃省级重点专业。2015年，市委、市政府印发《张掖市人民政府关于加快发展现代职业教育的实施意见》强调：建立专业设置适应产业发展需求的动态调整机制，主动适应经济结构调整和产业转型，重点建设面向先进制造业、现代服务业、现代农业、新材料、新能源、信息技术等战略性新兴产业，以及社会管理、生态文明建设、扶贫开发、文体旅游、民族艺术等产业转型升级领域的专业。到2020年，建成10大类15个特色专业，实现区域内各校专业不雷同、不重复、不交叉，形成结构基本合理的专业框架体系。2018年，市教育局按照学校论证申报、现场汇报、演示、质询、答辩等环节，根据各学校专业设置不重复、全市专业布局结构和各学校专业建设市情，联合市工信局、发改委和职业学校校长组成评审委员会，对全市中等职业学校申报的17项骨干特色专业进行评审，确定10个专业为中等职业学校首批骨干特色专业。2019年，市教育局又进行了市级骨干特色专业评审认定工作，新增市级骨干特色专业6个。2020年，全市5所国家级重点职业学校的5个专业分别被省教育厅确定为省级骨干专业（山丹培黎学校机电技术应用专业、张掖市职业中专机电技术应用专业、临泽县职业中专农业机械使用与维修专业、高台县职业中专汽车运用与维修专业、民乐县职业中专建筑工程施工专业）。截至2020年，7所中职学校开设12大类36个专业，其中：农林牧渔类专业5个、土木水利类专业1

个、加工制造类专业6个、石油化工类专业1个、交通运输类专业3个、信息技术类专业6个、医疗卫生类专业1个、财经商贸类专业3个、旅游服务类专业2个、文化艺术类专业5个、体育与健身类专业1个、教育类专业2个，增加工业机器人技术应用、新能源汽车装调与检修、化工机械与设备、无人机操控与维护、数字媒体技术应用、网络信息安全、中餐烹饪与营养膳食、民族音乐与舞蹈、教育类幼儿保育等8类10个专业。建成国家级骨干专业3个，二次建成省级重点专业2个、省级骨干专业6个、市级骨干特色专业16个。张掖市职业技术教育中心机电技术应用专业、民乐县职业中专建筑工程施工专业、临泽县职业中专农业机械使用与维修专业、高台县职业中专汽车运用与维修专业和山丹培黎学校机电技术应用专业被认定为2020年甘肃省职业教育骨干专业。

2．示范基地建设

2015年9月，山丹培黎学校被确定为“全省中等职业教育云平台试点学校”，同时学校组建汽车应用与维修、机电、现代农艺、民间工艺4个校级名师工作室。2016年10月，山丹培黎学校被甘肃省教育厅确定为“校企合作示范基地”。12月，张掖市职业中专工程技术人才培训基地、临泽县职业中专电子商务人才培训基地、山丹培黎学校机械加工技能人才培训基地和肃南县职教中心旅游服务人才培训基地等4个培训基地被市委组织部和市人才办命名为“首批市级企业人才培训示范基地”，每个基地获得5万元的资金补助。2017年，高台县职业中专和民乐县职业中专“祁连蓝领”培训和机电技术专业被市委组织部和市人才办命名为“第二批市级企业人才培训示范基地”。

（五）教育教学改革成效明显，人才培养体系基本构建

教育部相继制定颁布《中等职业学校大类专业基础课程教学大纲》《中等职业学校专业目录及专业简介》《中等职业学校专业教学标准》《中等职业学校公共基础课程教学标准》《职业学校专业（类）顶岗实习标准》等职业教育标准，为教育教学改革提供了法律政策的保障，特别是党的十八大以来，全市职业教育在教育教学方面进行了一系列改革和探索，有效推进了职业学校教育教学质量的提升。

1．宏观政策的强调推进和指导

2011年，张掖市委、市政府印发《张掖市中长期教育改革和发展规划纲要（2010—2020年）》强调：努力提高教育教学质量。以服务为宗旨，以就业为导向，推进教育教学改革，建立健全职业教育质量保障体系，加强实践性教学。2015年，市政府印发《关于加快发展现代职业教育的实施意见》指出：着力提高教育教学质量，严格执行专业教学标准，加强教学常规管理。加强教学质量监测与评价。建立和完善学校内部质量监测机制，及时向社会发布人才培养质量报告。2016年，市教育局制定《张掖市教育局全面深化职业教育教学改革全面提高人才培养质量的实施方案》《张掖市职业学校管理水平提升行动计划方案（2016—2018年）》，提出全面深化职业教育教学改革全面提高人才培养质量的21项重点任务。2019年，市政府出台《张掖市深化产教融合实施方案》强调：推进产教融合人才培养改革。上述政策文件的出台推进了职业教育教学改革的全面实施。

2.强化文化基础与人文素养教育

2014年，教育部印发《中等职业学校德育大纲》（2014年修订），全市认真落实该大纲要求，在改进和加强德育工作方面采取了一系列措施。一是开展读书活动。2014年，市教育局制定《张掖市教育局关于开展师生读书活动的意见》，启动以“沐浴书海，与大师对话，浸润幸福人生；拥抱经典，与智慧同行，传承中华文明”为理念的教育系统全员读书活动。各职业学校利用早读、课外活动等时间开设经典诵读、中华礼仪、传统技艺等课程，把社会主义核心价值观的基本要求融入学校教育教学全过程，深入开展中国特色社会主义、中国梦宣传教育和中华传统文化教育。二是执行国家课程标准，开齐开足文化基础课和必修课，开好思政课、人文素养、体育与健康、艺术、计算机应用基础等基础课程。市教育局坚持开展对职业学校一、二年级学生进行公共文化课教学质量检测，推动文化课与专业课融通，提高学生人文素养。三是强化美育教育，将公共艺术课列入教学计划，将《古诗百首赏析》《名曲百首赏析》《名画百幅赏析》等系列教材纳入学生必修必学课程，提高学生的文化品位、审美情趣和人文素养。

3.组织开展“文明风采”竞赛

市教育局把组织职业学校积极开展“文明风采”竞赛作为落实《关于加强和改进中等职业学校学生思想道德教育的意见》《中等职业学校德育大纲》，推进职业学校文化育人、活动育人、实践育人的重要抓手，坚持每年制定工作方案，采取组织市级评选、建设竞赛数据库、通报获奖情况、认定职业学校教师辅导学生获奖作为评聘职称业绩等措施，形成“人人参与、校校竞赛、层层选拔”的工作机制。衡量职业学校办学质量和水平，“文”看“文明风采”竞赛活动成果、“武”看“技能大赛”成绩形成共识。2016—2018年，市教育局连续举办全市中等职业学校“文明风采”大赛，严格评选推荐参加省级和国家级“文明风采”大赛。市教育局获得第十二届甘肃省中等职业学校“文明风采”竞赛组织贡献奖，张掖市职业技术教育中心、高台县职业中专、民乐县职业中专分别荣获第十二届、第十四届甘肃省中等职业学校“文明风采”竞赛活动优秀组织奖。

4.开展职业学校特色文化建设评比观摩活动

2013年，市教育局确定2013年为全市教育系统“文化建设提升年”，印发《关于开展学校文化提升年活动的意见》《张掖市中小学学校文化建设评估指标体系（试行）》。从2014年开始，市教育局连续三年组织开展了全市职业学校特色文化现场交流观摩活动，组织部门和学校负责人，实地到各职业学校从学校精神文化、制度文化、课程文化、环境文化、行为文化、企业文化六个方面进行参观交流，通过年初安排、年中督查、第四季度观摩评估、通报结果等方式，有效推进了职业学校文化建设，初步形成了以“精神文化为内涵、制度文化为保障、课程文化为主体、环境文化为载体、行为文化为抓手、企业文化为引领”的职业学校文化提升制度。

5.开展教育教学诊改

2015年、2016年，教育部先后下发《教育部办公厅关于建立职业院校教学工作诊断与改进制度的通知》《教育部关于做好中等职业学校教学诊断与改进工作的通知》。2018年，市教育局下发《张掖市教育局关于开展中等职业学校教学诊断与改进工作的通知》，启动对全市中等职业学校开展教学诊断与改进工作，当年按照自主整改、复核、抽样复核和复核结论四个阶段对职业学校进行市级层面的整改行动。

6.年度质量报告公示公告

2016年，教育部印发《教育部办公厅关于开展中等职业教育质量年度报告工作的通知》。市教育局制定了《张掖市中等职业教育质量年度报告工作制度》，要求市教育局每年12月中旬编制公布全市中等职业教育年度质量报告，各县区教育局每年11月底编制公布县区中等职业教育年度质量报告，并报市教育局。各职业学校每年11月15日前编制公布本校年度质量报告，并分别报市、县区教育局。2016年，市教育局率先编制了《张掖市2016年中等职业教育质量年度报告》向社会公布。此后，市、县区教育行政部门和各职业学校每年都按要求编制年度质量报告。开展中等职业教育质量年度报告工作，是完善中等职业教育质量评价制度，促进中等职业学校加强教育教学诊断与改进，加强和改进德育工作，全面提高人才培养质量的重要举措；是各地各中等职业学校向社会宣传办学理念和办学成果，展示学校风采风貌和办学特色的重要途径；是促进中等职业学校加强信息公开、回应社会关切、接受社会监督的重要体现。对于促进中等职业学校与社会沟通，强化校企协同育人，推动中等职业学校加强学校管理和育人，全面提高人才培养质量起到了积极的推动作用。

（六）教师整体素质提升，“双师型”队伍建设成效明显

2012年年底，全市职业学校有教职工936人。其中专任教师797人，师生比1：24。文化课教师399人、占专任教师总数的50%，专业课教师284人、占专任教师总数的35.6%，“双师型”教师142人、占专任教师的17.8%。适应职业教育改革发展需要，全市在加强教师队伍方面采取了一系列措施。

1.完善职业学校教师补充机制

2015年，张掖市政府印发《张掖市人民政府关于加快发展现代职业教育的实施意见》指出：按照教师资格标准和教师专业标准，完善职业学校教师准入、聘用、培养机制。职业学校编制中20%可用于自主聘用高水平专业兼职教师，经费由市、县区财政分级预算。实施职业学校校长能力提升、专业带头人培养、专业教师技能提升3项“强师工程”。各县区先后出台政策，强化教师队伍建设。2016年年底，全市职业学校教师队伍有了整体提高，7所中职学校有在编教职工820人，外聘教师71人。其中：专任教师中硕士研究生学历28人、占专任教师的3.89%，副高级职称184人、占专任教师的25.59%，双师型教师203人、占专任教师的28.23%。2015—2020年，全市职业学校教师补充、聘用机制不断完善，除退休等自然减员外，教师数量增幅保持在5%，外聘教师逐年增加。到2020年，全市中等职业学校有教职工838人，其中专任教师741人，师生比为1：12.5，专任教师中“双师型”教师334人，占专任教师的45.07%。

2.积极推动教师专业化发展

2013年，教育部印发《中等职业学校教师专业标准（试行）》。2015年，教育部印发《中等职业学校校长专业标准》。市、县区教育行政部门和各职业学校全面落实教育部等四部门关于《深化新时代职业教育“双师型”教师队伍建设改革实施方案》的通知精神，坚持人才强校、专兼结合、精干高效教师队伍建设理念，持续实施校长能力提升、教师素质提升“双千”计划、教师能力提升、名师引领、专业带头人选拔培养、双师素质教师优化、兼职教师资源库建设等“强师工程”。充分利用中职教育国家、省、市培训、省级“1+X”证书师资专项培训、教师到企业实践培训、国家开放大学教师教育培训、智慧教育网络平台培训、中德“赛会”培训和教师职业技能鉴定培训等渠道，落实五年一周期教师全员培训和定期实践制度，全市教师队伍专业化发展成效明显。不完全统计：2016—2021年，组织职业学校校长和骨干教师参加市级以上培训达到1153人次，市、县区培训每年做到在编教师全覆盖，先后有12名校长、副校长参加了挂职培训。

3. 强化教研提高教师整体素质

在教研方面主要工作：一是搭建全市教研平台，组织开展联校教研活动。2012年，市教育局牵头，成立张掖市职业教育与成人教育学会，首期吸收会员60人，学会成立了语文、数学、英语、德育、农林牧渔类、医药卫生类、加工制造类、交通运输类、土木水利类、信息技术类、财经商贸类、能源与新能源类、石油化工类、旅游服务类、文化艺术类、教育类等16个联校教研组。二是通过评优评先激励教师提高教育教学水平。市教育局多次组织举办了全市职业学校教师优质课评选和优秀论文评选等活动。三是教师技能大赛制度化。2016—2021年，先后有350多名教师参加全国、全省职业院校教学能力比赛、说课比赛，获奖率保持在75%以上。2021年，实施职业教育立德树人“百千万”工程，全市共认定省级“学科德育”微课85个、“课程思政”微课4个、创建省级特色文化品牌12个，2名教师入选“甘肃省职业教育思想政治骨干教师培育名单”。

4. 开展名师工作室建设

2012年，市教育局组织开展国家中等职业教育改革发展示范学校名师工作室命名工作，在张掖市职业技术教育中心挂牌成立了机电专业“李永杰理实一体化教学模式研究与实践工作室”“苏建军项目教学法研究实践工作室”，会计电算化专业“张伟贤动效型课堂教学改革实践工作室”，机械加工专业“辛志伟项目教学法研究实践工作室”“刘权理实一体化教学模式研究与实践工作室”，建筑专业“葛优理实一体化教学模式研究实践工作室”等名师工作室。

2015年，山丹培黎学校组建汽车应用与维修、机电、现代农艺、民间工艺4个名师工作室。2016年，根据甘肃省教育厅《关于评选中等职业学校“明星校长”的通知》精神，市教育局积极推荐，山丹培黎学校校长彭东军、民乐县职业中等专业学校校长郭华新、肃南县职教中心校长史千云、高台县职业中等专业学校副校长葛发武被省教育厅评为甘肃省中等职业学校“明星校长”。

2018年，高台县职业中等专业学校王明虎工作室被省教育厅认定为“甘肃省职业教育王明虎工作室”。2019年，张掖市职业技术教育中心刘鹏工作室被省教育厅认定为“甘肃省职业教育刘鹏工作室”。同年，市教育局开展首批市级职业教育名师工作室立项建设工作，确定市级职业教育名师工作室5个。2020年，山丹培黎学校韦肇工作室、临泽县职业中专赵建伟工作室被省教育厅认定为第三批“甘肃省名师工作室”。

截至2021年年底，全市中等职业学校有教职工893人。其中，“双师型”教师359人、占专任教师的43.57%，硕士研究生学历41人、占专任教师的4.98%，本科学历756人、占专任教师的91.75%。专任教师中副高级职称274人、占专任教师的33.25%，中级职称362人、占专任教师的43.93%。培养职教市级骨干教师41人、县区级骨干教师88人，职业学校教师专业化程度大幅提升。

（七）示范校建设成效突出，“国”字号品牌数量增加

张掖市职业技术教育中心、高台县职业中专、山丹培黎学校、民乐县职业中专和临泽县职业中专先后被教育部认定为“国家级重点中等职业学校”后，全市又积极创建了3所国家和省级示范校、4个全国农村职业教育与成人教育示范县，整体提升了全市职业学校的办学水平和知名度。

1.培黎品牌的创建

培黎职业学院建成投入使用后，全市按抓优势、树品牌、强特色的发展思路，发挥培黎职业学院优势，坚持“引进来，走出去”发展思路，服务“一带一路”建设和国际教育合作，立足高质量发展的专业标准、课程标准、教学标准，引进大连东软教育科技集团品牌资源，共建培院东软信息产业学院，初步形成IT特色专业集群。积极与教育部衔接沟通，与广东5所“双高”院校“一对一”合作共建机电一体化技术等6个专业。目前，培黎职业学院已与省内42所中职学校签订“五年一贯制”联合培养协议，与河西学院开展现代农业技术、旅游管理两个专业高职、本科职普一体化贯通人才培养，提高生源质量和

人才培养质量。未来，随着培黎职业学院与新西兰惠灵顿/维特里亚理工学院、新西兰培黎实训基地、新西兰兰州牛肉拉面国际联盟的合作以及与费萨拉巴德农业大学、北京唐风汉语教育科技有限公司、巴基斯坦青年基金会“汉语+商务文化+技能+就业”的职业教育国际合作办学新模式的探索，培黎职业学院将成为集学历教育、职业培训和对外开放的高水平职业教育基地，培黎品牌特色将不断彰显。

2．示范校建设

2010年，教育部、人社部、财政部三部委下发《关于实施国家中等职业教育改革发展示范学校建设计划的意见》，由教育部、人社部、财政部三部委联合启动国家中等职业教育改革发展示范校创建项目，国家计划投资100亿，在全国遴选1000所国家重点中职学校进行建设，通过发挥示范、引领、辐射作用，带动整个中等职业教育的发展。张掖市职业技术教育中心2011年被教育部等三部委确定为项目建设学校，经过三年创建，于2014年6月，被教育部、人社部、财政部认定为第一批国家中等职业教育改革发展示范校，创建期间先后争取中央财政支持的1500万元项目资金，改善了办学条件。

2017年，甘肃省教育厅、甘肃省财政厅印发《甘肃省教育厅甘肃省财政厅关于开展省级中等职业教育改革发展示范学校创建工作的通知》《关于开展省级中等职业教育改革发展示范学校建设计划项目评选工作的通知》文件，启动在全省创建20所省级中等职业教育改革发展示范学校创建工作。经学校申报、市教育局积极推荐，民乐县职业中专和高台县职业中专被省教育厅、财政厅、人社厅确定为甘肃省省级中等职业教育改革发展示范学校建设学校，经过三年创建，完成各项任务，于2020年，两所学校被甘肃省教育厅和甘肃省财政厅认定为“甘肃省省级中等职业教育改革发展示范学校”。

3．优质中等职业学校创建

2020年，甘肃省教育厅印发《关于开展甘肃省优质中等职业学校建设计划项目申报的通知》，经过市教育局积极推荐和省教育厅评审，2021年，张掖市职业技术教育中心、民乐县职业中专、高台县职业中专被省教育厅和财政厅确定为“甘肃省优质中等职业学校建设计划项目校”。

4．示范县创建

2013年，教育部印发《教育部关于开展国家级农村职业教育和成人教育示范县创建工作的通知》，启动了国家级农村职业教育和成人教育示范县创建活动，旨在树立一批农村职业教育和成人教育典型，充分发挥示范县引领辐射作用，推动全国农村职业教育和成人教育改革发展。创建要求以县、市及涉农区人民政府为主，五年内创建300个国家级农村职业教育和成人教育示范县。从2014年开始，市、县区政府高度重视，教育部门和职业学校积极申报创建，至2021年，甘州区、临泽县、高台县、民乐县先后被教育部等六部委认定为“全国农村职业教育与成人教育示范县”。临泽县职业技术教育中心被评为全国“优秀成人继续教育院校（培训机构）”，甘肃广播电视大学张掖分校、临泽县职教中心和肃南裕固族自治县职业技术教育培训中心被中国成人教育协会农村成人教育专业委员会、教育部社区教育研究培训中心分别确定为社区教育信息化特色学校、创新创业教育特色学校和地方传统文化传承特色学校。

第三章　张掖中等职业教育

张掖区域内中等职业学校教育起步于清末，创建于民国时期，中华人民共和国成立后得到发展，改革开放时期快速壮大，进入新时代后，办学质量和水平整体得到提升和发展。

第一节　新民主主义革命时期张掖职业学校的创办

1912年，《壬子学制》颁布，张掖区域内高等小学堂一律改为县立高级小学校。为补充教师缺额，张掖、山丹先后创建乙种、甲种师范讲习所和师范自治讲习所，培养小学教师。师范学校的创建标志着张掖中等职业学校的正式创立。

1939年，张掖县在三皇药王庙成立了张掖县国医学校（1949年停办）。1941年，徙省立临夏师范学校至张掖创建“甘肃省立张掖师范学校”，甘肃省政府创办了张掖农业学校。1944年，路易·艾黎将陕西省凤县双石铺创办的中工艺学校迁至山丹建立了半工半读的“山丹培黎工艺学校”。民国时期，除省立张掖初级中学临时增设一年制师训班，培养初小教师外，职业专业学校主要有师范教育、农业和医学三种类型。

一、师范学校

（一）师范讲习所（传习所）

清光绪末年，山丹县开办“师范传习所”，因生源不足，一年后停办。1915年，张掖县创办“乙种师范讲习所”，学制一年，有学生66名。1918年，改乙种讲习所为“甲种讲习所”，学制两年，当年招收学生33名（1921年停办）。1921年，山丹县创立山丹师范学校，1924年，设师范自治讲习所，一年后均停办。张掖、山丹师范讲习所的修业年限短，乙种为一年，甲种为两年。主要开设修身、读经（后改国语）、国文、习字、外语、数学、绘画、手工、乐歌、体操等课程。

（二）师训班

1939年，省立张掖初级中学临时增设一年制师训班，培养初小教师，招收学生40名。

（三）张掖师范学校

1941年，甘肃省立临夏师范学校迁往张掖，更名为张掖师范学校。张掖师范初期基本情况：

学制分两种：一种是四年制简师班（主要招收高小毕业生和具有同等学力的学生），一种是三年制中师班（招收初中毕业生和具有同等学力的学生）。师资主要是聘任，教师18人。1941年，招生两个四年制简易师范班，共80人；1945年，增设中师班，招生30多人。1941—1949年，培养简师班、中师班毕业生410人。课程主要开设国文、数学、历史、地理、物理、化学、博物、生理卫生、公民、体育、美术、音乐、童子军训练以及教育通论、教育行政、教育心理、教材及教学法、教育实习、地方自治、测验统计等。中师班和简师班课目基本相同，中师班从二年级开始，分甲、乙、丙、丁四组，分别选修社会教育、教育辅导、地方行政、地方建设、实用技术、卫生教育、医药常识以及音乐、体育、美术等。张掖师范学校学生除免交学费、书费、住宿费外，还发膳食费、小麦四小斗，另设清寒优秀学生奖学金。

二、农业学校

（一）张掖农业学校

1941年，张掖农业学校创立。创立初期，农、林专业学制五年，当年招收80名高小毕业生。1943年，学生达300多人。到1949年，累计招生500多人，毕业300多人。1943年迁址并更名为“甘肃省张掖高级农业职业学校”，增加畜牧专业（学制三年）。

（二）山丹培黎工艺学校

1942年，由路易·艾黎和乔治·何克在陕西省凤县双石铺创办培黎工艺学校。1944年，迁至山丹县。从双石铺迁移时有学生60余人。到1949年，学生达到500多人。以“分析创造”为校训，实行半工半读，以班级和小组为单位实施教学。建校初期，路易·艾黎任校长，乔治·何克任教导主任，教师主要聘自国内。外籍教师有美国机械师严立地、新西兰医生斯潘塞、农业专家魏美斯及艾启赫、日本陶瓷专家野口胜、奥地利纺织专家哈德等。课程设置有国文、算学、英语、历史、经济地理、理化基础、工业常识、机制图、簿记等。实训课开设动力、制毯、纺织、玻璃、陶瓷、造纸、印染、化工、皮革、测绘、铸铁、冶炼、机械、制糖、开矿等。办有小型实验场地、农场、牧场、医院、小型陶瓷厂、运输组、建造纸厂、采煤场等。

三、国医学校

1936年创办，1949年停办。校址在三皇药王庙，校长由县政府委派，教师主要聘请张掖著名中医，不固定教师。教授诊疗、针灸、药理、汤药等传统中医课程。主要招收初中毕业生。创办初期招生30人，学制为三年，之后改为四年。

第二节　社会主义革命和建设时期张掖职业学校的调整

中华人民共和国成立初期，人民政府对区域已有的中等职业学校进行了接管、改造和调整。之后各县陆续成立了干部学校、卫生学校和职工业余学校等。1958年，各县大力创办农业职业学校。主要中等专业学校概况如下：

一、中等职业学校

（一）师范学校

1．张掖师范（1949—1977年）

1950年，张掖师范与张掖中学合并后，改为师范部，专门培养小学师资。1955年，恢复改建为中等师范学校。“文革”期间停止招生举办短期班。1977年恢复招生。1949年，学校有教学班8个，学生189人。1956—1966年，张掖师范先后招收三年制中师24个班，学生969人；三年制初师班10个，学生498人；各类短训班17个，学生669人。十年间培养师范毕业生705人，轮训教师669人。“文革”期间举办短训班培训教师667人。1972—1976年，招收“工农兵学员”1308人。1950—1955年，沿用早年学制。1956年，开始设中师（招收初中生）、初师和幼师班（招收高小毕业生），学制三年。“文革”时期学制不统一，招收“工农兵学员”期间学制两年。1977年，恢复招生后为两年。在课程设置方面：20世纪50年代初，执行陕甘宁边区教育部门制定的《师范、简师课程科目授课时数表》，开设政治、国语、数学、历史、化学、物理、音乐、教育等。1956年开始，执行全国统一的教学计划，三年制中师班开设语文及教学法、数学及教学法、物理、化学、达尔文理论基础、地理及教学法、历史及教学法、教育实习等。后增设少年先锋队工作、儿童文学、教育实习、农业生产基础知识。“文革”期间没有统一的教学计划。1972年增设政治、毛泽东思想、业务、军体等。

表3-1 1956—1977年张掖师范学校基本情况统计表

（单位：人）

年份	招生数			毕业生数			在校生数		教职工	
	中师	初师	短训	中师	初师	短训	班级	人数	合计	专任教
1956	90	220	90				8	400	23	16
1957	90					90	8	400		
1958	90	108					12	598	27	19
1959	90	170	90	70	193	90	12	530	26	16
1960	90			70			12	548		
1961	90			60	29		9	360		
1962				65	50		4	120		
1963	90		60	35		58	6	180		
1964	135		109	58		19	8	334		
1965	135		340			335	10	430		
1966	69			75		68	8	360	44	24
1967				132			5	204	44	24
1968				130			2	69	44	23
1969			80	69		80	2	80	43	23
1970			355			355	10	355	39	18
1971			94			94	3	94	39	18
1972	265						6	265	39	17
1973	214						11	479	47	23
1974	269			269			11	483	49	25
1975	265			210			12	514	57	29
1976	295		138	266		138	16	381	63	33
1977	205			265			12	500	73	35

资料来源：张掖教育统计年鉴。

2. 县设师范学校

1958年，高台、山丹分别创建了师范学校，招收初师、中师各2个班，1961年并入张掖师范。1957年，肃南县设立教师进修班，招收初中毕业生（两年制）50人。1959年，在教师进修班基础上成立肃南县初级师范学校，招生50人，学制两年。1964年，肃南中学设师范班1个，招生29人。

（二）卫生学校

1953年，张掖、山丹、民乐、高台等县依托医院开办短期中医培训班，部分医院和卫生机构选派业务骨干到省中医学校和省外学校进修，此后各种培训和进修持续未断。1973年，地区医院开办一年制护士班，自培自用。

张掖地区卫生学校。1958年，在地区卫生干部训练学校基础上成立“张掖医学院”，开设医士、护士、妇幼医士、助产医士等四个专业。1959年更名为张掖卫生学校，开设医士、护士、妇产等专业，有5个中专教学班，增设大专医学班（招生19人）。1961年大专班停办。1963年恢复中专，学制三年，招收初中毕业生，医士专业学制四年；短训班（在职干部和医护人员），学制一年、两年、几个月不等。主要开设政治、语文、数学、英语、物理、化学、生物、拉丁文、药理、医士、中医、基本护理、内科学、外科学、妇产科学、儿科学、五官科学、传染病学、解剖学、病理学等课程。1966年，学校改名为“张掖专区白求恩卫生学校”。1969年更名为“张掖地区卫生学校”。“文革”期间招生中断，举办“社来社去”培训班，学工、学农、多种经营、开办中药厂。在张掖县明永滩上开垦荒地，修建教室，边上课、边学农。

（三）农业学校

这一时期，张掖主要有以下农职业学校。

1. 山丹培黎工艺学校

于1953年8月开始迁往兰州，改称西北石油技工学校，迁校完成后更名为“培黎石油技工学校”。

2. 张掖农校（1949—1977年）

学校几经分合、易名、办学层次的升降和主管部门的变更，经过“文化大革命”时期几年的停办，发展缓慢。中华人民共和国成立后，张掖农校易名为“张掖中等专业技术学校”，中专性质。1958年，张掖中等专业技术学校同地区农业合作化干校合并，改为“张掖农学院”，后易名为“张掖农业专科学校”，升为大专建制，不久停办。1964年，恢复张掖农校，为中专建制，招收初中毕业生。办学规模不同时期变化较大：1950年前后，在校学生保持在430人左右；1953年，在校生439人；1958年，合并时期在校生1500多人；1976年，在校生降至100多人。1953年，学制执行《政务院关于改进中等专业学校章程》规定，招收初中毕业生，学制三年。1970年，先后开办农村培训班9个，学制一年。先后开设农艺、林业、畜牧、植保、农学、水电、兽医、林果等专业。课程设置分为普通课、技术基础课和专业课。基础课有植物生理、农经管理、生物化学、土壤肥料、农业气象、土地测量等；专业分为农学专业和园艺专业，农学专业有作物栽培、遗传育种、植物保护、农业机械、生物统计等。

3．张掖专区五泉林校

1958年9月成立，有学生58人。1959年，五泉林校与肃南林校合并，成立“张掖专区林校”，有学生139人，经过调整，留校学生63人。1960年招三年制林学班2个，四年制林学班1个。1961年专区林校撤销，有40多名学生分配到武威、张掖、酒泉等专区工作。

4．各县农林牧职业中学

1958年，张掖各县相继创办农林牧业中学24所。年底，经并校、合班、改办、保留农林牧中学7所（1960—1962年相继停办）。1964年，各县先后对停办的农林牧中学进行恢复、搬迁和重建，其中张掖县在和平、党寨等公社相继举办农业中学18所。“文革”时期，张掖县和平农中改为“五·七红专学校”，张掖县沙井中学、临泽县板桥中学、肃南县皇城中学，分别改为农业、林业、牧业中学。其他县农中保留未变。农林牧职业中学主要开设农学、园林、蔬菜、养殖、畜牧、兽医、家庭经营、综合农业、缝纫、农业机械、财会、建筑、农业综合技术等专业，个别学校设有建筑、财会等专业。职高班学制一般为两至三年。1950—1977年，各县主要的农林牧职业中学情况为：

张掖县：1964年，创办张掖市第一农业中学，校址在和平乡四号村。1966年，改名为“张掖县东方红农业中学”。1968年，更名为“张掖县五·七红专学校”，翌年增设高中班，兼办各类职业短训班，教学班增至10个，学生500多名，教职工40人。1976年，将西洞堡“五·七红专大学”迁入。

山丹县：1958年，在位奇公社创办了农业大学，在南关开办了工业大学，次年改为农业中学、工业中学，后陆续停办。

民乐县：1965年，将民乐县第三中学改建为农业中学。

临泽县：1965年，蓼泉公社创办了蓼泉农业中学。1969年，定为县管重点农中。1969年，临泽县在板桥创办了“五·七红专学校”。1972年，易名“板桥中学”，后又改为临泽板桥园林中学。

高台县：1958年，在试验农场设立了场校合一的“农业大学”，翌年改为高台农业技术学校，1961年停办。1964年，恢复高台农业技术学校，改名为“高台县农业中学”。1968年，场校分离，农业中学迁往黑泉公社定平大队与当地中学合并，更名为黑泉农业中学。

肃南县：1958年，肃南县相继办起卫生学校、林业学校（肃南林校）、畜牧学校，1961年撤销。1965年，在大岔牧场创办了1所半工半读的牧业中学，学制两年，开设政治、语文、数学、畜牧兽医4门课，“文化大革命”期间停办。

（四）体育学校

1972年，张掖地、县联合成立“张掖少年儿童业余体校”，开设篮球、排球、乒乓球、田径等项目，有2个教学班，学生120多名。1976年5月，改称“张掖地区业余体校”，发展到5个班150多名学生。

（五）其他业余和职工培训学校

中华人民共和国成立后，各县开设不同层次的职工业余学校，除识字扫盲外，根据职工的不同文化程度，开设文化补习和技术教育培训。1950年，张掖县总工会成立工人业余文化学校，招收学员180名，开始进行以识字为主的文化教育和技术培训。1953年，民乐县创办了干部业余文化学校。到1953年年底，全区有职工业余学校28处，在学职工2179名。1954年，张掖县工会联合会开设职工业余学校和“手工业职工业余学校”各1所。临泽县开设干部文化学校，高台县设职工业余初小班。1957年，全区有业余学校11所，参加文化、技术学习的职工3708名。1958年，全区在原有学校的基础上，建立各级各类红专学校23所。“文化大革命”期间，全区职工教育中断，相关学校停办。1976年，地、县都成立了农业机械化学校。

第三节　改革开放和社会主义现代化建设新时期张掖职业学校的整合与发展

改革开放以来，张掖中等职业学校得到前所未有的发展，特别是各级党委、政府高度重视，部门联动齐抓共管，全社会支持，在中等职业教育发展方面创造了许多亮点，形成了“张掖模式”，领跑了全省职业教育的发展。归纳起来主要是经过恢复调整资源积累后，经历了多元主体举办中等职业教育阶段、整合资源优势大办职教中心发展阶段、集约化提质培优发展阶段。

一、多元主体举办，资源积累阶段（1978—1993年）

（一）师范学校

这一时期，张掖师范学校主要有张掖师范和各县区举办的教师进修学校。

1.张掖师范（1978—1993年）

1978年，张掖师范增设高等师范班后，经国务院批准，设立张掖师范专科学校。1979年，张掖师范与张掖师专分设。1980年，张掖师范教育教学步入正轨。学制方面：1981年，改为三年；1991年，改为四年。其中在职民办教师班学制为两年。招生方面：1977年，恢复统一招生考试制度后，招收年龄不超过22周岁，具有高中文化程度的小学民办教师、在乡知识青年和应届高中毕业生。1981年，改为招收初中毕业生及同等学力的社会青年和民办教师。1982年开始，实行部分指标到县，定向招生的办法。1983年起，在中专录取中单独提前录次，选拔优秀初中毕业生。招收民办教师有一定的限制条件（1983年起，限制条件为：初中毕业、三年以上连续教龄，年龄不超过28周岁；1990年开始，限制条件为：1984底以前参加工作，五年以上连续教龄，年龄放宽至35周岁）。1986年前的招生考试，由张掖地区教育行政部门负责组织命题、考试、评卷，学校面试录取。1987年后，全省统一命题考试。1977—1993年，累计招收两年制中师生1798人、三年制中师生2307人、四年制中师生480人。课程设置：1981年开始执行全国师范学校统一教学计划。1982年，学校开始增设写字、说话、电教常识、电子计算机等选修课。1989年，开始实施《甘肃省中等师范学校教学计划》，实行必修课、选修课、课外活动和社会实践教学模式。必修课主要有思想政治（小学思想品德课教材教法）、语文、小学语文教材教法、数学、小学数学教材教法、物理学、化学、生物学和青少年生理卫生、历史、地理、小学心理学教程、小学教育学教程、体育、音乐、美术、电教基础、劳动技术。选修课分为必选、自选、任选三类。实行学生资助，不收学费、住宿费、课本费。1978年调整助学金，伙食费执行十一类地区标准，分别为19元、17元、15元，另评困难补助，据学生困难情况评定发给。毕业生实行分配政策，1986年开始有保送上西北师大和兰州师专名额（每年1～7名不等）。1977—1993年，累计招收不同学制学生4585人，班级数保持在12～21个，在校生为500～850人（表3-2）。

表3-2　1978—1993年张掖师范学校基本情况统计表

（单位：人）

年份	招生数			毕业生数	在校生数		教职工	
	两年制	三年制	四年制	中师	班级	人数	合计	专任教师
1978	365			291	17	698	115	65
1979	314	54		205	16	733	57	
1980	312			366	15	680	81	
1981		320		314	15	686	81	
1982		330		364	16	650	93	
1983	100	100			20	850	103	
1984		260		318	18	794	106	
1985	38	326		430	16	724	106	
1986		202		100	19	826	114	
1987		258		302	18	788	117	
1988		269		321	18	769	118	
1989		180		188	17	735	115	
1990	80	261		275	17	693	112	
1991	80		160	265	16	663	122	
1992	80		160	245	17	645	124	
1993	80		160	79	17	640	133	

资料来源：张掖教育统计年鉴。

2.教师进修学校

1980年前后，张掖、临泽、民乐、高台县先后成立教师进修学校。教师进修学校的主要任务是提高小学在职教师的政治、文化、业务水平，提高小学教育行政干部的领导水平和管理水平，开展教学研究。以“教什么、学什么，缺什么、补什么”为原则。张掖县教师进修学校创办后定位为中等专业学校，举办颁发学历证书的进修班。其他各县创办的教师进修学校主要举办各种形式的短训班、单科培训班、教学研究班等，教学形式主要是函授、面授等。各县创办的教师进修学校在1993年前后，大都并入职业学校。

（二）卫生学校概况

改革开放后，除张掖地区卫生学校持续发展外，1980年前后，张掖、民乐等县先后成立医药卫生培训学校，培养农村医疗队伍。

张掖地区卫生学校（1978—1993年）。1978年，随着师资力量的加强，学校开始招收高中生入学，教学走向正轨。1984年起增招职工班，提高在职医务人员的水平。1985年起增设委托代培班。1986年改招初中毕业生，并增设了职业高中班。开设专业和课程与前基本相同。

（三）张掖体育运动学校（1978—1993年）

1980年，学校搬迁现址，改为“张掖地区体育中学”，5个教学班，170名学生。1985年改为“张掖地区体育运动学校”，普通中专性质，列入全省招生计划，毕业生分配工作。主要招收全区各普通中学推荐的在校初中一、二年级体育成绩优秀学生，经学校复试合格后入学。入校后实行学习、训练、食宿三集中的半读半训制。1992年起，将学制由四年改为三年。设有田径、球类、武术、柔道、摔跤、射击、无线电测向等专业。文化课基本上使用普通中学教材。专业课按专业要求进行训练，开设运动生理、运动心理等技术基础课。学生不缴学费，国家每月补助生活费120元。

（四）甘肃省山丹培黎农林牧学校（1978—1993年）

1985年由路易·艾黎倡议，甘肃省人民政府开始筹办，拟定学校名为“甘肃省山丹培黎农林牧学校”。1986年，由甘肃省农业、畜牧、教育三厅筹拨经费，国内外友好组织、友好人士捐助资金，兴建校舍。1987年正式开学招生，普通中专建制。学生毕业后国家不包分配，面向市场，自主择业。普通中专开设农学、园艺、畜牧3个专业，其中：中职班开设家电维修、文秘、园艺、农机、服装缝纫、工艺美术装潢、乡镇企业管理7个专业；电视中专班开设建筑施工与管理，现代文秘2个专业。招生对象和学制：中专班一般为河西各地初中生，学制四年；中职班招山丹籍小学和初中毕业生，学制分别为五年、三年。

（五）张掖地区农业学校（1978—1993年）

改革开放以后，学校得到长足发展。一是专业增加。1978年后，先后设立农学、园艺、植保、农产品贮藏与加工、现代商品农业、计算机应用等7个专业。二是招生对象和学制有变化。1986年起改招初中毕业生，学制由三年改为四年。根据地方需要，开办多届委托代培班、干部培训班和农技实践生班。三是课程执行全省统一标准。普通课主要开设政治、语文、外语、数学、物理、化学、体育，专业基础课主要开设植物及植物生理、农经管理、生物化学、土壤肥料、农业气象、土地测量等，农学专业课主要开设作物栽培、作物遗传育种、作物病虫害防治、农业机械、果蔬栽培、生物统计、农业微生物，园艺专业课主要开设果树栽培、果树遗传育种、果蔬病虫害防治、果蔬贮藏加工、观赏植物、微生物等。四是办学规模扩大。自1977年恢复招生制度到1995年，招收学生2450名，毕业2390名，遍布河西各地乃至外省区。五是学校科研水平不断提高。十年间，学校共承担省部级科研课题9项，地区级课题6项，通过省级鉴定验收的4项，达到国内先进水平的2项，省内领先的3项，获得省地科技进步奖的6项，获奖教师29人次。学校教师先后在国家级刊物发表论文15篇，省地级刊物47篇，被国外刊物选登4篇，获省级以上优秀论文奖11篇。

（六）农业广播电视学校

1981年成立，设作物栽培、土壤肥料、植物保护等农业实用课程录音讲课。1982年招学员52名，开设农学专业。1984年10月，又成立了“地区农村应用技术广播电视学校”，两校两牌、一套人员，简称“两广校”，由行署主管副专员兼校长，农业处领导任副校长。到1987年，农广校招生4期、5个专业，学员1023人。其中：第一、二期农学专业183人，取得中专文凭的61人；第三、四期招收农经、畜牧、养鱼、农学、林学5个专业640名学员。农村应用技术广播电视学校招生3期，开设27门应用技术课，学员11500人，其中有5000人取得单科结业证。1990年，加强“两广校”组织领导，增编2名专职人员，增置音像设施，改善办学条件。1984—1990年，农广校先后开设农学、果树、畜牧等9个专业，招生7期，学员2022人，毕业380人。1994年农广校又开设审计、企业管理、贸易经济、机电、农业经济等9个专业，学员421人，组建13个教学班，开展种植业、养殖业、服务业技术培训。

（七）职业中学

改革开放后，各级党委、政府重视经济发展所需人才的培养，各县和有关部门相继成立农职业中学和职业技术培训学校，中等职业教育数量快速增加，有力促进了中等职业教育发展。1978—1993年，地、县市举办中等职业教育的情况如下：

1.地区所属中等职业教育

改革开放后，张掖地区除继续办好张掖师范、张掖地区卫校、张掖地区体育运动学校、张掖地区农业学校、农业广播电视学校外，相继成立了张掖地区汽车技工学校、甘肃省广播电视大学张掖地区电大工作站、中国农村致富技术函授大学张掖分校等学校。同时，各县区都成立了地区“两广校”分校。1985年开始，举办中等专业教育自学考试（首次开考“中师、农业、财会”三个专业）等。

2.甘州区

这一时期，甘州区先后成立2所职业中学、1所农业中学、1所农业技术培训学校。区内职业学校共7所（包括卫生学校、教师进修学校等）。主要的职业学校4所：

张掖市第一农业中学：1981年，学校改称“张掖县农业中学”，后易名为张掖市第一农业中学。1986年，学校被省教委确定为全省首批办得好的重点农中。1990年，经省教委检查验收达到B级标准，并被甘肃省政府授予“甘肃省教育系统先进学校”称号。1991年，学校被甘肃省政府授予“甘肃省职业技术教育先进集体”称号，同年被国家教委授予“科教兴农先进学校”称号。

张掖市第二农业中学：1984年，在张掖县第七中学（地址在沙井乡）的基础上成立。当年招收农学、机电职业高中班2个。

张掖市职业中学（第一职业中学）：1985年成立，设财会、幼师、服装3个专业，招5个教学班，学生260人。1990年经省教委验收，达到C级标准。

张掖市第二职业中学：1988年成立，当年开学，有教职工22人，开设工业会计等4个专业，首期招生131人。原张掖市职业中学改称张掖市第一职业中学。1991年，第一职业中学、第二职业中学合并，组建张掖市职业中学。

此外，1982年还成立了张掖县农业技术培训学校。

3．山丹县

地、县共同办好山丹培黎农林牧学校外，1982年，将陈户中学改为农业中学，后因生源不足，1988年将其职业高中班合并到山丹培黎农林牧学校。

4．临泽县

1983年将板桥中学高中部改为职业高中，易名为板桥园林中学。

临泽蓼泉农业中学：1984年，将校址迁往原临泽二中旧址重建。1995年，有初中教学班14个，高中职业班3个（设有农学、农艺、家庭生产经营、畜禽养殖等专业），在校学生580名，教师59人。学校占地790亩，内有试验实习基地700多亩。1991年，经省教委评估验收，达到C级标准。

临泽板桥园林中学：1983年，改为职业高中。1988年，其先进事迹被载入《中国教育大辞典》，国家教委、计委、财政部、劳动部授予其“全国勤工俭学先进集体”称号。1989年，省教委评估验收认定为“全省职业技术高级中学合格学校”。1995年，职高班设有园林、建筑、家庭经营、会计4个专业。有教学班19个、学生700名、教职工98人、占地618亩、建筑面积8900平方米。

5．高台县

1984年，改高台三中为农业中学。1988年，学校迁往城南“农业三结合中心”，更名为“高台县职业中学”，设有农学、林果、电机3个专业。1993年将教师进修学校并入该校。

6．民乐县

1988年，将农业中学改称为“民乐县三堡农业中学”。1989年，改为“民乐县农业中学”。1991年，通过甘肃省职业中学C级验收。1992年，被省政府授予“教育系统先进集体”称号。1995年，在校学生478名，职业高中班3个，果蔬、家庭经营专业2个。有教职工52人，实习基地600亩，内有果园270亩。1988年7月，省教委主任王松山视察后，题词“果梨芳香，农中有望”。1984年，民乐县在原县卫生学校旧址创办了洪水农职业中学，在原县人民医院旧址成立民乐县教师进修学校，在原县农业广播电视学校成立民乐县农村应用技术推广学校。这一时期，民乐县有农业中学、职业中学、教师进修学校、卫生学校、农业广播学校、农业机械化学校等6所农职业学校。

7．肃南裕固族自治县

1983年，将位于皇城区的县第二中学改为牧业中学，除普通班增授饲养家畜家禽课程外，增设畜牧、兽医职业班1个。1995年，学校有学生135名，内含职高班3个，学生95名。教职工24人，占地54亩，学农基地80亩。1986年停止招生，1989年，恢复为肃南二中。1986年，肃南一中增设职业班，开设财会、畜牧、文秘等专业，每年招生45人，学制两年。

二、整合资源优势，大办职教中心阶段（1994—2003年）

1994—1996年，是张掖中等职业教育发展史具有里程碑的三年，各级党委、政府高瞻远瞩，立足张掖经济社会发展，集中优势创办七所职教中心，为张掖职业教育发展奠定了坚实的基础。随着职业教育资源整合，中等职业教育优势逐步显现，职业教育进入快车道。地、县中等职业教育情况如下：

（一）地区所属普通中专办学情况

到1996年，全区有张掖师范、张掖地区农业学校、张掖地区卫生学校、山丹培黎农林牧学校、张掖体育运动学校等5所普通中专学校。5所学校在校学生2358名，教职工528人。2001年5月，张掖师范专科学校，经教育部批准升格为综合性本科院校，更名为“河西学院”，张掖地区农业学校并入“河西学院”。2003年7月，张掖地区卫生学校经甘肃省教育厅和卫生厅批准，升格为专科学校，“张掖医学高等专科学校”正式挂牌成立。同年7月，经张掖市人民政府决定，将张掖师范改办为“张掖实验中学”，开始招收初中应届毕业生，举办普通高中班，保留原“张掖师范”的建制，继续招收四年制中专和“3+2”大专学生。至2003年年底，全区有普通中专学校3所（山丹培校、张掖地区体育运动学校和张掖师范），在校学生1893人，教职工271人（表3-3）。

表3-3　1996—2003年张掖市普通中专学校基本情况统计表

学校	主管部门	年份	毕业生人数/人	招生数/人	在校学生数/人	毕业班人数/人	教职工数/人	专任教师人数/人	专任教师合格率/%
张掖师范	市教育局	1996	291	280	792	266	132	61	
		1997	266	240	763	203	129	62	
		1998	203	300	859	158	126	62	
		1999	157	300	1001	241	127	63	
		2000	241	299	1057	210	127	63	87.3
		2001	209	260	1105	293	128	64	89.06
		2002	260	214	1138	201	118	63	88.89
		2003	201	56	1049	777	132	81	88.89

续表3-3

学校	主管部门	年份	毕业生人数/人	招生数/人	在校学生数/人	毕业班人数/人	教职工数/人	专任教师人数/人	专任教师合格率/%
山丹培校	市教育局	1996	100	100	300	100	85	46	
		1997	100	100	300	100	88	49	
		1998	100	80	280	100	91	53	
		1999	100	90	270	100	88	53	
		2000	100	160	330		88	53	43.4
		2001		124	454	80	84	51	52.94
		2002	80	316	690	250	85	53	50.94
		2003	321	286	664	80	85	50	54
张掖卫校	市卫生局	1996	125	89	296	89	143	62	
		1997	89	79	284	78	142	63	
		1998	78	76	282	39	136	57	
		1999	39	80	323	88	136	66	
		2000	127	200	349	78	138	66	71.21
		2001	77	258	566	77	136	68	76.47
		2002	75	422	919	89	140	78	78.21
		2003	89	302	1126	226	142	81	87.65
张掖体校	市体育局	1996	30	40	115	35	57	36	
		1997	35	40	120	40	54	33	
		1998	38	40	120	40	53	33	
		1999	37	50	130	40	53	33	
		2000	39	50	143	43	54	37	18.92
		2001	43	50	150	50	54	38	23.68
		2002	46	80	172	47	54	38	23.68
		2003	50	50	180	50	54	38	21.05
张掖农校	市农业局	1996	217	251	855	166	111	50	
		1997	166	331	1020	237	116	54	
		1998	237	341	1124	241	116	58	
		1999	241	360	1243	242	116	61	
		2000	242	360	1361	391	124	71	80.28
	河西学院	2001	391		970	340			
		2002	340		318	88			
		2003	630						

注：本章表内学校名称用简称，下同。资料来源：张掖教育统计年鉴。

1．张掖师范（1994—2003年）

1996年，学校占地面积64730平方米，校舍建筑面积22737平方米，藏书40000多册，有理化生物实验室5个，语音室1个，电教室1个，微机室1个，总价值74.4万元，22个教学班配有电视机、收录机、投影仪。音、体、美教学设备总价值23.2万元，基本满足教学需要。学校坚持面向农村、面向小学的办学方向，建立了必修课、选修课、课外活动、教育实践相结合的教学模式。开设思想道德、小学思想道德课教材教法、语文、小学语文教材教法、数学、小学数学教材教法、物理学、化学、生物学、青少年生理卫生、历史、地理、小学心理学、小学教育学、体育、音乐、美术、电教基础、劳动技术等必修课课程，以及体育及小学体育教学法、音乐及小学音乐教学法、美术及小学美术教学法、舞蹈、口语训练、写作、微机应用、美学等选修课。三年制和四年制的教育见习和实习分别为10周和13周。设有政教、语文、数学、理化生、体育、音乐、美术7个学科教研室，分年级进行教学管理。在校学生792名，教职工132人。是年，学校被甘肃省委办公厅、省政府办公厅表彰为“全省档案工作先进单位”。1998年，开始试办“3+2”大专班（三年中师，两年大专，由河西学院颁发大专毕业证）。同时举办了卫电中师小学教师自考辅导班16个。2000年，被甘肃省教育厅确定为“国家普通话测试鉴定站”，承担全区乃至河西地区中小学教师的普通话测试工作。2001年，省政府批准张掖师范招收五年制大专班。从2001年开始，利用“中小学教师培训”中英项目，承担了河西地区中小学教师现代远程教育和新课程改革的培训任务。2003年7月，经张掖市人民政府决定，将张掖师范改办为“张掖实验中学”，开始招收初中应届毕业生，举办普通高中班，保留原“张掖师范”的建制。

2．山丹培黎学校（1994—2003年）

1996年，学校有教职工81人，外籍教师1名。占地面积65620平方米，校舍建筑面积16337平方米。开设农学、园艺、畜牧、家电维修、文秘、园艺、农机、服装缝纫、工艺美术装潢、乡镇企业、建筑施工与管理、现代文秘等12个专业。普通中专开设3个专业，有6个教学班，300名学生；职业中专和职业高中开设家电维修、文秘、园艺、农机、服装缝纫、工艺美术装潢、乡镇企业7个专业，7个教学班，300名学生；电视中专开设建筑施工与管理、现代文秘2个专业，有2个教学班，100名学生。从1998到2003年，为适应地方经济的发展，相继与省电大、甘农大、西北师大、兰州大学等省内高等院校开展联合办学，并在原有专业的基础上，先后开设了旅游英语、商务英语、电子技术应用、法律、生态环境保护、小学计算机等中专和大专层次的专业。其间，学校加强对外交流与合作，与新西兰等国际友好组织、友好人士保持着密切交往和联系，得到了新西兰政府和新中友协的支持。1998年，学校与新西兰达飞尔高中建立了姊妹学校关系，互派师生进行学习和交流。2003年，在校学生1500多名，教职工124人，开设专业15个。

3.张掖体育运动学校（1994—2003年）

1996年，学校在校学生115人，教职工57人。1998年，学校通过甘肃省体育局考核评估，在全省10所体育运动学校名列第三，达到了国家中等专业学校办学标准。2002年，成立了青少年体育俱乐部，增加了乒乓球、武术、足球等训练项目。2003年，与西北民族学院联合举办体育大专班，招收29名学员。

4.张掖地区卫生学校（1994—2003年）

1996年，张掖地区卫生学校，在校学生1150名，各层次教学班24个，教职工128人。占地面积37722平方米，建筑面积20666平方米。开设临床医学、乡村医生、妇幼、护理、影像诊断、药学6个专业。2003年，学校有在校中专生1227人，专科生950人，教职工138人。学校占地面积345亩，建筑面积4.86万平方米（含附属医院）。24个设备完善的实验室，能满足大、中专两个层次的所有教学班的教学需求，教学仪器设备总价值达1135万元。拥有双控闭路电视教学系统、计算机网络、多媒体教学室、电子阅览室、远程教学系统等现代化教学设施。2003年7月9日，张掖地区卫生学校经甘肃省教育厅和卫生厅批准，升格为专科学校，“张掖医学高等专科学校”正式挂牌成立。

5.张掖地区农业学校（1994—2003年）

1996年，张掖地区农业学校，占地面积132007平方米，建筑面积20949平方米，有教学楼、学生宿舍楼、实验楼等教育教学基础设施，各种实验室22个，实验仪器150多台（件），藏书7万册。开设农学、园艺、植种、农产品储藏与加工、现代商品农业、计算机等7个专业。在校生855名，教职工110人。2001年5月，张掖师范专科学校，经教育部批准升格为综合性本科院校，更名为“河西学院”，张掖地区农业学校并入“河西学院”，归口甘肃省教育厅管理。

6.张掖地区农业广播电视学校

1996年，张掖地区农业广播电视学校，开设农学、机电、企业管理、会计统计与审计、农村经济管理5个专业。学历教育在校学生1450人，教职工27人。中专教育招生335人，农业推广（自考）招生662人，当年开展绿色证书培训4450人，进行实用技术培训5630人，在农业技术推广上发挥了重要作用。2000年，张掖地区跨世纪青年农民培训工程启动，当年培训6797人。同时，开设了本科层次教育，招生60人。2002年，适应农业产业化经营，开设了现代园艺、畜牧兽医、农业经济管理、经济法、水利工程本科专业，招生257人（表3-4）。

表3-4　1996—2003年张掖地区农业广播电视学校基本情况一览表

（单位：人）

年份	教职工	在校生	学历教育招生人数			短期培训			
			中专	中专后	本科	农民培训	青年培训	绿色证书培训	实用技术培训
1996	27	1450	335	662				4450	5630
1997	27	1409	375	37				4900	5300
1998	29	1027						6000	4920
1999	29	931	226	90				6000	4440
2000	29	607	125	166		6797		6077	2890
2001	29	574		223	60	3397		6000	2900
2002	29	813	36	237	257		2000	5048	8170
2003	29	847	47	229	41		4000	6000	11310

资料来源：张掖教育统计年鉴。

（二）职教中心办学情况

1994—2003年，县区职教中心概况如下：

1.学校建设

1996年，全区新建、扩建的7所县级职教中心和地区职业中专全部建成投入使用，共完成投资7000多万元，新增校舍5.6万平方米，校办农场1124亩，教学实验实习设备800多万元。至年底，全区共有县级职教中心7所，农业职业中学2所。

2．评估定等

1996年开始，省、地教育行政部门对职业学校进行评估定等。2000年，张掖市职教中心、高台县职教中心和张掖农校被教育部评估认定为国家级重点职业学校和中专学校。9月，张掖卫校被列入第二批国家重点评估行列。临泽县职教中心和民乐县职教中心被甘肃省教育厅评估认定为省级重点职业学校。甘州区第一农业中学撤并到甘州区第三中学继续开办职业教育班，原校址改建为甘州区青少年综合教育实践基地。《中国教育报》刊登了题为《崛起在河西走廊上的职教之星——张掖市职成教育改革与发展纪实》的文章，介绍张掖市发展职业教育的经验。在全省职业教育工作会议上，专题介绍了张掖市职业教育的经验。同时，经省教育厅专家组评估验收，山丹培黎学校被认定为省级重点职业学校。

3．教科研工作

2002年，教育部确定张掖市与陕西宝鸡市、四川成都市、广西柳州市、贵州贵阳市、云南曲靖市等城市共同参与"全国教育科学十五规划国家重点课题《西部人力资源开发战略研究》项目"研究工作。

4．专业设置

1996年，全区职业学校按照《中华人民共和国普通中等专业学校专业目录》设置专业，按照《职业高级中学教学计划教学大纲》开设课程，并根据地方经济发展特点，开发相应的复合型专业和本土化教材。全区各职业学校共开设专业62个（表3-5），其中，幼师、财会、机电、计算机和文秘专业是各学校开设的骨干专业。2000年，辖区职业学校的计算机应用、艺术幼师、现代会计、机电等7个专业，被甘肃省教育厅确定为重点建设的骨干专业。

表3-5 2003年张掖市中等职业学校开设专业一览表

学校名称	主要专业	骨干专业
张掖市职教中心	幼师、旅游英语、空乘服务、计算机应用、计算机网络、机电一体化、电子技术、建筑施工与管理、医士、服装工艺、文秘与计算机、财务计算机	电子技术、计算机应用、旅游英语
高台县职教中心	空乘预科与外事服务、机电一体化、电子与信息技术、计算机应用、汽车维修与驾驶、电算化会计	机电一体化、电子与信息技术、计算机应用

续表3-5

学校名称	主要专业	骨干专业
山丹培校	小学英语教育、小学信息技术教育、现代中英文秘、现代农艺技术、生物养殖技术、计算机网络技术、电子与信息技术、实用英语教育、电子商务、服装设计与加工	英语教育、现代农艺技术、生物养殖技术
民乐县职教中心	财务与计算机、园艺、艺术幼师、水利水电工程、电力系统自动化、粮油贮运与检测	财务与计算机、园艺
临泽县职教中心	计算机与文秘、电子电器、会计电算化、艺术	计算机与文秘、电子电器
肃南县职教中心	民族艺术、旅游管理、经济管理	民族艺术

资料来源：张掖教育统计年鉴。

5. 招生就业

中等职业学校主要招收初中毕业生和社会青年。从1999年开始，全区各职业学校加大了联合办学力度，与省内外大中专学校联合举办大专层次的学历教育班。学生毕业实行学校推荐就业和个人自主择业（表3-6）。张掖市职教中心成立了学生就业指导办公室，高台县职教中心注册成立了“阳光职业介绍所”，开始将毕业生向东部经济发达地区输送学生。

表3-6 1996—2003年张掖市职教中心学生情况一览表

（单位：人）

年份	在校学生数	招生数	毕业生数	备注
1996	2370	1131	639	
1997	3117	1198	614	
1998	4301	1820	228	
1999	4405	1766	966	
2000	8016	2731	1420	
2001	8626	3021	1356	
2002	10242	3713	1417	
2003	12305	5001	1961	

资料来源：张掖教育统计年鉴。

6．师资队伍

1996年，全区职业学校有教职工431人，专任教师299人。其中，中学高级教师12人，中学一级教师78人，二级教师159人，教师的合格率为26.9%。1997年开始，各职业学校加强人事制度改革，加快教师队伍建设。在全区实行了以“教师聘任制、岗位责任制和末位淘汰制”为主的人事制度改革。利用寒暑假期，对教师进行继续教育培训，鼓励教师通过函授、自学进修等多种方式促使学历达标。县区教育行政部门重视对职业学校教师的选派，把职教师资班毕业生全部分配到各职业学校。2001年，举办了全区首届专业课教师技能竞赛。2002年，举办了全市职业学校首届文化基础课教师优质课评选活动。2003年，全市各职业学校有专任教师550人，其中文化课教师374人，专业课教师184人。专任教师中本科学历由1997年的28%提高到49%，提高了21个百分点，其中专业课教师学历合格率达到59%。先后，组织职教中心的校长和管理人员参加赴台湾、上海等地进行职业教育交流考察活动和学习。截至2003年，所有在任校长全部参加了校长高级研修班的学习，做到了校长持证上岗（表3-7）。

表3-7　1996—2003年张掖市职教中心专任教师情况统计表

年份	专任教师人数/人	职称			学历				教师合格率/%
		高级/人	中级/人	初级/人	研究生/人	本科/人	专科/人	其他/人	
1996	299	12	55	232		63	192	44	21.1
1997	334	16	78	240		90	216	28	26.9
1998	368	14	119	235		103	221	44	28
1999	387	15	153	217		113	231	43	29.2
2000	357	16	166	177		133	202	42	37.3
2001	415	18	198	199		187	209	42	40
2002	463	19	213	231	2(在读)	214	220	40	46
2003	550	21	254	255	5(在读)	251	331	51	59

注：合格教师包括实习指导教师。资料来源：张掖教育统计年鉴。

7. 教学改革及科研

从1996年起，各职业学校在教育教学方面进行了一系列的改革。在教育观念上，把主动为地方经济建设服务作为办学宗旨，转变传统的办学观念。以社会需求为导向，不断改革教育内容，开设复合型专业，调整课程设置，扩大了技能教学的课时，将文化课、专业课、实训课时调整为3∶4∶3。在培训模式上，适应终身教育，实现一校多制、长短结合的培训形式。在推行素质教育的同时，实现学生的双证制（《毕业证》和《职业资格证》）。1998年，举办了全区首届职校生技能竞赛活动，进行了财经、计算机应用、幼师3个专业的技能竞赛。2000年，举办了全区第二届职校生技能竞赛活动。2002年11月，全市选拔了64名选手参加了全省第二届职校生技能竞赛，36人获奖，张掖市教育局获得优秀组织奖。各职业学校在多层次、多渠道开展职业教育培训的同时，注重发挥学校科技辐射功能，围绕当地经济建设，积极开展生产示范和技术服务。

三、集约化提质培优发展阶段（2004—2011年）

2005年，国务院出台《关于大力发展职业教育的决定》后，在各级党委、政府的高度重视和支持下，职业教育走上了快速发展的轨道。办学规模不断扩大，办学方式日趋灵活，办学效益稳步提高，服务经济社会发展的能力明显增强。

（一）办学水平和层次

2005年，全市11所中等职业学校（含2所民办职业学校）中，有2所国家级重点职业学校，3所省级重点职业学校，1所市级重点职业学校。到2009年，全市5所职业学校（张掖市职业技术教育中心、高台县职业中专、山丹培黎学校、民乐县职业中专、临泽县职业中专）先后被教育部评估认定为国家级重点职业中专学校。2010年，张掖市职业技术教育中心被教育部确定为“国家中等职业教育改革发展示范学校建设计划”立项建设学校。

（二）办学规模和条件

2005年，全市有各级各类职业学校12所（含2所民办职业学校），教职工686人，各类在校学生13117人（含职业学校电大学员、联合办学大专班、张掖市农一中和民办学校学生）。在6所公办职业学校中，5所职教中心在校学生规模均在1500人以上。到2011年，全市教育系统管理的中等职业学校有12所。其中，县级职教中心（职业中专）6所（张掖市职业技术教育中心、高台县中等职业学校、临泽县中等职业学校、山丹县职教中心、民乐县中等职业学校、肃南县职教中心），普通中专3所（山丹培黎学校、张掖市体育运动学校、张掖师范），成人中专1所（张掖电大分校），农村综合高中1所（张掖市第二农业中学），民办职业学校1所（张掖市万通职业技术学校）。国家级重点职业学校5所（张掖市职业技术教育中心、高台县中等职业学校、临泽县中等职业学校、山丹培黎学校、民乐县中等职业学校）、市级重点职业学校1所（肃南县职教中心）。2011年，在校生规模达到了19349人，其中，全日制学历教育10446人，非全日制学历教育8903人（表3-8）。

表3-8　2005年全市公办职业学校举办情况一览表

学校	占地面积/亩	建筑面积/万平方米	教职工数/人	在校生数/人	专业数/个	实训室数/个
张掖师范	100	3.35	132	2236(中专411)	2	6
山丹培校	128	4.1	87	1648(中专1032)	12	15
张掖体校	85	1.64	55	190	6	8
张掖市职教中心	100	3	149	2306(中职1557)	15	26
高台县职教中心	308	2.7	134	2023(中职648)	7	15
民乐县职教中心	135	1.15	90	1748(中职481)	8	11
临泽县职教中心	128	1.54	86	1551(中职474)	9	14
肃南县职教中心	98	0.27	40	325	3	6

资料来源：张掖市教育统计年鉴。

2004—2005年，中等职业学校争取项目资金1013万元，自筹和配套1000多万元，建成了高台县职教中心实验实训楼、民乐县职教中心培训大楼、张掖市职教中心学生2号公寓和山丹培黎学校学生2号公寓。至2005年年底，全市公办职业学校建筑面积达到127596平方米，生均建筑面积达到9.7平方米。到2011年，全市8所职业学校（除山丹县职教中心、甘州区第二农业中学、张掖师范、张掖市万通职业技术学校）校园总面积为749171平方米，生均占地面积为75平方米；建筑面积为176104平方米，生均建筑面积为16.8平方米。校内实训实验设备总价值3575.13万元，生均1847元。图书161240册，生均图书20册，电子阅览室32个。2009—2011年，职业学校共争取中央和省级财政专项资金3074万元，新建校舍26800平方米，新建实训基地5个，装备实验室30多个。各职业学校都建有学校网站和学习平台。

从2004年开始，市县区政府重视职业学校师资队伍建设，采取“送出去，请进来”的做法，确定重点专业、重点学科、重点培养对象，依托国家、省、市三级职教师资培训体系，组织职校教师参加各种培训，加快了“双师型”教师队伍建设。改革人事制度，多渠道引进紧缺型师资。开始实行职业学校教师“地方粮票”制度，采取“低职高聘”的办法，调动专业课教师的积极性。放宽专业课教师引进渠道，允许职业学校从非师范类高校招聘紧缺型教师，从社会上聘用能工巧匠到学校任教。通过以上措施，教师的学历达标率不断提高。2005年，全市公办中等职业学校有专任教师580人，其中：专任教师中高级职称63人、中级职称290人；专任教师中研究生学历5人、本科学历271人，本科以上教师占专任教师总数的48%。到2011年，全市中等职业学校有教职工936人。其中专任教师797人，师生比为1∶24。文化课教师399人，占专任教师总数的50%；专业课教师284人，占专任教师总数的35.6%。“双师型”教师142人，占专任教师的17.8%。外聘的专兼职教师85名，占教职工总数的9.1%。2009—2011年，补充职业教育教师90多名。实施“中等职业学校教师提高计划”累计培训300多人次，158名教师得到德国汉斯·赛德尔基金会在国内的专业培训，42名教师接受了国家级骨干专业培训，30%的教师接受了省级专业培训，中等职业学校专任教师学历合格率达到了88%。

2009—2011年，全市职业教育经费总投入21434.15万元。其中，公用经费11127.36万元，专项投入2110.3万元，项目投入1735.5万元，学校收入学杂费5796.87万元，勤工俭学收入16万元，各类捐助19.2万元。2009—2011年，全市发放中职国家助学金3108.4万元，资助学生36752人次；发放农村家庭经济困难和涉农专业免学费补助资金1962.24万元，资助学生22321人次。

（三）专业开设和课程设置

2005年，全市职业学校执行《普通中等专业学校专业目录》《职业高级中学教学计划教学大纲》设置专业，开设课程，并根据地方经济发展特点，开发相应的复合型专业和本土化教材。同时，各学校按照国家级1个、省级2个、市级3个的要求，重点建设骨干专业。全市职业学校共开设理工、文史、通信类等30多个专业，其中数控技术、计算机应用、汽车维修、机电、电子、生物技术等专业被列为重点建设专业。全市各职业学校都能按照《中等职业学校专业教学标准》《中等职业学校公共基础课程教学标准》《中等职业学校大类专业基础课程教学大纲》开齐各类课程。依照国家《职业教育专业目录》设置和调整专业。到2011年，已建成加工制造、农林、信息技术、财经商贸、土木水利工程、医药卫生、文化艺术与体育等7大类32个专业。建成国家级骨干专业3个，省级骨干专业12个，市级骨干专业18个。建成数控技术、计算机应用、汽车维修、机电、电子等6个省级实验实训基地。

（四）办学质量

2005—2011年，各中等职业学校继续按照“升学就业并重”的培养方式，在教育行政部门文化课、专业课抽考检测和技能大赛制度常态化的推进下，确立学校“以教学为中心”的办学理念，多措并举，加强教学过程管理和教育教学方法改革，全市中等职业学校教育教学质量明显提高。2011年，全市职业学校报考中等职业学校学生对口升入普通高等院校招生考试，上线率达到93%，本科录取人数占全省本科总录取人数的9.47%；高职（专科）录取率达到93%。参加全省技能大赛，连续三年获奖率高于全省平均获奖率10个百分点，团体总分名列全省前五名。

第四节　新时代张掖中等职业学校发展取得新成就

党的十八大以来，张掖市各级党委、政府把加快发展现代职业教育摆在更加突出的位置，多措并举、多点发力，强力支持和推动职业教育发展，张掖职业教育进入黄金发展时期。中等职业学校发展状况如下：

一、办学层次和水平

2021年，全市有中等职业学校7所，其中：国家中等职业教育改革发展示范学校1所（张掖市职业技术教育中心），省级中等职业教育改革发展示范学校2所（高台县职业中专、民乐县职业中专），甘肃省优质中等职业学校建设项目校3所（张掖市职业技术教育中心、高台县职业中专、民乐县职业中专），国家级重点中等职业学校5所。张掖师范学校继续招收学前教育专业学生。甘州区、临泽县、民乐县、高台县被教育部等六部委认定为“全国农村职业教育与成人教育示范县”。2020年，山丹培黎学校搬入培黎职业学院，张掖市职业技术教育中心搬迁新校区。

二、办学规模

党的十八大以来，全市中等职业学校办学水平不断提高，教育教学质量显著提升，职业学校的吸引力不断加强，招生数量逐年增长，办学规模日益扩大（表3-9）。

表3-9　2012—2021年张掖市中等职业学校规模情况一览表

（单位：人）

年份	山丹培校		张掖体校		张掖市职教中心		民乐县职业中专		高台县职业中专		临泽县职业中专		肃南县职教中心	
	招生数	在校生数	招生数	在校生数	招生数	在校生数	招生数	在校生数	招生数	在校生数	招生数	在校生数	招生数	在校生数
2012	708	1878	42	124	1129	2688	548	1345	1075	2055	722	1630	156	301
2013	401	1527	50	150	915	2480	583	1601	693	2089	954	1897	122	321
2014	320	1429	68	160	531	2319	490	1621	390	2158	463	2139	63	341
2015	455	1176	80	198	781	2757	903	1976	545	1628	577	1994	79	264
2017	577	1295	103	312	1034	2820	767	2184	382	1610	475	1383	98	260
2018	591	1593	64	211	1172	2994	818	2099	382	1181	475	1366	98	302
2019	588	1711	61	211	921	2769	965	2333	386	1079	440	1315	59	253
2020	1201	2364	93	202	1042	2745	1026	2549	459	1158	442	1276	50	202
2021	1138	2790	75	214	1247	3014	1039	2634	467	1288	468	1185	41	148

资料来源：张掖市教育统计年鉴。

三、办学条件

（一）面积和图书

进入新时期，随着培黎职业学院、张掖市职业技术教育中心新校区的建设和高台县职业中专、民乐县职业中专省级示范校的项目建设，以及体育运动学校改扩建工程、临泽县职业中专项目建设，全市中等职业学校办学条件得到极大改善。2012年，全市8所中等职业学校校园总面积749171平方米，生均占地面积75平方米；建筑面积176104平方米，生均建筑面积16.8平方米；校内实训实验设备总价值3575.13万元，生均1847元；纸质图书161240册，生均图书20册。到2020年，全市7所中等职业学校占地面积165万平方米，生均占地面积157平方米，建筑面积39万平方米，生均建筑面积37平方米，生均拥有纸质图书37册，学校硬件建设指标均翻了一番（表3-10）。

表3-10 张掖市职业学校生均纸质图书、占地面积、建筑面积一览表

	2017年			2018年			2019年			2020年			2021年	
	生均纸质图书/册	生均占地面积/平方米	生均建筑面积/平方米	生均纸质图书/册	生均占地面积/平方米	生均建筑面积/平方米	生均纸质图书/册	生均占地面积/平方米	生均建筑面积/平方米	生均纸质图书/册	生均占地面积/平方米	生均建筑面积/平方米	生均纸质图书/册	生均占地面积/平方米
全市	29	120	24.5	24	97.84	23.4	29	101.8	23.5	36	157	37	39	107.4
山丹培校	32	59	44	34	59.01	39.5	32	49.87	33.4	35	203	51	35	172
张掖体校	35	149	21.5	36	214.6	31.5	39	224.8	58.7	69	235	51	46	233
张掖职教中心	12	19.8	13.9	13	19.87	12.9	15	20.67	14.1	30	119	48	30	72.8
肃南职教中心	40	171	26.9	48	171.8	22.4	73	221.3	28.8	95	277	36	113	390
民乐职业中专	19	212	13.6	19	213.9	20.4	30	191.2	18.5	31	175	22	31	43
临泽职业中专	44	55.7	26.4	42	55.72	24.6	54	68.44	25.5	56	71	25	84	69.9
高台职业中专	21	173	25	25	178.9	22.3	49	188	31.6	31	175	29	30	167

资料来源：张掖市教育统计年鉴。

（二）教育教学设备

2021年，7所中等职业学校教学仪器设备资产12249万元，实训室267个，生均教学仪器设备价值1.08万元，7所学校全部达到教育部《中等职业学校设置标准》规定的工科不低于3000元、其他专业不低于2500元的标准。生均实训工位数为0.73个。分学校的生均教学仪器设备价值为：山丹培黎学校0.95万元、张掖体校1.23万元、张掖职教中心1.14万元、肃南职教中心1.32万元、民乐职业中专0.65万元、临泽职业中专1.75万元、高台职业中专1.43万元。

（三）教师队伍建设

2012年，全市中等职业学校有教职工933人，其中专任教师745人，师生比为1：25；文化课教师占比52%，专业课教师占比38%；“双师型”教师138人，占专任教师的18.5%；专任教师学历合格率为88%。2012—2020年，市县区政府重视教师队伍建设，全面落实《中共中央　国务院关于全面深化新时代教师队伍建设改革的意见》和教育部等四部门《深化新时代职业育“双师型”教师队伍建设改革实施方案》等，不断完善职业学校教师准入、聘用、培养机制，职业学校教师队伍不断加强，各学校持续实施校长能力提升、教师能力提升、名师引领、专业带头人选拔培养、双师素质教师优化、兼职教师资源库建设等6项“强师工程”，依托中职教育国家、省、市培训，以及省级“1+X”证书师资专项培训、教师到企业实践培训、国家开放大学教师教育培训、智慧教育网络平台培训、中德“赛会”培训和教师职业技能鉴定培训等渠道，落实五年一周期教师全员培训和定期实践等制度，全市中等职业学校教师整体素质明显提高，各项指标大幅上升。到2021年，全市中等职业学校有教职工893人，其中：专任教师824人、占教职工总数的92.27%，师生比为1：12.6，“双师型”教师359人、占专任教师的43.57%（表3-11）。全市新创建省级名师工作室2个、市级技能大师工作室3个，省级名师工作室增加到7个。

表3-11　2021年张掖市中等职业学校教师情况一览表

学校	教职工数/人	师生比	专任教师数/人	双师型教师数/人	双师型教师占比/%	教师学历			教师职称		
						研究生/人	本科/人	专科及以下/人	高级/人	中级/人	初级/人
张掖市	893	1:12.6	824	359	43.57	41	756	27	274	362	102
山丹培黎学校	141	1:24.3	123	35	28.46	7	115	1	22	45	20
张掖体校	57	1:4.4	48	26	54.2	4	39	5	21	21	4
张掖市职业中专	248	1:12.5	236	100	42.37	15	209	12	81	111	27
肃南县职教中心	40	1:4	39	30	77	1	36	2	13	21	5
民乐县职业中专	127	1:22.1	119	62	52.1	8	111	0	41	44	15
临泽县职业中专	113	1:11.4	107	46	42.99	4	102	1	37	47	20
高台县职业中专	167	1:7.99	152	60	39	2	144	6	59	73	11

资料来源：张掖教育统计年鉴。

四、课程开设和专业设置

全市各职业学校全部按照《中等职业学校专业教学标准》《中等职业学校公共基础课程教学标准》《中等职业学校大类专业基础课程教学大纲》开齐各类课程，并强化德育、体育、美育、劳动和卫生健康教育，学生素质逐年提升。2020年，全市中等职业学校学生德育合格率达到99%、优良率达到91%，文化课合格率达到97%、优良率达到86%，专业技能合格率达到97%、优良率达到88%，体质测评合格率97%。中职生参加对口升学考试2684人，录取2661人，录取率为99.14%，其中本科二批录取150人，本科录取率为5.59%，占录取总人数的5.64%。中职生参加全国统考267人，录取251人，录取率为94%，其中本科二批录取73人，本科录取率为27.34%，占录取总人数的29.08%。全市中职学校总升学率为98.68%，本科二批总升学率为7.56%。

2012年以来，全市各职业学校能够紧紧围绕“中国制造2025”“一带一路”等国家重大战略或倡议，适应国家战略性新兴产业、先进制造业、现代服务业和现代农业发展的新趋势，综合学校办学条件、社会需求和学生升学就业愿望，在强化骨干和特色专业的同时，依照国家《职业教育专业目录》，适时动态调整专业。2021年，7所中职学校开设12大类36个专业，其中，农林牧渔类专业5个、土木水利类专业1个、加工制造类专业6个、石油化工类专业1个、交通运输类专业3个、信息技术类专业6个、医疗卫生类专业1个、财经商贸类专业3个、旅游服务类专业2个、文化艺术类专业5个、体育与健身类专业1个、教育类专业2个（表3-12）。同时，各学校不断深化人才培养培训模式，积极推进“1+X”证书制度试点工作，5所试点职业学校分别参与29个专业、31个职业技能等级证书试点。

表3-12　2021年张掖市中等职业学校开设专业一览表

学校	专业数/个	专业
山丹培校	18	现代农艺技术、畜牧兽医、建筑工程施工、机电技术应用、航空服务、汽车运用与维修、计算机平面设计、物联网技术应用、网络信息安全、护理、会计电算化、会计、音乐、舞蹈表演、美术绘画、运动训练、学前教育、幼儿保育
张掖体校	1	运动训练
张掖职教中心	16	设施农业生产技术、建筑工程施工、机械加工技术、机电技术应用、汽车制造与维修、新能源汽车装调与检修、计算机平面设计、计算机网络技术、物联网技术应用、护理、会计电算化、电子商务、旅游服务与管理、中餐烹饪与营养膳食、学前教育、幼儿保育

续表3-12

学校	专业数/个	专业
高台县职业中专	14	机电技术应用、电汽技术运用、化工机械与设备、汽车运用与维修、护理、会计电算化、会计、旅游服务与管理、播音与节目主持、音乐、舞蹈表演、美术绘画、运动训练、学前教育、幼儿保育
民乐县职业中专	15	现代农艺技术、建筑工程施工、机械加工技术、机电技术应用、工业机器人技术应用、计算机应用、物联网技术应用、数字媒体技术应用、护理、会计电算化、中餐烹饪与营养膳食、学前教育、音乐、舞蹈表演、美术绘画、运动训练、幼儿保育
临泽县职业中专	12	种子生产与经营、农业机械使用与维修、建筑工程施工、汽车运用与维修、无人机操控与维护、护理、会计电算化、电子商务、会计、旅游服务与管理、学前教育、幼儿保育
肃南县职教中心	5	机电技术应用、旅游服务与管理、民族音乐与舞蹈、学前教育、幼儿保育

资料来源：张掖市教育统计年鉴。

五、教育教学质量

各中等职业学校坚持就业与升学并重培养模式，重视中职生“文化素质+职业技能”的对口升学考试，为中职毕业生接受更高层次的教育奠定基础。2012—2020年，全市中职生参加对口升学考试录取率、本科二批录取率均高于全省平均水平。组织参加全省学生技能大赛获奖率连续8年高于全省平均获奖率10～18个百分点。2021年，中职毕业生对口就业率为100%，中职学生录取率为98.2%，其中本科生录取率为7.44%，高职专科录取率为90.78%。

六、校企合作

2012年后，全市中等职业学校积极开展校企合作，加入省级职教集团，在推进校企协同育人方面取得明显成效。先后与广东三向集团、广东百校千企职教集团、浙江亚龙教育装备股份有限公司、上海企想信息技术有限公司等50多家省内外企业签订合作协议，先后与省内外20多所高职院校采取“2+3”“3+2”等模式，合作开展中高一体化培养（表3-13）。

表3-13　2020年张掖市中等职业学校相互合作基本情况一览表

学校	学校开展合作的部分企业	主要合作形式
山丹培校	东软教育集团、华为公司、北京天合股份有限公司、广州三向集团、亚龙智能制造公司、深圳讯方科技股份有限公司、广东百校千企职教集团、上海企想信息技术有限公司、广东唯金环境科技股份有限公司、施耐德公司、山丹演艺公司、甘肃丝路盛丰生物科技集团有限公司等	顶岗实习、建立基地、接受捐赠等

续表3-13

学校	学校开展合作的部分企业	主要合作形式
张掖市职教中心	浙江吉利控股集团、龙芯科技、华为、中云集团、华天电子、东软教育科技集团、西安比亚迪有限公司、张掖市仕通汽车销售有限公司、张掖市派实业集团、张掖市山水文化旅游投资有限公司、丝路鼎盛文化传播有限公司等	现代学徒制试点、实习基地建设、就业安置等
临泽县职业中专	与深圳、无锡、东莞等25家外省企业和县域内28家企事业单位签订校企合作协议构建了校企合作联盟体	校企互动式模式等
高台县职业中专	吉利集团、高台县聚合热力有限责任公司、高台县安信运输公司修理厂、高台县广峰电子商务有限责任公司	学生实习、实训及技术支持
民乐县职业中专	广东TCL集团、甘肃滨河集团、甘肃华瑞农业股份有限公司、民乐县六坝现代农业试验示范中心、甘肃青龙管业有限公司	学生顶岗实习、生产实践、认识实习等
肃南县职教中心	肃南裕固族自治县丹霞旅行社有限责任公司、肃南裕固族自治县良友大酒店、肃南裕固族自治县富达民族服饰工艺有限责任公司、甘肃西游文化传媒有限责任公司、肃南裕固族自治县尧熬尔原生态文化传承有限责任公司	学生顶岗实习、生产实践、认识实习等

资料来源：2020年张掖市中等职业教育年度质量报告。

2021年，7所中等职业学校加入15个职业教育集团，分别是甘肃省现代农业职教集团、甘肃省焊接专业职教集团、甘肃省资源环境职教集团、甘肃省智能制造职教集团、甘肃省汽车行业职教集团、甘肃省建筑职教集团、甘肃省电子商务职教集团、甘肃省机电职教集团、甘肃现代畜牧业职教集团、全省“两后生”职教集团理事单位、甘肃省退役士兵教育培训集团、全省商贸旅游职教集团、全省农业职教集团、甘肃省学前教育职教集团等，涉及12大类36个专业，为提升教学质量、培养高素质技术技能人才搭建了学习交流平台。与21所高职院校合作办学，与92家企业开展以实习、见习为主的合作，推进了产教融合向纵深发展，为促进中高职一体化衔接贯通培养打下了坚实的基础。

七、经费保障

2021年，中等职业学校教育总投入2.62亿元，其中国家财政性教育经费投入2.56亿元，占总投入的7.89%。7所中等职业学校生均经费16470.47元。2021年，改善办学条件专项资金支出4054万元，其中，用于新建、改扩建、维修校舍等基础设施建设资金2629万元，购置设施设备资金1245万元落实中职学生资助政策，享受国家免学费政策学生19694人次，资金2063.92万元，受益面达100%，享受国家助学金政策学生3644人次，资金363.26万元（表3-14）。

表3-14 2017—2021年张掖市中等职业学校生均经费一览表

学校名称	2017年		2018年		2019年		2020年		2021年
	财政拨款/万元	生均经费/元	财政拨款/万元	生均经费/元	财政拨款/万元	生均经费/元	财政拨款/万元	生均经费/元	生均经费/元
合计	10556	16576	14627.1	18771	18110	18726	25529	24323	16470
山丹培黎学校	1297	7800	2396.52	16600	2409	14079	3775	15969	15607
张掖市体校	1220.2	38681	1212.2	38681	1730	81991	1695	83911	15607
张掖市职业中专	1670	8000	3174.8	8300	4398	15883	6629	24149	16917
肃南县职教中心	759	28533	753.89	24963	1062	41976	1099	54406	32962
民乐县职业中专	1907	8732	2280	10900	2731	11706	4169	16355	9682
临泽县职业中专	1269	9175.7	2027.46	14800	2404	18281	4214	33025	15484
高台县职业中专	2433.85	15117	2768.22	23400	3376	31288	3948	34093	29171

资料来源：张掖教育统计年鉴。

八、学校党建工作情况

进入新时代，各中等职业学校对标新时代党的建设总要求，发挥党组织政治核心作用，加强党建工作，落实“固定党日”“三会一课”等党内政治生活制度，推动党建工作与学校教育教学工作深度融合。推进习近平新时代中国特色社会主义思想进教材、进课堂、进师生头脑“三进”工作，建立健全“双培养”机制，加大在优秀青年教师和教学一线教师中发展党员、把党员教师培养成教学管理骨干力量，实行以设岗定责、服务承诺、积分管理、评议定级为主要内容的党员“四位一体”目标管理，促进党员教师立足岗位发挥先锋模范作用。2021年，全市中等职业学校有党员397名，有党委4个、党总支1个、党支部19个，党员信息全部录入全国党员信息库，党组织覆盖率达100%（表3-15）。

表3-15 2021年张掖市中等职业学校党建工作情况一览表

学校	党组织名称	党组织隶属关系	下设支部/个	教职工党员数/人	占比/%
合计			19	397	44.46
山丹培黎学校	中共甘肃省山丹培黎学校委员会	张掖市委教育工委	3	61	54
张掖市体校	中共张掖市体育运动学校委员会	张掖市委教育工委	3	34	42.4
张掖市职业中专	中共张掖市职业技术教育中心委员会	甘州区教育党工委	5	106	42.7
肃南县职教中心	中共肃南县职业技术教育培训中心支部委员会	肃南县教育党工委	1	25	62.5
民乐县职业中专	中共民乐县职教中心委员会	民乐县教育党工委	3	46	35.7
临泽县职业中专	中共临泽县职业中专总支部委员会	临泽县教育党工委	3	69	60.5
高台县职业中专	中共高台县职业中专支部委员会	高台县教育党工委	1	56	34

资料来源：张掖教育统计年鉴。

九、重点中等职业学校简介

（一）山丹培黎学校

山丹培黎学校是由新西兰著名社会活动家路易·艾黎倡导，甘肃省人民政府批准建立的一所全日制中等专业学校。其前身是1942年路易·艾黎在陕西凤县双石铺创办的“工合”培黎工艺学校。1944年年底迁至山丹办学。1953年，学校迁至兰州，更名为兰州培黎石油技工学校。1984年11月，在路易·艾黎的倡议下，学校恢复重建，定名为“甘肃省山丹培黎农林牧学校”。1987年4月，恢复重建的新学校正式开学。1994年更名为“甘肃省山丹培黎学校”。2006年12月，学校被教育部认定为“国家级重点中等专业学校”。学校现开设机电技术应用、现代农艺等12个专业，现有教职工108名，全日制中专生2224人，电大成人学历教育学生380人。学校建有多媒体数控加工、钳工、焊工、机电、电子电工、汽修、养殖、种植等59个实训室和实习操作车间。2020年8月，山丹培黎学校已整体迁入新建的培黎职业学院。学校恢复重建后，得到了各级党委、政府和社会各界的高度重视和热情关怀。原国家主席李先念、国务院原总理李鹏、原国家副主席王震、国务院原副总理黄华等前国家领导人对学校工作题词勉励。全国人大常委会原副委员长习仲勋，自建校担任名誉校长直至逝世，生前对学校建设高度关注，为学校亲笔题词"发扬艾黎艰苦奋斗精神"。2019年8月20日，习近平总书记亲临山丹培黎学校视察并指出："要继承优良传统，创新办学理念，为新时代推进西部大开发培养更多应用型、技能型人才。"为学校的发展指明了努力方向，提供了根本遵循，注入了强大精神动力。学校现为"国家级重点中等职业学校"、全国路易·艾黎精神教育基地、智能制造领域中外人文交流人才培养基地。先后获得"甘肃省文明校园""全省职业学校就业工作先进集体""甘肃省民族团结进步示范校""全省中等职业学校德育工作先进集体"等80多项荣誉。

（二）张掖师范

张掖师范学校成立于1941年。2003年7月，经张掖市人民政府决定，将张掖师范改办为"张掖实验中学"，开始招收初中应届毕业生，举办普通高中班，保留原"张掖师范"的建制，继续开展中等职业教育，现开设学前教育、艺术专业，在校中等职业教育学生900多人。张掖师范的发展几经转折变革，始终担负着为全市各县区培养优秀小学师资和对教师进行职后继续教育的重任。学校自成立以来便以"求真、务实、团结、创新"为办学指导思想，以"学高为师，身正为范"为立教原则，以"立足科研，教书育人"为工作宗旨，立足师范教育，面向全区发展，共培养出了"合格+特长"的优秀毕业生10000余名，为张掖市基础教育事业的发展做出了重大贡献。学校曾率先成为甘肃省首批标准化师范，先后两次被甘肃省委、省政府树立为全省教育系统先进集体、省级文明单位。

（三）张掖市体育运动学校

张掖市体育运动学校，是1985年经甘肃省人民政府批准成立的一所全日制公办普通中等专业学校，县级建制。学校占地面积49670.07平方米，建筑面积13194平方米。现开设田径、男子足球、女子足球、男子排球、女子排球、男子篮球、女子篮球、男子乒乓球、女子乒乓球、摔跤、柔道、跆拳道、武术、射击、陆地冰壶、男女羽毛球16个运动项目。现有教职工57人，在籍学生323人，其中中职学生213人。学校教学、训练设施齐备，固定资产总值828万元，是一所集运动训练、文化教学、体育科研于一体的特色学校。建校以来，先后向国家队、省队输送运动员150多名，其中：薛金花、王俏、卜令堂、董江民、胡冬梅等代表国家参加奥运会、世界锦标赛和亚运会。贾雪英在全国十运会上获得柔道冠军，入选国家队，并在全国第十一届运动会上蝉联该项冠军。

（四）张掖市职业技术教育中心（张掖市职业中等专业学校）

张掖市职业技术教育中心是1996年由原张掖市职业中学、张掖市教师进修学校、张掖市卫生职业技术学校合并成立，是财政全额拨款的综合性职业学校，是全市发展职业教育、培养培训各类专业技术技能人才的重要阵地。建校以来，累计培养各类毕业生2万多名，培训社会技能人才5万多人次。是全国首批“国家级重点中等职业学校”“国家中等职业教育改革发展示范学校”“全国职业教育先进单位”“全国职工教育培训示范点”“全国职业院校数字化校园建设实验校”“全省中职学校就业工作先进单位”“甘肃省优质中等职业学校建设计划建设单位”。先后荣获“全国职业教育先进单位”“甘肃省职业教育先进单位”等100多项荣誉。现有学生3000多人，教职工256人，高级教师65人，“双师型”教师85人。2019年搬入新校区。新校区占地400亩，建筑面积12.8万平方米，规划设计教学班120个，可容纳6000名学生就读，年培训规模20000人次。实训设施设备价值7900万元，实训工位2152个。现开设机电技术应用、机械加工技术、新能源汽车制造与检测、建筑工程施工、设施农业生产技术、计算机网络技术、计算机平面设计、数字媒体技术应用、物联网技术应用、会计事务、电子商务、旅游服务与管理、中餐烹饪、幼儿保育、音乐表演、舞蹈表演、绘画、护理等18个专业。

（五）高台县职业中等专业学校（职教中心）

高台县职业中专创办于1988年，1993年合并高台县教师进修学校，成立了高台县职业教育中心。1999年3月经省教委同意，改办为“甘肃省高台县职业中等专业学校”，实行职业中专、职业高中并存，一校两制，两块牌子。2000年6月，学校被教育部评估确定为首批“国家级重点职业学校”。2020年12月，学校被甘肃省教育厅、财政厅确定为首批“省级中等职业教育改革发展示范学校”。2021年3月，学校入围首批“甘肃省优质中等职业学校建设计划项目”建设行列。学校占地面积304亩，建筑面积4122.16平方米。现开设机电一体化、汽车运用与维修、电子电工、护理、会计、音乐、美术等14个专业。建有汽修、机电、电子电工、护理、旅游4个综合实训基地，建成汽车维修等21个专业实训室。学校固定资产总额3517万元，实习实训设备资产总额1580.47万元。现有在校生学生1158人，教职工170人，专任教师158人，“双师型”教师95人，高级教师62人。学校是甘肃省贫困地区“两后生”职业教育培训集团理事单位。与德国汉斯·赛德尔基金会连续合作二十三年，是基金会在西部地区设立的唯一一个县级职教师资培训基地。先后荣获“国家星火计划农民科技培训星火学校”“全国农村成人教育先进学校”“全国特色学校”“甘肃省教育系统先进集体”“甘肃省优秀职业学校”“教育部国防教育特色学校”“第一届甘肃省文明校园”“全国青少年校园足球特色学校”等100多项荣誉。

（六）民乐县职业中专学校（职教中心）

民乐县职业教育中心学校始建于1995年，是一所国家级重点中等职业学校。学校附设甘肃开放大学滨河学院、兰州大学网络教育学院滨河学习中心。学校占地670亩，建筑面积3.2万平方米。现有在校学生2927人，其中全日制中职学生2591人，电大在籍学员336人。教职工159人。建有机械加工、工业机器人、智能家居、烹饪专业操作间等50个专业实验实训室和占地500亩的农林实验实训基地。开设汉语言、土木工程、农业经济管理等电大本专科专业25个，现代农艺技术、机电技术应用、机械加工技术、工业机器人、会计事务、幼儿保育、建筑工程施工、护理、物联网技术、数字媒体技术应用、音乐表演、绘画、舞蹈表演、体育运动训练、中餐烹饪等中职专业15个。学校是国家级重点中等职业学校、省级中等职业教育改革发展示范学校、甘肃省优质职业院校建设项目学校、全国职业院校数字化校园建设示范校，先后被授予“全国农村成人教育先进单位”“全省优秀成人继续教育院校（培训机构）”等荣誉称号。

（七）临泽县职业中专（职教中心）

临泽县职教中心始建于1993年，是全县唯一一所由政府筹资建设的融中职学历教育、成人继续教育和职业技能培训于一体的国家级重点职业学校。学校加挂临泽职业中等专业学校、国开大学临泽学习中心、教师进修学校、西部创客大学临泽县分校、临泽社区教育学院五块牌子，占地面积138亩，建筑面积3.4万平方米，建有技能实训楼3幢，教学楼1幢，实训室61个，校外实训基地26个。现有教职工110人，全日制在校学生1276人。现开设现代农业、加工制造、土木工程和公共服务四大类10个专业，国家开放大学临泽学习中心开设行政管理、会计学等成人学历教育专科专业26个，本科专业17个，在校学员390多名。学校先后获得“国家级重点职业学校”“全国普法教育先进集体”“甘肃省职业教育先进集体”“甘肃省中等职业学校德育工作先进集体”“甘肃省绿色学校”“甘肃省级语言文字规范化示范校”“甘肃省关心下一代工作先进集体”“张掖市先进基层党组织”“张掖市教育系统先进集体”等50多项荣誉。

（八）肃南县职业技术教育培训中心

肃南县职业技术教育培训中心，于1995年由原民族中学改建而成，是一所集职业教育、继续教育和技能培训于一体的中等职业学校。占地面积5.6万平方米，建筑面积7194.99平方米。学校现有在编教职工40人，“双师型”教师24人，有学生219人（全日制中职生148人，电大学生71人）。开设有机电一体化、旅游服务与管理、民族音乐与舞蹈、幼儿保育4个专业。学校连续多年高考录取率均为100%，本科录取率连续保持在20%左右。学校先后获得省级“语言规范化示范校”“防震减灾示范校”“文明校”“健康校园”，市级“绿色文明单位”“艺术特色学校”等20多项荣誉。

第四章　张掖高等职业教育

张掖独特的地理位置和悠久的历史，催生和促进了张掖高等职业教育的发展。作为河西四郡（敦煌、酒泉、张掖、武威）之一，历代中原王朝在西北地区的政治、经济、文化和外交活动中心，张掖曾是北凉国的国都、行都司的首府，历朝诸代设州置府的治所。张掖高等职业教育同全国各地一样，经历了世袭制的“政教合一”的宦学、政府举办的官学（汉时张掖郡国学）、南北朝时的精舍讲学、明清时期的书院教育和真正意义上的高职院校发展历史。汉成帝初年，张掖郡兴建了第一所官学——张掖郡国学，是见于史籍的张掖最早的官学，后张掖郡属各县相继建起官办县学。魏晋十六国时期，中原地区长期战乱，河西相对稳定，中原不少文人学士纷纷迁河西避祸，给河西文化教育的发展带来了生机。隋唐是儒学振兴的重要时期，也是张掖教育事业发展较快的时期，一大批文人学士著书立说，很多士人通过学权教育、科举考试步入仕途。唐王朝败落后，张掖被吐蕃等游牧民族占据，一部分遁入空门的唐代官吏，将世俗学问带进寺院，无处求师、问业的学子也纷纷涌进寺院，寺院成为僧俗弟子学习佛学、俗学的特殊学校。宋朝时，张掖被西夏占据，西夏统治者十分重视教育，设立番汉学，创制西夏文字。西夏开国皇帝李元昊命野利荣仁主持番学，用西夏文翻译《论语》《孟子》，赵仁孝令各州设立学校，教授儒学。元朝至元二十四年（1287），在甘州城东北文庙巷立“行省官庙”（学与庙合，办学兼祀孔）。元仁宗延祐三年（1316）五月，在甘州置甘肃儒学提举司，管理所属路府州县之学。明代“书院”开始兴起，私塾比较兴盛，教育的主要内容为儒学。明洪武二十八年（1395），改甘肃儒学提举司为陕西行都司学，设教授一员，训导四员，进行管理、教诲。清代“书院”、私塾继续兴盛。从隋朝设科取士以来，张掖全区考取的文进士11人，其中唐朝2人、明朝5人、清朝4人；文举人69人，其中明朝16人、清朝53人。明、清两朝录取的武进士26人，其中明朝1人、清朝25人；武举人256人，其中明朝32人，清朝224人。

第一节　张掖高等教育发展的历程

张掖真正意义上的高等职业教育起步于20世纪50年代，经过起步探索、分类设置和积极创建三个阶段。

一、起步探索阶段

1958年，中共八届二次会议提出“鼓足干劲，力争上游，多快好省地建设社会主义”的总路线，各行各业掀起了“大跃进”的热潮。8月，中共中央、国务院颁布了《关于教育事业管理权力下放问题的规定》，高等院校分中央部委办、省办和地方办学，明确了哪级办学哪级管理。9月，中共中央、国务院发布《关于教育工作的指示》指出：“为了多快好省地发展教育事业，必须动员一切积极因素，既要有中央的积极性，又要有地方的积极性和厂矿、企业、农业合作社、学校和广大群众的积极性，为此必须采取统一性与多样相结合，普及与提高相结合，全面规划与地方分权相结合的原则。”“办学的形式应该是多样性的，即国家办学与厂矿、企业、农业合作社办学并举，普通教育与职业（技术）教育并举，成人教育与儿童教育并举，全日制学校与半工半读、业余学校并举，学校教育与自学（包括函授学校、广播学校）并举，免费的教育与不免费的教育并举。”在此背景下，张掖全区大力发展高等职业教育，开办了工、农、师范、医、艺术等5所高等学校，山丹县、高台县创办了农业大学。

（一）张掖工学院

建于1958年6月，校址在省建筑公司旧址（张掖城西北郊1公里处），设机械、冶金、化工、工业经济4个专业，有4个教学班，学生146人。1959年，设9个教学班，教职工38人，学生293人，院长由中共张掖地委书记处书记薛剑英兼任。

（二）张掖农学院

1958年7月，张掖地委将张掖农校和张掖地委农业合作化学校合并成立张掖农学院（次年改为张掖农业专科学校）。设农学、农田水利、农业机械、畜牧兽医、林果5个系、10个教学班，有学生639人，教职工70人。1959年，有教职工90人（教师39人），学生342人，10个教学班，院长由中共张掖地委第一书记安振兼任。

（三）张掖师范学院

1958年9月，在张掖师范基础上，合并张掖二中、青东二校成立张掖师范学院。设语文、数学、生化、体育4个系、8个教学班，学生348人，教职工30人。1959年，张掖师范更名为张掖师范专科学校，1962年停办。1977年8月恢复张掖师范专科学校。

（四）张掖艺术学院

1958年8月，在原艺校的基础上建立，设文学、电影、戏剧、美术、音乐5科、5个教学班，学生348人，教职工22人。

（五）张掖医学院

1958年9月，在卫生干部训练班的基础上建立，设有大专医疗班，中专医士班，妇幼、助产培训等4个教学班，学生306人，教职工37人。

1958年，山丹县在县城南关位奇公社创建了“山丹县农业大学”。高台县在高台县实验农场创建了农业大学。

这些“大专院校”是当时高指标、浮夸风的产物，不具备大学的办学条件。一年之后，除农学、医学、师范降为中专外，其他5所全部停办。

1969年，复旦大学办了一个两年制的“五·七”文科试点班。1971年，《红旗》杂志发表了《用革命大批判改造文科大学——复旦大学“五·七”文科试点班的调查报告》，介绍了试点班情况。1972年，各地举办了大量的“五·七”大学。张掖、民乐两县也相继建立“五·七红专大学”和“红专学校”，1978年后先后合并和停办。

二、分类发展阶段

1978年，全国科学大会指出要办好高等教育，快出人才、多出人才。4月，教育部发出《关于恢复或建立教育学院或教师进修学院报批手续的通知》，规定恢复或建立教育学院或教师进修学院，由省、自治区、直辖市审批，报国务院备案，抄送教育部。1978年12月28日，经国务院批准，“张掖师范专科学校”正式成立。1979年，张掖师范与张掖师专分设，大部分设备、资产归属张掖师专，骨干教师及行政人员30多人划入张掖师专，师范迁入现校址。

1982年，张掖师专交省委、省政府领导。1980年，教育部印发《广播电视大学学生学籍暂行管理规定》，指出要恢复和发展成人教育、广播电视教育、函授和夜大学教育。1982年8月，甘肃省广播电视大学张掖地区电大工作站成立。在张掖开设汉语言文学专业，招收在职学员152人，设3个教学班。1983年，国务院办公厅转发教育部《关于职工大学、职工业余大学、高等学校举办的函授和夜大学毕业生若干问题的请示》后，张掖地区经委决定在地区农业机械厂“七·二一”工人大学的基础上，招收职工学员52人，开设工业企业管理和工业会计两个专业的电大教学班。1981年，国务院批准教育部《关于高等教育自学考试试行办法的报告》，决定建立高等教育自学考试制度。1982年10月，教育部决定将“全国高等教育自学考试委员会”改为“全国高等教育自学考试指导委员会”，由教育部领导管理。1983年5月，全国高等教育自学考试指导委员会第一次全体会议召开，会议决定设立中文、英语、哲学、数学、土建类、机械类、电类、经济管理、法律、农科等十多个专业委员会。1984年，张掖地区高等教育自学考试指导委员会成立，地区教委设立高教自学考试办公室，负责组织全区自学高考和社会助学等。当年开考语言文学、英语、政治理论、工业企业管理4个专业、11门课程，应试455人。

1985年5月，中共中央发布《关于教育体制改革的决定》指出：“有关干部、职工、农民的成人教育和广播电视教育是我国教育事业极为重要的组成部分。”1986年，兰州医学院在张掖地区卫生学校开办医学院张掖大专班，设临床医学专业。学制三年，开设文化和专业课程29门，招生纳入国家计划，生源以河西五地、市为主，兼顾全省，1988—1995年，招生334名。1987年6月，国务院批转《国家教育委员会关于改革和发展成人教育的决定》，1988年，国家教委召开第四次成人教育指导协调委员会会议。会议指出大规模开展岗位培训，下放权限推动各种形式联合办学，搞好成人高等学校招生改革的试点工作。之后连续印发《关于促进成人高等教育联合办学的意见》《广播电视大学暂行规定》《关于授予成人高等教育本科毕业生学士学位的暂行规定》等。

1992年，党的十四大指出“科技进步、经济繁荣和社会发展，从根本上取决于提高劳动者的素质，培养大批人才”，提出了积极发展成人教育的方针。1993年2月，中共中央、国务院颁布《中国教育改革和发展纲要》指出：“成人教育是传统学校教育向终身教育发展的一种新型教育制度，对不断提高全民族素质，促进经济和社会发展具有重要作用。”在大力推进发展成人教育的政策支持下，张掖部分职业学校开始依托省内高校举办专科层次的大专班。1993年，甘肃省工业大学在高台县职教中心开办“电气技术”专业教学班，招收应届高中毕业生，学制三年，是年招生30名，教学方式采用文化课由县职教中心教师讲授，专业课由甘工大教师讲授。此后，张掖电大、张掖师范和各职业学校先后依托省内外高校联合举办专科、本科教学班，高等职业教育得到快速发展。

2001年，省政府批准张掖师范招收五年制大专班，主要形式是“3+2”小学教育大专班。根据甘肃省人民政府《关于同意张掖职业中专和张掖农校并入张掖师专的批复》，地区职业中专和张掖地区农业学校并入“河西学院”，归口甘肃省教育厅管理，经教育部批准升格为综合性本科院校，更名为“河西学院”。

2002年3月，国务院批复撤销张掖地区和县级张掖市，设立地级张掖市。10月，市委、市政府决定，在张掖卫校基础上改建甘肃张掖医学高等专科学校。是年，省高校设置评议委员会专家组对张掖卫校改建甘肃张掖医学高等专科学校工作进行实地考察评估。2003年4月，教育部致函甘肃省人民政府《教育部关于同意建立张掖医学高等专科学校的通知》。5月，甘肃省人民政府办公厅做出撤销张掖地区卫生学校，建立张掖医学高等专科学校的决定。7月，张掖地区卫生学校经甘肃省教育厅和卫生厅批准，升格为专科学校，“张掖医学高等专科学校”正式挂牌成立。

三、积极创建阶段

2007年3月，张掖市委、市政府决定按照“整合资源、统筹功能、高职为主、一院多部”“三校一中心”的建设思路，筹建张掖职业技术学院。选址位于甘州城东北延伸段，北二环路南侧，规划总占地面积78.23公顷（合1173.5亩）。4月，成立张掖市职业技术学校建设领导小组。为加快学院筹建，市政府提请省教育厅批准筹建张掖职业理工中等学校。2007年12月，市政府常务会议听取筹建办工作情况汇报后确定，调整筹建思路，按照公办民助、引资建设方式筹建。2008年11月，市教育局向市政府提交《关于扩建张掖市职业技术教育中心升专的初步意见》。后因项目争取不到位，无力征用土地等原因，无法继续向前推进。2009年8月，市政府市长办公会决定撤销筹建办公室，筹建办的人员带编妥善分流。张掖市职业技术学校筹建工作历时三年时间，到2009年8月撤销。

2012年2月，全市经济工作会议提出启动张掖职业技术学院筹建工作。市教育局向市政府提交了《关于启动张掖职业技术学院筹建工作的意见汇报》。4月，市教育局邀请省教育厅规划处、职教处、财务处相关负责人实地调研考察滨河新区的选址。职业技术学院筹建工作因得不到省级财政支持而搁置。此后，兰州交通大学博文学院准备在新区建设分校，也因诸多困难未成。

2015年1月，山丹培黎学校致函中国工合委员会，提出与中国工合共建一所更高规格职业学院的意向。10月，张掖市委第19次常务会议研究决定，启动艾黎国际职业学院建设工作。11月，市政府第68次常务会议同意山丹县政府《关于上报艾黎国际职业技术学院筹建方案的请示》，决定成立艾黎国际职业技术学院筹建工作领导小组，具体负责筹建工作。11月25日，张掖市政府向甘肃省政府呈报《关于筹建艾黎国际职业学院的请示》《筹建艾黎国际职业学院方案》。此后，省政府、省教育厅和市委、市政府领导先后多次调研，安排艾黎国际职业学院筹建工作。2016年5月，张掖市委办下发《中共张掖市委办公室关于成立艾黎国际职业学院筹建领导小组的通知》，确定成立了学院筹建领导机构。8月3日，甘肃省教育厅印发《关于同意筹建培黎国际职业学院的函》（甘教厅函〔2016〕28号），同意筹建培黎国际职业学院，筹建期为两年。9月18日，首届丝绸之路（敦煌）国际文化博览会“路易·艾黎国际主义精神与‘一带一路’建设国际论坛”张掖分会活动在山丹举行。省委、省政协相关领导，习仲勋同志亲属代表习远平，新西兰驻华大使馆相关代表，市委、市政府相关领导以及部分国内外嘉宾和山丹县干部群众、培黎学校师生参加培黎职业学院群雕揭幕仪式等活动。自此，市、县加快了培黎职业学院的建设。2018年5月，甘肃省教育厅印发《甘肃省“十三五”高等学校设置规划》，将新设甘肃培黎职业学院纳入全省高等学校设置规划。

2020年1月19日，省政府印发《甘肃省人民政府关于同意设置培黎职业学院的批复》。5月11日，培黎职业学院通过了教育部备案，学院筹建任务全面完成。7月20日，省政府新闻办举行培黎职业学院成立新闻发布会，宣布培黎职业学院于2020年秋季首期招收全日制学历教育学生500人，开设现代农业技术、机电一体化技术、汽车检测与维修技术、旅游管理、应用英语5个专业。培黎职业学院的建成，标志着张掖高等职业教育迈入了新阶段。

第二节　张掖高等职业院校概况

一、张掖师范高等专科学校

1941年，国民政府教育部新疆教育司拟在甘肃设立多所师范学校，发展民族地区教育。同年秋，甘肃省教育厅决定成立“甘肃省立张掖师范学校”，并于当年开始招生。1942年，学校由文庙迁往木塔寺，学制四年，招收小学毕业或同等学力者，称“简易师范班”。1945年增设三年制普通班，招收初中毕业生。1950年4月，张掖师范学校与张掖农校、张掖中学三校合并成立“省立张掖联合中学”，内设师范部、农校部、中学部。1955年春，甘肃省政府决定恢复张掖师范建制，在张掖县城北郊清明坛（现体校址）重建校舍。1956年8月，学校正式招生，并逐步形成了三年制中师（招收初中毕业生）、三年制初师（招收小学毕业生）和三年制幼师并存的学制格局。1958年9月，在张掖师范学校的基础上，合并张掖二中、张掖青东二校，成立了张掖师范学院，校址即今河西学院南区，隶属张掖地委、专署，这便是张掖历史上第一所高等院校。新成立的张掖师范学院以适应“多快好省地扫除文盲，大力普及教育”的形势需要，开办附小、附中、附师、师院教育，形成了小学—中学—中师—高师并举的多层次教育格局。学院设语文、数学、生化、体育4个专业6个系科及1个幼儿教养员训练班，教职工30多人。1962年7月，张掖地委、专署决定，张掖师范专科学校停办，其部分教员及全部财产移交张掖师范学校。1977年8月，经甘肃省委、张掖地委研究决定，在张掖师范学校基础上再次恢复张掖师范专科学校，与张掖师范学校合署办学，实行“两块牌子、一套班子”的领导体制。1978年3月，从1977年参加高考的考生中招收中文、数学2个专业四年制本科班（高师班），中文、数学、物理3个专业两年制专科班。同年秋，又招收中文、数学、化学、英语、美术5个专业的两年制专科班。学校积极创造条件，迅速壮大师资和管理队伍，历经磨砺的张掖高等师范教育终于步入正轨。1978年12月28日，国务院正式批准恢复张掖师范专科学校。1979年9月，张掖地委、专署决定，师专和师范两校分设，师专留原址（即今河西学院南区），师范迁至县城东北角。同年10月，甘肃省决定全省师专为省、地两级双重领导，省教育厅主管行政、教学工作。自此，张掖师范专科学校进入了艰苦创业、发展壮大的新时期。张掖师专经过管理体制改革，党政组织机构不断健全，职责分工逐步明晰，专业设置更加合理，学校设有中文、数学、物理、化学、英语、美术等6个专业学科，学制均为两年。1983年8月，科改为系，另设马列教研室和图书馆。1985年3月增设政治历史系，1986年3月增设生物化学系，学制均为三年。1992年10月15日，张掖师范专科学校更名为“张掖师范高等专科学校”。所有专业的学制逐步改为三年。1993年开始，又陆续增设了一批非师范专业的文秘、专门用途英语、计算机运用与维护、电气与电器、化工分析、化工工艺、市场营销、应用电子技术、企业管理、实用美术等专业，学制均为两年。2000年9月，张掖农校和张掖职业中等专业学校并入张掖师专。开设了农学、园艺、农田水利、农产品贮藏与加工、农业机械、植物保护等专业。2000年11月，原张掖师专正式向省政府提出改建河西学院的申请，得到省委、省政府和教育主管部门的高度重视和大力支持。2001年5月11日，教育部正式批复成立河西学院。6月19日，河西学院举行了隆重的挂牌庆典。升格后的河西学院实行省地共建（甘肃省政府和河西五市）、以省为主的管理体制（表4-1）。

表4-1　1977—2001年张掖师范高等专科学校学生数一览表

（单位：人）

年份	招生数	毕业生数	在校生数	年份	招生数	毕业生数	在校生数
1977	212		212	1990	710	457	1395
1978	227		437	1991	677	528	1531
1979	141		567	1992	676	630	1568
1980	209	345	330	1993	825	654	1698
1981	213	119	414	1994	735	428	1974
1982	205	195	419	1995	640	722	1826
1983	220	211	424	1996	729	763	1734
1984	306	204	524	1997	800	489	2038
1985	494	214	803	1998	810	685	2153
1986	512	309	1002	1999	935	742	2343
1987	496	437	1058	2000	1610	684	3270
1988	497	418	1132	2001	2370	747	4866
1989	542	513	1148				

资料来源：张掖教育统计年鉴。

二、甘肃广播电视大学张掖市分校

甘肃广播电视大学张掖市分校（简称张掖电大），由张掖市政府主办，市教育局主管，是以现代化信息技术为主要手段，采用多种媒体进行教学的综合性、开放型大学。主要任务是为经济建设培养各类中、高级应用型人才，提供多层次、多规格、多形式的高等教育、继续教育、终身教育和各类培训服务。1982年，甘肃省广播视大学在张掖开设汉语言文学专业，招收在职学员152人，设3个教学班。1983年，地区经委在地区农业机械厂“七·二一”工人大学的基础上，招收职工学员52人，开设工业企业管理和工业会计两个专业教学班。1984年成立“甘肃广播电视大学张掖地区工作站”，为县级事业单位，与行署文教处合署办公。1986年8月，地委行署决定“电大工作站移交党校，与党校实行统一领导”。随着电大教育事业的发展，1988年5月，甘肃省教育厅批准，张掖地委行署下文（张地发〔1988〕5号文件），成立甘肃省广播电视大学张掖地区分校（简称张掖电大）。张掖电大实质上是一所多层次、多规格的成人高等教育学校，主要面向机关、企事业单位在职职工开展学历教育。张掖电大的教学业务受省电大的管理和指导，学校主要负责招生、学籍管理、转播中央和省电大教学节目，组织学业指导和考试。学校下辖高台、临泽、山丹和肃南四个工作站，形成了覆盖全市的现代远程开放教育办学系统，是张掖市唯一的综合性成人大学。从1982—1995年，共开设19个专业，招收学员1953人，毕业1730人。2003年，电大张掖分校在校学生1152人。

2005年，电大张掖分校正式申请设立奥鹏远程教育中心，学校依托中央广播电视大学、奥鹏教育中心加盟高校和甘肃广播电视大学教学资源，以学历教育为基础，多层次、多规格、多功能、多形式办学，重点是面向基层、面向农村、面向边远地区，培养各级各类实用型人才，为广大求学者提供终身接受教育的机会和条件。其主要任务是，举办现代远程高等专科、本科教育；举办各类岗位培训、继续教育等非学历教育，为张掖市以及其他教育机构开展现代远程教育提供教育资源、教学管理和学习支持服务。

2014年，张掖电大全年招生963人（其中分校本部招生769人，工作站招生194人），校本部在校生2612人，年内毕业988人。

2016年，甘肃广播电视大学张掖市分校通过国家开放大学甘肃分部评估验收，成立国家开放大学（甘肃）张掖学院，所属山丹、临泽、高台、肃南4

个工作站挂牌成立国家开放大学学习中心。

学校先后开设的专科层次专业主要有：金融、法学、现代文员、护理学、会计学（财务会计方向）、工商管理、行政管理、小学教育、汉语言文学、建筑施工与管理、水利水电工程与管理、园艺学、电子商务、旅游（旅游管理方向）、文秘、物流管理、工程造价管理、学前教育、农村经济管理、农村行政管理、教育管理、物业管理、计算机网络技术、光伏发电技术与应用等25个；本科层次专业主要有：金融学、法学、小学教育、汉语言文学（师范方向）、英语、土木工程（工程）、水利水电、工商管理、会计学、行政管理、园艺、公共事业管理（教育）、护理、市场营销、计算机科学与技术、卫生管理等16个。奥鹏（网络学院）先后与兰州大学合作开设的专科起点本科层次网络教育专业主要有：行政管理、人力资源管理、金融管理与实务、会计、工商行政管理、法律事务、公共卫生管理、护理、计算机应用技术、建筑工程技术、行政管理、计算机科学与技术、工商管理、法学、人力资源管理、公共事业管理、行政管理、人力资源管理、汉语言文学、工商管理、法学、计算机科学与技术、金融学、土木工程、公共事业管理等28个；与大连理工大学、东北大学、东北农业大学、福建师范大学、吉林大学、南开大学、西安交通大学、中国石油大学、北京邮电大学、华中师范大学、中国医科大学、中国农业大学等10多所高校合作开展高中起点专科、专科起点本科层次网络教育专业主要有：道路桥梁工程技术、电力系统自动化技术、工商企业管理、会计、建筑工程管理、行政管理、电气工程及其自动化、水利水电工程、土木工程、行政管理、人力资源管理、金融管理与实务、工商行政管理、法律事务、公共卫生管理、护理、计算机应用技术、建筑工程技术、法学、人力资源管理、土木工程、电力系统自动化技术、电气工程及其自动化、水利水电工程、煤矿开采技术、安全技术管理、采矿工程、动物科学、农林经济管理、园林、初等教育、英语（教育）、药学、保险实务、保险、管理科学（项目管理方向）、油气储运技术、机械设计制造及其自动化、资源勘查工程、安全工程、通信工程、市场营销、数学与数学应用、临床药学、基础医学、土地资源管理、食品质量与安全等50多个专业，为地方经济社会发展培养了一大批专业人才。2019年，张掖电大本部招生1183人，在校学员4146人（其中分校学生2729人）。2020年，电大招生1321人，在校学员3902人（其中分校学生2294人）。2021年，甘肃广播电视大学张掖分校在校学员4099人。

三、张掖医学高等专科学校

（一）发展沿革

张掖医学高等专科学校是在张掖卫校（始建于1952年）基础上创建的一所医学高等专科学校，有60多年的办学历史，是河西地区建校最早、规模最大的卫生学校。2004年，学校被教育部、卫生部等六部委确定为全国护理领域技能型紧缺人才培养培训基地。同年10月，经甘肃省教育厅自考办批准，设置了护理专业独立本科教育。2005年，被甘肃省卫生厅确立为“全科医学”培训基地。2006年，被甘肃省卫生厅确立为“乡村医生”专科学历培训基地。2007年，创建了张掖医学高等专科学校附属医院。2013年4月，甘肃省政府同意将张掖医专、张掖市人民医院并入河西学院。2014年3月，教育部批复省政府，同意将张掖医专并入河西学院。2014年9月，省政府办公厅印发《关于将张掖医专和张掖市人民医院并入河西学院的实施意见》，2014年12月，省政府办公厅在河西学院召开会议，原张掖医专和张掖市人民医院正式并入河西学院，成立河西学院医学院和河西学院附属张掖人民医院。

（二）办学条件

2003年学校升专后，校园占地面积17.93公顷（新校区14公顷，老校区3.93公顷），拥有28.4公顷的实验农场，校舍建筑面积4.86万平方米，在校学生1855人，专任教师95人，高级职称和本科以上学历分别达34.6%和85.7%，实验室38个，图书馆藏书23万册，实习基地23个，每年可安排实习学生1000多人。2014年9月，校舍面积11.1万平方米，固定资产总值1.77亿元，教学电教仪器设备总值1606万元，开设专科专业9个，全日制在校学生6067人（表4-2）。在编在岗教职工275人，专任教师中具有副高级以上专业技术职务教师48人，硕士学位教师37人。

（三）专业设置

刚开始设护理、职工医士、社区医学、临床医学（与兰州医学院联办成人临床医学三年制大专班）、医学影像诊断5个专业，学制三年，生源为应届初中毕业生，参加国家统一组织的中专入学考试。2002年增设药剂（三年制）、英护（四年制）、临床医学（“3+2”年制）、护理（“3+2”年制）4个专业。2003年学校升格为普通专科层次，开设临床医学、护理、医学影像3个专科专业，学制三年，生源为高中毕业生。同时开设初中起点的临床医学、护理、妇幼卫生、药剂4个五年一贯制专科专业。2004—2013年，先后增设三年制中西医结合、药剂、助产、针灸推拿、口腔医学技术、中医学、康复治疗技术等专业。截至2014年，张掖医专开设三年制普通专科专业9个。

（四）师资队伍

1996年，有专任教师62人，其中具有高级讲师职称16人，讲师职称26人。1999年先后引进调入17名教师。2002年，按照高等专科学校设置标准，补充和招考新增教师162人。截至2014年12月，学校有教职工279人。专业技术人员共251人，其中具有正高级职称10人，副高级职称115人，初级职称64人；硕士以上学位45人，在读博士1人，在读硕士5人。

（五）人才培养

1996—2003年，学校完成医学类中专学历教育国家计划招生1044人；2003—2014年，完成医学类大、中专学历教育国家计划招生20758人。1996—2005年，为社会培养医学类大中专毕业生14982人，毕业生绝大多数在河西地区及周边省市医药机构就业，许多成为河西地区及甘肃全省基层医疗卫生战线的业务骨干。

表4-2　1996—2014年张掖医学高等专科学校学生数一览表

（单位：人）

年份	招生数	毕业生数	在校生数	年份	招生数	毕业生数	在校生数
1996	416	406	1127	2006	1211	249	2935
1997	402	346	1189	2007	1008	357	3548
1998	409	307	1265	2008	1641	695	4940
1999	468	278	1336	2009	1770	1766	5020
2000	529	394	1415	2010	1854	1347	5242
2001	671	280	1661	2011	2042	1748	5522
2002	589	444	1831	2012	2227	1602	6131
2003	560	405	1986	2013	1781	1852	6039
2004	569	407	2026	2014	1956	2000	5964
2005	655	506	2157	总计	20758	14982	61334

资料来源：张掖教育统计年鉴。

四、培黎职业学院

培黎职业学院是2016年甘肃省教育厅批准筹建，2020年甘肃省人民政府批准、教育部备案，由张掖市人民政府举办的公办全日制普通高等职业学校。学院根植于具有光荣历史传统和国际主义精神的山丹培黎学校。学院建设发展得到了教育部、全国对外友协、省委、省政府、新中友协、新西兰驻华大使馆等方面的大力支持。2020年1月，甘肃省政府正式批准设置，同年10月正式招生办学。学院现有在册高职学生1820名，教职工100名，其中专任教师84名。内设党政管理机构11个，二级教学科研单位10个，教辅机构3个。山丹培黎学校于2020年8月整体迁入学院，实施中高职一体化办学。

（一）光荣传统

培黎职业学院根植于1942年由伟大的国际主义战士、新西兰著名社会活动家路易·艾黎在陕西凤县双石铺创办的培黎工艺学校，1944年学校迁至甘肃省山丹县，其间，学校内部结构、隶属关系、名称多次更迭。2016年8月，在甘肃省山丹培黎学校基础上开始学院筹建，2020年5月，学院通过教育部备案，定名为“培黎职业学院”。山丹培黎学校自恢复重建以来，得到了各级党委、政府的高度重视和老一辈党和国家领导人的大力支持，也得到新西兰政府、新西兰驻华大使馆等国际友好组织及大批友好人士的热情关怀和真诚援助。时任全国人大常委会副委员长的习仲勋同志应艾黎邀请，担任山丹培黎学校首任名誉校长。习近平总书记多年来一直关心学校发展，1999年在福建省任职期间协调帮助学校建起了先进的多媒体教室；2000年元旦，向全校师生寄来贺年卡致以新年的美好祝愿；2002年9月，向纪念路易·艾黎诞辰105周年暨庆祝培黎学校建校60周年活动发来贺信，祝愿学校“在新世纪中不断取得新成就、实现新发展”；2019年8月20日，习近平总书记亲临学校视察，发表了重要讲话，为学校发展指明了方向，提供了遵循，注入了强大动力。

（二）基础设施

学院规划占地面积1012亩，建筑面积27.4万平方米，分两期建设。一期工程用地面积512亩，完成投资7.79亿元，完成建筑面积16.9万平方米，建成2幢教学实训楼、3幢学生公寓楼、师生餐厅、教师公寓、国际文化交流中心、综合实验楼、体育馆等各项配套工程，配备首批开设专业的实训设备及教学、办公、生活设施。二期工程规划占地面积500亩，估算投资6.5亿元，建设期为2020年10月至2023年8月，计划建设学生公寓6幢、教学实训楼5幢、二号师生餐厅、专家公寓、运动场等项目及配套附属工程、绿化工程、信息化工程，配置教学、生活设施设备。建成后可满足9000名左右在校生和每年10000人次社会培训需要。目前已建成投入使用学生公寓2幢、教学实训楼1幢。同时，根据职业技能培训和实践教学需要，在山丹培黎学校原有实训设备基础上，投资近7000万元，新建标准化焊接、电工电子、制冷空调、现代农业、汽车检测、大数据等19个实训室，围绕各专业群形成了5个校内实训基地、75间实验实训室，配套了先进的教学设施设备。新建图书馆和国学馆，纸质藏书15万册，电子图书30万册，数字化教学资源丰富，能够满足培训对象和在校师生的学习需求。

（三）专业特色

学院突出国际性、开放性、融合性、特色化，立足张掖、着眼甘肃、为服务“一带一路”培养高素质技术技能人才。2020年，首期开设现代农业技术、汽车检测与维修技术、机电一体化技术、旅游管理、应用英语5个专业。学院以首批5个专业为基础，立足区域经济发展实际，稳步推进专业群布局，依托省内良好的现代农业发展基础和国家级制种基地、区域内丰富的红色文化和旅游资源、良好的光热资源和集成电路产业基础，以及学院与新西兰、英国等国家合作交流基础，积极打造现代农业专业群、文化旅游专业群、智能制造专业群、国际经贸和涉外护理等特色专业群。2021年，新增护理专业和数字媒体技术、大数据技术等5个信息技术类专业。同时，成功申报并获批种子生产与经营、集成电路技术、光伏发电技术、制冷与空调技术、新能源汽车技术5个专业，2022年秋季开始招生。

（四）合作交流

学院建设发展得到社会各界的高度关注和大力支持。中国工业合作协会、广东百校千企职教集团、深圳企业家协会等机构先后考察对接支持学院建设。目前，已挂牌设立了培黎职业学院甘州分院、华天科技股份有限公司人才培养基地、培黎职业学院东软信息产业学院、天润马铃薯种薯创新学院等合作办学机构。与河西学院签订了《河西学院支援培黎职业学院发展意向协议书》，实现部分专业的高本贯通。省内兰州石化职业技术学院等5所院校对口帮建学院5个专业，积极开展教师培训等互动交流。同时，与华为科技有限公司合办华为信息与网络技术学院，以及与天津、佛山等地院校、企业合作办学项目加快推进，2021年5月，教育部职成司向广东、甘肃两省教育厅下发了《关于共同支持培黎职业学院发展的函》，明确两省教育厅全力做好协作支持工作，并协调广东5所优质院校与学院“一对一”合作共建机电一体化技术等6个专业。甘肃省教育厅与南京工业职业技术大学联系，帮助支持学院发展。2020年7月，教育部和甘肃省政府印发了《关于整省推进职业教育发展打造“技能甘肃”的意见》，提出支持培黎职业学院在“十四五”末建成应用型本科院校，并与新西兰合作筹建中新应用技术大学。

第五章　张掖成人教育

张掖历史悠久，成人教育在5000年前的新石器时代就开始萌芽。成人教育的创立、形成与发展，与其他类型的教育相互交融、相伴发展，逐步演变成近、现代教育体系的重要组成部分。

第一节　新民主主义革命时期张掖成人教育概况

一、发展的背景

辛亥革命政权建立后，重视社会教育。中华民国临时政府教育部设有社会教育司，专管全国群众性的社会教育事业。《壬子癸丑学制》颁布后，一些实业家在所经营的企业或在社会上举办了各种形式的实业补习学校。1920年以后，在五四运动的影响下，晏阳初鉴于当时社会存在3亿文盲，提出“除文盲，做新民”的口号，大力提倡“平民教育运动”。这一时期以通俗教育、平民教育为标志的成人教育有了一定的发展，并初具规模。1929—1941年，国民政府教育部先后发布《民众学校办法大纲》《民众学校规程》《各级学校兼办社会教育办法》《中心学校国民教育办理社会教育要点》《社会教育设施与党部联系办法》《补习学校规程》等成人教育规定，并且强迫实行。1944年，发布《教育部修正补习教育推进委员会组织规程》，成立补习教育推行委员会，提倡举办各种短期职业训练班及各种职业补习学校，使城镇无力升学者及工厂商店之徒弟、农村青年均可利用余暇入班入校，补习有关职业知识技能及公民常识。

二、新民主主义革命时期的发展概况

民国前，张掖区属内各县实施成人教育，宗旨是“开新风、扩新知、浚民智”，对象为城乡民众，尤其是广大农民，沿用过去由乡绅宣讲“圣谕”的方式进行，宣讲的内容跟“书院”和私塾不同。

到民国时期，张掖成人教育专门机构成立，重点任务是组织农民学习文化知识。民国四年（1915）开始，县劝学所下设通俗教育馆，向城乡民众宣讲通俗知识，举办民众学校或识字班，主要形式是各县成立民众教育馆、图书馆、阅报处、民众学校等机构，使用《民众教育课本》，组织农民学习文化知识。课程设置有识字、常识简易算字（珠算），兼授历史、地理、卫生、自然等。民众学校利用夜间和假日上课，每周授课12学时，学习期限为三个月或半年，书籍、文具等均由学校供给。民国二十七年（1938），推行战时教育运动，教育对象为16～35岁失学农民，成立收运所，其中战青所山丹县1所、临泽县1所、高台1所。民国二十九年（1940），民众学校和识字班同当地的中心国民学校和保国民学校合并。民国三十二年（1943），甘肃省教育厅制定《甘肃省肃清文盲分年实施计划》，各县中心国民学校均设民众教育班。到民国三十六年（1947），全区有民众教育班610个，其中高级班10个，初级班507个。妇女班93个，在学人数1.3万人。

第二节　社会主义革命和建设时期张掖成人教育的主要内容和发展

一、发展背景

中华人民共和国成立后，党和国家高度重视成人教育，把发展成人教育作为中华人民共和国成立初期的重要国策。1949年12月，教育部颁布《关于开展今年冬学工作的指示》提出：以解放区的农村冬学运动形式，在广大农村开展冬学教育。冬学教育包括政治的和文化的两个方面。政治教育以“爱祖国、爱人民、爱劳动、爱科学、爱护公共财产”为主要内容，将此“五爱”作为中

华人民共和国人民的新道德基础。冬学文化教育的内容主要是识字扫盲教育。冬学教育的开展，为我国农村社会教育和扫盲教育的开展创造了条件和经验，同时也为发展农村小学教育创造了条件。1950年，教育部颁发了《关于开展职工业余教育的指示》《关于举办工农速成中学和工农干部文化补习学校的指示》《各级职工业余教育委员会条例》《关于开展农民业余教育的指示》等，在中华人民共和国成立之初的三年多的时间里，成人教育取得了巨大的成就，三年共扫盲406万人，广泛推行了“速成识字法”，推动了汉字的文字改革。干部教育开展了各种形式的实用办学方式，建立了干部业余文化学校、工农干部文化补习学校、人民革命大学、工农速成中学、老干部特别班、夜大学等。1951年，政务院公布《关于改革学制的决定》规定：初等教育中包括对自幼失学的青年和成人实施教育的工农速成初等学校、业余初等学校和识字学校（冬学、识字班），中等教育包括工农速成中学、业余中学，各种高等学校应附设补习班，以便利工农干部、少数民族学生及华侨子女等入学。《关于改革学制的决定》以法令的形式确立了成人教育在教育体系中的地位。从1953年起，我国成人教育被正式纳入了国民经济发展计划，开始了有计划地建设和发展，特别是扫盲教育取得了重大进展。1954年7月，教育部和扫盲工作委员会下发《关于城市劳动人民业余文化教育工作的通知》。第一次全国农民业余文化教育会议，要求“紧紧跟随和密切结合农村互助合作运动和农业生产的发展，积极地有计划地扫除农民中的文盲，并逐步地提高农民的文化水平”。1955年6月，国务院发布《关于加强农民业余文化教育的指示》，提出积极地开展农民业余文化教育和扫盲教育，要求合作社和互助组将生产和文化教育统一管理起来，采取以民教民的办法。1956年3月，中共中央、国务院颁布《关于扫除文盲的决定》指出：“在全国范围内积极地有计划有步骤地扫除文盲，使广大劳动人民摆脱文盲状态，具有现代的文化，这是我国文化上的一个大革命，也是国家进行社会主义建设中的一项极为重大的政治任务。”在一系列政策的推动下，全国扫盲工作取得巨大成就。第一个五年计划期间，共扫除青壮年文盲2402.1万人，其中在1956年和1957年，每年均突破了700万大关。与此同时，全国农村职业教育、干部培训也得到了快速发展。

二、发展状况

（一）开展扫盲工作

1950年，张掖响应国家号召，因地制宜开办冬学、夜校，对农民群众进行以识字为主的文化教育，全年全区冬学、夜校发展671处，常设民校77所，参加学习的人数达4.55万人。1954—1955年，全区有扫盲班2520个，学员12.23万人。1956年，各县成立区乡扫盲协会，动员社会各界参与扫盲工作，教育行政部门制定脱盲标准及检查验收办法，规定干部职工须识字2000个以上，能阅读文件、写300～500字的报告；市民、农民须识1500个以上的常用汉字，并能阅读书报。经认、读、写测验合格后，发给脱盲证书。到1959年初，全区脱盲人数达21.23万人，占应脱盲人数的73%。三年经济困难时期，工农教育停滞。"文革"期间，受"读书无用论"影响，成人教育受严重破坏，新文盲又大量出现。随着农村、厂矿业余教育的发展，扫盲教育也日渐与业余学校教育结合在一起，不再成为一种大规模的群众运动式的社会活动。

（二）发展农业学校

1956年12月，张掖县成立农业合作化干部学校。1958年，中共中央、国务院发布《关于教育工作的指示》，省教育厅印发《关于举办农业中学的几项规定》，全区各县开始兴办农业中学，部分县还举办大专院校发展成人教育。1964年开始，全区各县大力兴办耕读学校。主要形式是举办半耕半读学校，或在全日制小学中增设耕读班。仅1964年，全区兴办耕读校（班）670个，学生9.85万人。1968年，《人民日报》发表了题为《这样的农中就是好》的蓼泉农业中学调查报告，介绍张掖举办耕读学校的经验。1969年，根据《甘肃省中小学教育革命座谈会议纪要》精神，全区城镇初高中毕业生首次上山下乡，接受贫下中农（牧）再教育。1975年，地委批转《地区教育局关于积极开展业余教育，大力扫除文盲的报告》，要求各级教育部门在党的领导下，用学大寨的精神，办好业务教育，大力扫除文盲。推广"朝阳农学院"经验，提出"上高中不出公社，上初中不出大队"的办学形式，全区大力举办"学大寨"学习班6874期，参加35.28万多人（次），先后组织8006名干部和贫下中农代表去大寨现场参观学习，为"学大寨"培养了骨干。

（三）开展职工教育培训

中华人民共和国成立后，各县先后开办职工业余文化补习学校28处，在校职工2179人。1954年，在整顿职工业余学校的同时，又在厂矿企业开办速成识字班，有3869名职工参加学习。1957年，全区有业余学校11所，参加学习的职工有3708人，其中扫盲班37个，学员1092人；高小班88个，学员1868人；初中班19个，学员748人。1960年经济困难，职工业余学习中断。

第三节　改革开放后张掖成人教育发展概况

一、发展背景

党的十一届三中全会后，我国成人教育在邓小平教育理论的指引下，在快速恢复和全面重建工作中得到发展。1978年11月，国务院印发《关于扫除文盲的指示》，要求各地根据本地区的情况，制定具体的扫盲规划，采取有效措施，分别在1980年、1981年或稍后一点的时间内，基本扫除青年、壮年和未能入学的少年文盲。1981年，党中央和国务院颁布《关于加强职工教育工作的决定》，提出了职工教育工作的方针、任务、目标、政策以及一系列重大措施。1982年6月，教育部印发《县办农民技术学校暂行办法》要求，各地按照规定兴办县农民技术学校，将农民教育提高到技术教育的新阶段。1986年，国家教委、农牧渔业部等先后印发了《关于改革和加强农民职业技术教育和培训工作的通知》《关于七五期间加强农村青年实用技术培训工作的通知》，标志着我国农村成人教育进入了以职业技术教育为主、政治文化和科学知识教育综合发展的新阶段。

1985年，中共中央发布《关于教育体制改革的决定》指出："有关干部、职工、农民的成人教育和广播电视教育是我国教育事业极为重要的组成部分"，进一步确定了成人教育的地位。1986年12月，国家教委等六部委联合召开了全国成人教育工作会议，对成人教育进行了全面部署。1987年，国务院批转《国家教育委员会关于改革和发展成人教育的决定》指出："大力发展成人教育，不断提高亿万劳动者的思想道德素质和科学文化素质，使经济和社会的发展具有更加坚实可靠的人才基础，这对于把我国建设成为高度民主、高度文明的社会主义现代化国家具有重要的战略意义。"该决定又一次将发展成人教育提升到了国家战略地位，对成人教育的改革和发展起到了承前启后的重要作用。为进一步推动扫除文盲工作，1988年，国务院发布《扫除文盲工作条例》，为扫盲工作提供了法规保障，有力地促进了扫盲工作的开展。党的十四大提出“积极发展”成人教育的方针以后，中共中央、国务院颁布《中国教育改革和发展纲要》，进一步明确成人教育工作任务。1995年《中华人民共和国教育法》颁布，规定“国家实行职业教育制度和成人教育制度”，建立和完善终身教育体系，从法律上保障和推动了成人教育的发展。1997年9月，党的十五大召开，明确提出：“培养同现代化要求相适应的数以亿计高素质的劳动者和数以千万计的专门人才，发挥我国巨大人力资源的优势，关系21世纪社会主义事业的全局。”自此，我国成人教育改革全面启动，无论在管理体制、教育目标、办学模式，还是在教学内容、考试制度、教育对象等方面，呈现出层次多样化、质量效益化、体系开放化、对象社会化、管理规范化的发展趋势。

2005年，国务院印发《关于大力发展职业教育的决定》，进一步明确了成人教育的工作重点和目标任务，提出：“各种形式的职业培训进一步发展，每年培训城乡劳动者上亿人次，使我国劳动者的素质得到明显提高。”明确继续强化农村“三教”统筹，促进“农科教”结合，提出实施成人教育四大工程：实施国家农村劳动力转移培训工程、农村实用人才培训工程、以提高职业技能为重点的成人继续教育和再就业培训工程。大力发展社区教育、远程教育，通过自学考试和举办夜校、周末学校等多种形式满足人民群众多样化的学习需求，促进学习型社会建立。该决定的出台和全国职业教育工作会议的召开，标志着我国成人教育进入快速发展的时期。2010年，《国家中长期教育改革和发展规划纲要（2010—2020年）》颁布，首次明确“继续教育是面向学校教育之后所有社会成员的教育活动，特别是成人教育活动，是终身学习体系的重要组成部分”。继续教育概念在原成人教育概念的基础上，拓展了社区教育、成人教育、远程教育、老年教育、自学考试、广播电视大学等诸多内容。

二、成人教育发展状况

（一）扫盲和“两基”攻坚

国务院《关于扫除文盲的指示》发布后，张掖各县重新调整、充实了“工农教育委员会”，并在部分小学附设扫盲班，扫盲工作全面进行。1986年，省政府印发《甘肃省扫除文盲试行条例》，地区文教处会同地区团委、妇联制定了实施扫盲工作细则和规划，建立健全了扫盲工作的师资、机构、工作机制、干部培训等制度。1988年，国务院《扫除文盲工作条例》发布后，张掖各县市掀起“有文化的都来教，没文化的都来学”的扫盲新高潮，涌现出了一批扫盲先进个人。1989年9月，民乐县六坝乡五坝村义务扫盲教师赵越璧被国家教委授予“全国扫除文盲先进工作者”称号。不完全统计：1986—1990年，张掖先后举办扫盲班2322个，学员达91810人，有专兼职教师2289人，累计脱盲56377人，文盲率降到了11.9%。1990年，全区56个乡（镇）、393个行政村达到基本扫除文盲的标准。进入20世纪90年代，特别是《中国教育改革和发展纲要》颁布后，地县市合力攻坚，全面安排“两基”（基本扫除青壮年文盲和基本普及九年义务教育）工作，一手抓义务教育的普及，一手抓青壮年文盲的扫除，把扫盲教育与科技推广普及结合起来，有力地促进了扫盲工作。1992年，全区参加扫盲学习人数9873人，其中张掖市1264人、山丹县1729人、民乐县3500人、临泽县1300人、高台县1760人、肃南县320人，全区脱盲5744人。1992年5月，山丹县达到扫除青壮年文盲标准。

1994年7月，张掖地区被国家教委、农业部确定为全国农村教育综合改革联系点。年底，全区6县市经省、地验收均达到基本扫除青壮年文盲标准，张掖、临泽、高台达到省颁高标准扫除文盲的标准。1994年，全区教育工作会议提出提前三年完成“两基”目标后，地县市按照“双线四级责任制”（政府系列和教育系列；地、县、乡、村四级），把扫盲工作列入政府和教育系统的重要工作，全力推动。1996年，国家设立了“中华扫盲奖”，主要表彰奖励扫盲先进个人和社会团体、学校。当年，临泽县荣获“全国扫盲工作先进县”称号，张掖市上秦乡下秦小学校长刘生禄、山丹县教体局副局长张福、民乐县李寨乡薛寨村先后获得“中华扫盲奖”。1997年，随着肃南县通过省级“两基”验收，全区6县市达到高标准扫除文盲标准，提前三年完成“两基”目标实现。

实现“两基”后，各级党委、政府及时调整工作思路，把全力扫盲工作的重点转移到扫除剩余文盲与巩固扫盲成果相结合、扫盲教育与科技推广普及相结合，促进扫盲工作的持续发展。2000年人口普查后，全市15岁及以上人口中文盲人口137551人（甘州区13329人、肃南裕固族自治县1424人、民乐县8083人、临泽县4497人、高台县4500人、山丹县5858人），文盲人口占15岁及以上人口的14.58%，“两基”距离国家标准仍有差距。2003年9月，国务院召开了第一次全国农村教育工作会议，针对西部地区义务教育普及水平低、教育基础薄弱的现状，提出在西部地区集中力量打好“两基”攻坚战的部署。为全面落实教育部等部委《国家西部地区“两基”攻坚计划（2004—2007年）》，全市启动实施“两基”攻坚计划。主要开展了以下工作：一是成立协调机构。2003年，市委、市政府召开全市农村教育工作暨职业教育工作会议，成立了职业教育部门联席会议制度，将扫盲工作纳入成人教育序列，统一协调。二是建立“两基”年检复查制度及四项配套制度。市政府督导室每年对两个县区的“两基”工作进行督导检查。各县区实行“两基”工作“双线”目标责任制，推行“适龄儿童入学通知书”、与家长签订“义务教育协议”等措施，把“扫盲”工作纳入乡镇、村农科教中心农民科技培训工作中，同落实、同检查、同考核，巩固提高“两基”成果。三是创新工作机制。针对文盲相对少、分布广、年龄偏大等实际，各县区把学文化、学政治和学实用技术结合起来，利用党员“双培双带”、妇女“双学双比”、青年“希望工程”、中小学生“小手拉大手”等活动，以扫除青壮年文盲、农民实用技术培训和农村实用人才培养为重点，把扫除文盲同扫科盲、扫法盲有机结合，巩固了扫除青壮年文盲成果。2005年，全市小学适龄儿童入学率达到99.78%，巩固率为99.66%；初中适龄少年入学率达到98.09%，巩固率为97.7%；残疾适龄儿童入学率达到87%；15周岁人口中初等教育完成率达到95%，17周岁人口中初级中等教育完成率达到95%，青壮年非文盲率达到99.1%。县、乡镇和村三级农科教中心对农民进行实用技术培训达到80多万人次，30%的外出务工人员接受了引导性培训和职业技能培训，青壮年农民普遍掌握了两三项实用技术。

2009年12月，省政府召开“全省扫盲工作会议”，对全省扫盲工作提出新要求。全市扫盲工作进入高质量、高标准阶段。一是按照“两基”国检要求，建立健全各项档案（八表一卡）。开展了乡、村、校三方配合，挨家逐户进行扫盲人员的摸底、登记造册工作。二是针对文盲居住分散、年龄较大、女性文盲多的特点，采取集中办班、送教上门、包教包学、子女教父母识字、VCD播放设备等现代化手段开展扫盲教育。三是调整脱盲人员学历认定办法。对上完小学三年级且已达到小学文化程度的成人直接颁发成人小学毕业证；对接受过小学一、二年级教育的成人经过短期扫盲培训后颁发成人小学毕业证；对已经脱盲的人员收回原来发的脱盲证，换发成人小学毕业证；对人口普查中登记为文盲但有一定的识字量，又无任何文化程度证明的青壮年，通过直接参加脱盲测试，“以测代扫”。四是进一步健全机构，每个乡镇，依托乡镇中心小学、初中和乡镇农科教中心，建成一个农村社区继续教育中心，作为扫盲教育和扫盲后继续教育的基地。成立乡镇扫盲领导小组，教师承担扫盲和扫盲后的继续教育任务计入工作量，参加扫盲工作的成绩作为职称评定、考核晋级、评选先进的重要依据。五是开展多种形式的扫盲教育。2008—2011年，全市通过“小手拉大”形式开展扫盲和扫盲后继续教育达到2万人次，脱盲12301人，巩固率达到99.74%；开展“双培双带”和“双学双比”活动，共举办培训班300多期，培训8万多人次。

到2011年年底，全市义务教育普及程度和扫盲工作11项指标全部达标：小学适龄儿童入学率达到100%，初中阶段入学率达到100%，残疾儿童入学率达到95.12%，小学在校生辍学率为零，初中在校生辍学率为0.42%，15周岁人口初等教育完成率为100%，17周岁人口初级中等教育完成率为95.45%，15～50周岁青壮年人口非文盲率达到99.87%。民乐、高台、临泽县被评为“全省扫盲工作先进县”，甘州区被评为“全国两基工作先进集体”，临泽县被评为“全省两基工作先进集体”，市教育局被评为“全国两基工作先进单位”。

国家教育督导团检查组于2011年10月28日至11月4日对甘肃（张掖市是其中之一）进行了“基本普及九年义务教育和基本扫除青壮年文盲”督导检查和评估验收。11月5日，在甘肃省政府接受国家“两基”督导检查总结会上，教育部部长袁贵仁宣布，甘肃省“两基”工作取得历史性突破，全面实现了“两基”目标。“两基”国检后，全市扫盲工作进行了全面转型，在巩固提高中转向成人继续教育和终身学习的轨道。

（二）实用技术教育和培训

1985年开始，全区各县（市）在依托农职业中学对农村劳动力开展实用技术教育和培训的同时，加强农业“两广校”（中央农业广播学校和甘肃省农村广播应用技术学校）建设，“两广校”及各县分校通过开设农学、林学、畜牧、财会、瓜果蔬菜、淡水养鱼、乡镇企业经营管理专业，开展对农民的实用技术教育和培训，发展较好的时期，“两广校”学员达到3.1万人。同时，各职能部门广泛开办农牧渔业技术短期培训班232项、912期，共培训6.19万人（其中：种植专业技术129项、599期，培训3.79万人；养殖专业技术59项、221期，培训1.68万人；农经管理专业技术35项、91期，培训0.77万人）。1987年，全区各县（市）贯彻落实国家教委、农牧渔业部、财政部等《乡（镇）农民文化技术学校暂行规定》和《张掖地区行政公署关于加强科教兴农若干问题的通知》，大力兴办农民文化技术学校。1993年，全区乡（镇）农民文化技术学校65所，参加学习培训的人员达76385人。1994年，张掖地委、地区行政公署出台《关于加快全区教育改革和发展若干问题的决定》，要求农村各乡、肃南各区以乡（区）农民文化技术学校或乡办初中、农职业中学为依托，办好乡（区）农科教培训中心，承担农村初中“3+1”和初三分流职业班的职业技术教学任务。同时各村以村办小学为依托，办好村农科教培训中心（村农民文化技术分校），开展经常性的实用技术培训。自此，全区加快了农村乡村农科教中心建设，投入500多万元兴建了标准较高的山丹清泉、张掖小河和小满、临泽鸭暖和新华、高台黑泉和巷道等乡农科教培训中心，配备了较完善的教学设施。1995年，地区教委制定《张掖地区乡（区）农科教培训中心管理实施细则》，投资50万元，为60个乡村安装地面卫星接收天线，建成农科教中心14个，培训班1300多个。1996年，全区新建成乡镇农科教中心44所，村农科教中心526所，两级农科教中心当年举办技术培训班2980个，培训27.5万人次。全区农村初中举办256个“3+1”培训班，对9655名初中毕业生进行了实用技术培训。到1998年，全区共建成乡镇农科教中心93所，村农科教中心814所。乡村农科教中心的建成，推动了全区农民实用技术培训的步伐，每年培训农民达到25万人次。

这一时期，张掖地区成人教育和乡村农科教中心的建设和发展具有鲜明的特色，在全省创造了亮点。一是创新管理体制机制。建立乡（镇）政府一把手抓教育的组织管理制度，形成了县、乡（镇）、村三级培训工作格局。各乡（镇）分别成立了由乡（镇）长任主任，分管教育、科技的副乡（镇）长、教管会主任、中心学校校长及有关站所参加的乡（镇）农科教培训中心管理委员会，建立例会制度，定期研究工作。二是发展乡村农民技术学校。各村成立了村农民文化技术学校，建立了相应的组织领导机构。强化乡（镇）教管会的职能作用，配备成人教育专职干部，具体实施成人教育培训，做到了成人教育和培训工作有人抓、有人管、有人负责。三是加强评估检查工作。1997年开始，由教育部门组织牵头，科技、农业部门参与，按照《甲级农科教培训中心评估方案》，定期对乡（镇）农科教中心进行评估检查，促进了农科教中心培训工作向经常化、制度化、规范化方向发展。四是创新培训方法。各级农科教中心采取集中办班、科技咨询、现场宣讲、上门辅导、技术讲座等多种形式开展培训。2000年，张掖市小河、高台县黑泉两乡农科教培训中心荣获教育部第四届“中华扫盲奖”先进单位。2003年年底，全区有17所乡（镇、区）农科教培训中心达到省颁甲级标准，24所达到省颁乙级标准。2005年，全市各职业学校和乡（镇）、村农科教培训中心通过各种形式开展对富余劳动力的引导性培训和职业技能培训达5万人次，对农民的实用技术培训达到25万人次。

2005年，全国、全省职业教育工作会议之后，张掖市委、市政府及时召开了全市职业教育工作会议，出台《关于进一步推进职业教育发展的实施意见》，适时将成人教育定位为成人继续教育，内容涵盖了社区教育、职工教育、社会培训等非学历继续教育和各类成人教育、网络和远程教育、自学考试等学历继续教育，进一步明确了成人继续教育的工作思路、工作重点和目标任务。提出到2010年，全市培训农村新增和剩余劳动力100万人次、农村致富骨干和带头人5000人，90%以上的农村青壮年劳动力接受一两项实用技术或职业技能培训的目标任务。围绕国家和省委在“十一五”期间成人教育的工作部署，开始启动实施技能型人才培养培训工程、农村劳动力转移培训工程、农村实用人才培训工程、成人继续教育工程、再就业培训工程和星火科技培训计划、下岗职工培训计划、“两后生”培训计划、城镇失业人员培训计划、农村远程教育培训等“五工程”“五计划”，按照“县抓长期培训、乡抓短缺培训、村抓服务阵地，民办抓培训补充”的模式全力推进培训工作。组织、农业、劳动和社会保障、科技等相关部门相继出台了《张掖市新农村建设人才保障工程》《张掖市农民科学素质行动实施方案》《张掖市关于进一步加强高技能人才工作的意见》和文化科技“三下乡”活动计划，全市成人继续教育进入快速发展阶段。2007年，全市县区、乡镇和村三级职业学校和农科教中心对农民的实用技术培训和劳务输出引导性培训达到年均18万人次。

2008年，市委、市政府提出实施30万农村劳动力技能培训工程（利用五年时间，投资5个亿，培训30万农村劳动力）。教育系统按照“中职学历教育为主，短期技能培训为辅”“两翼”推进的思路，全力做好农村劳动力技能培训工作。教育系统培训工作形成了三个特点：一是创新工作机制。指导各县区教育部门，按照集团化发展、规模化培训的方式开展各项培训工作，取得了明显成效。民乐县按照县、乡、村三级联动的构思，整合各种培训资源，开展了多层次、多形式的培训教育，探索了“整合资源、政府推动、县办职教、乡办中心、村建阵地、协会运作、分层培训”培训模式。甘州区按照“六校合一”的思路，成立甘州区城乡劳动力职业技能培训中心，采取“设机构、合资源、搭平台、建基地、选工种、备师资、联乡镇、创模式”等措施，探索出了“全天候教学、全脱产培训、全封闭管理、全方位服务、全订单转移”的“五全”模式。肃南县成立了“肃南裕固族自治县农科教培训中心”，形成了“内外信息沟通，技能培训配套，数量质量并重”的培训格局，打破了部门和行业界限，破除各自为政、条块分割的培训弊端，发挥县农科教培训中心的培训优势，提升培训机构的培训能力。临泽县按照农村中小学和乡镇农科教培训中心紧密配合的方式，形成了“一主三翼、四位一体”培训模式。高台县按照外出务工、回乡创业的思路，强化毕业生就业工作，探索了技能型输出、高层次就业的培训模式。二是统筹发展。按照农村教育和职业教育坚持面向经济建设，服务农村经济的办学思想，不断深化“三教统筹”、农科教结合，紧紧围绕农村经济发展和产业结构调整的要求，利用远程教育资源，开展各种培训。2008年，全市县、乡、村三级培训中心开展对农民的实用技术培训和劳务输出培训达到24万人次，农村中小学利用现代远程教育资源开展对农民的政策教育、致富信息、实用教育培训等达到17万人次。三是发挥职校优势。各县区职业学校依托师资、场地和设备优势，面向社会青年、下岗职工、退役军人等群体开展30万农村劳动力技能培训达到15513人次。

2010年，全市教育系统132所学校和590所乡镇农科教培训中心开展农村劳动力培训达到17.8万人次，其中：引导性培训11.5万人次，技能型培训4.7万人次，劳动力转移后培训1.56万人次。2011年，全市职业学校开展劳动力技能培训237期（班次），培训23111人次，涉及焊工、钳工、瓦工、电工、农机维修、种植技术、养殖技术等工种。

（三）实施农村综改和燎原计划

1988年，省教委将临泽县和鸭暖乡、张掖市和平乡分别列为全省“燎原计划”试点县、示范乡，先行推进“燎原计划”。从1992年开始，结合农村教育综合改革工作，开始实施“1113”工程，即：抓好一县（临泽农村教育综合改革实验县）、一区（民乐县“燎原计划”六坝实验区）、一乡（张掖市小满农科教结合示范乡）、三校（临泽县板桥园林中学、张掖市一农中和山丹培黎学校）教育改革及建设工作，以点带面，整体推进。1993—1994年，“燎原计划”试点县扩大到3个（临泽县、张掖市和高台县），示范乡扩大到22个。通过实施“燎原计划”，有力地促进了教育、科技、经济的协调发展。1997年全国农村教育综合改革联系点工作会议在张掖召开，标志着农村教育综合改革向新的方向迈进。不完全统计：1996—2003年，全市每年接受农业科技教育培训的青壮年劳动力达到90%以上，年培训近20万人次，农业科技推广应用率和覆盖率分别达到88%和90%，科技在农业增长中的贡献率达到50%，有80%

的青壮年掌握了两三项实用技术，2.52万农民获得绿色证书。2004年，全市进一步加强农村教育综合改革实验示范点的建设，大力推进“点上深化，面上推广”工作，全市39所初中先行实施“绿色证书”教育试点，各乡镇农科教培训中心共举办乡级培训1244期、培训农民115227人次，村级农业科技培训3530期、培训农民184530人次。

（四）职工培训教育

1979年后，全区开始重视职工业余教育，一些工矿企业分别举办“工人大学”或“职工大学”，培养技术人才和骨干。1979年，张掖地区农业机械化学校成立（1984年在同校创建“张掖地区汽车技工学校”，两块牌子一套人员），开设农机管理、拖拉机、汽车驾驶、保养、维修等专业。同时，地区粮食处分别开办“干部培训班”“职工培训学校”等教育培训机构，开展系统内培训。同时，张掖、临泽、山丹、高台、民乐县创办“医疗卫生技术培训学校”“教师进修业余技术培训学校”等各类技术学校32所，开设医士、护士、妇幼助产、农学、畜牧、兽医、乡镇企业经营管理、文秘、教育、档案、无线电修理、机具维修、烹饪等24个专业，培训各类技术人员12.42万人（次）。从1982年开始，全区开始推进“双补”教育（补习文化和技术），地县（市）教育部门组织对职工文化、技术进行考核，合格者发给“文化合格证书”和“技术合格证书”。1986年统计显示：全区参加“双补”的有4888人（张掖市1288人、山丹县944人、临泽县660人、高台县752人、肃南县424人、民乐县820人）。1986年，省教委会同地区教委组织对全区480个文化补课班考核验收，参加补课的职工达1.78万人（次）、占应补课对象的86.1%，文化合格者9709人，技术合格者7079人、占88.64%，各项指标均符合省颁标准。到1995年，全区有成人技术培训学校502所，其中属教育部门和集体办的40个，在校学生7.21万人，教职工2307人；其他部门承办6所，在校生1390人。职工技术培训学校2所，在校生365人，教职工12人。

（五）自学考试

1984年，张掖地区高等教育自学考试指导委员会成立，地区教委设立高教自学考试办公室，负责组织全区自学高考和社会助学等。当年开考语言文学、英语、政治理论、工业企业管理4个专业、11门课程，应试455人（1987年首次毕业32人）。1986年，增加财务会计、工业与民用建筑、新闻、统计4个专业、26门课程。1988年后，高教自学考试受到社会各界支持，有关县

（市）采取奖励办法鼓励青年自学成才。张掖市对参加中专、大专、本科考试的成人进行分层次奖励，每考试合格一门功课，分别奖15元、20元、100元，激发了中青年奋发学习的积极性。1994年，全区自学考试报考人数由1984年的4个专业455人，增加到1994年的35个专业，报名人数达到3.63万人（次），合格1.19万人，合格率为32.6%。到1996年，全区报考大专和本科20345门次，合格4854门次，获得大专毕业证的学员有172人。中等专业自学考试短线专业开办5个专业，有743人参加学习。1997年，张掖师专开始招生自学考试应用型大专班。1998年，张掖市职业技术教育中心经甘肃省教育厅批准，取得举办自学考试应用型大专班的资格，次年招生幼教大专班，招生69名学员。2002年，全市自学考试长线专业全年报考16962人、合格37397科次，短线中专新招235人、在班学生450人。

2003年，自学考试进行了专业和考试时间的调整，由过去每年开考2次，变为每年开考3次。全年报考人数达14554人次，共报考29127门次。其中：长线专业报考12572人次、应用型专业报考1760人次、中专报考222人次，当年毕业550人（大专以上毕业生489人，中专毕业61人）。1996年到2003年年底，全区累计报考215956门次，毕业生达3698人，其中：专科和本科毕业生2159人，中等毕业生1539人。2005年，全市参加自学考试的报考人数达到1.4万人，有536名考生取得了专科和本科毕业证书。张掖市教育局被省教育厅评为“全省自学考试先进单位”。

（六）实施国家远程教育项目

2004年，张掖市被教育部确定为实施国家农村中小学现代远程教育工程试点项目市（全市515所农村中小学被确定为国家农村中小学现代远程教育工程试点项目学校），市委、市政府制定了《张掖市实施国家农村中小学现代远程试点项目方案》。在项目实施中，主要通过四个整合，构建四个体系，抓好三级培训。一是整合硬件资源，构建网络服务体系。以县区为主，全面整合政府公务网、教育城域网、广播电视网、卫星地面接收站、计算机互联网和广播电视网等网络资源以及全市农村中小学、职教中心、党校、农广校和农业技术学校的各种硬件资源，构建了集教学应用、党员教育和农民培训于一体，覆盖全市大多数乡村的强大网络服务体系。二是整合软件资源，构建资源服务体系。在开发和整合各部门教育资源的基础上，依托卫星接收系统和互联网下载、筛选、制作富有地方特色的课件资源，构建了由市县教育部门统一管理，基本能满足中小学教育教学、农村党员教育和农科教培训的资源服务体系。三是整合人力资源，构建管理和技术支持体系。全面整合各部门、乡镇和学校的人力资源，重点培训了一批管理人员和技术骨干，构建了一个能够满足项目实施要求的管理体系和技术支持体系。四是整合资金资源，构建资金保障体系。采取各种方法，开辟多种渠道，落实项目配套资金，构建了资金保障体系。制定《张掖市创建教育信息化乡镇实施方案》，选取具有典型示范性的一县十乡（镇）开展教育信息化乡镇的创建活动，实现以现代信息技术带动农村基础教育、职业教育、成人教育及党员培训快速发展的目标。项目启动实施后，全市各乡镇依托教育信息网站和学校多媒体教室广泛开展了农村实用技术和党员教育培训。依托县、乡镇、村三级农科教培训网络，利用光盘播放点、卫星教育收视站、计算机教室三种模式优势和教育信息网络资源，利用节假日、假期等信息技术设施空闲时段，对农民进行计算机操作培训和农村实用技术培训。2004年初，张掖市委和各县区党委分别出台了关于利用远程教育开展农村党员干部培训的意见，成立了市、县、乡镇、村四级党员干部培训工作领导小组，按照“统一安排部署、部门联动实施、整合教育资源、强化服务培训”的原则，以乡镇、村党员干部远程教育中心为依托，着眼于提高农村党员干部的政治理论水平和带头致富能力。各乡镇积极利用教育信息网和农村中小学“天网”“地网”和“校园网”，依托农村中小学信息技术设备，积极开展农村党员干部培训，使大多数党员每年能接受30个学时的政治理论学习和50个学时的实用技术培训。各乡村均依托中小学成立了“农村党员干部远程教育中心”，“教育中心”利用宽带信息网、卫星接收站收集、下载大量党纪法规教育宣传资料，并制作成光盘，利用远程教育三种模式设备，积极开展以党课教育、入党积极分子培训、专题讲座党员先进性教育、农业科技培训等为内容的党员培训以及各类形式的教育宣传活动，收到了良好的效果。各乡镇利用教育信息网络，发布农村经济建设信息、推广卫生防疫常识、介绍发家致富的典型和经验，引导农民走向富裕；利用农村中小学“三网”逐步开设网络学校，提高广大农民的思想道德和科学文化素质，推进了农村两个文明建设的发展。不完全统计：项目实施两年内，试点地区有70%以上的农村党员、90%以上的农村基层干部掌握了一门以上农业实用技术，有21万名农村党员干部成为农业产业结构调整的带头人，21万名农村党员干部联系帮带了近35万个农户，4800名党员干部被确定为县级以上科技示范户。2005年，教育部西部地区中小学现代远程教育工程现场会在张掖召开，国务委员陈至立出席会议，29个省、市、县分管领导和教育行政部门负责人参加。

（七）社会力量举办职业教育和培训

1985年，中共中央发布《关于教育体制改革的决定》指出："地方要鼓励和指导国家企业、社会团体和个人办学。"随着商品经济的发展，个体经济对实用技术培训产生了极大的需求，原有的师傅带徒弟已经不能满足社会发展要求，这个时期，我市开始有了非学历的文化补习和实用技术培训为主的民办培训机构。后来随着社会经济发展对各类技能型劳动力需求的不断增长，先后又有家电维修、汽车驾驶、美容美发、计算机操作、食品加工、烹调等行业的各类实用技术培训。1991年7月，张掖地区教委根据国家教委、甘肃省教委发布的《关于社会力量办学的若干暂行规定》，制定了《张掖地区关于加强社会力量办学管理的实施办法》，对全区社会力量办学行为进行了政策性规范和指导。1993年，全区各类社会力量办学单位发展到26家。1996年开始，地区教育处对本所辖社会力量办学单位实行年检公告制度。1996年，全市有民办教育机构21所，在校学员1830人。培训学校和培训机构有艺海实用技校、天阳教室、阶梯职校、传统养生技术研修院、西部公关文秘人才培训中心、兰州东方技校张掖分校、文成玉技校、金盾培训中心、张掖市联邦电脑、甘肃省张掖科远计算机工程有限责任公司培训中心、中华气功培训学校、笑华编织培训部、张掖地区经保抗暴人才集训中心、启民中医学校等。培训范围涉及信息技术、文化、英语、饮食加工、服装加工、建筑、装潢、武术、手工制作等。至1998年年底，全区办学条件、设施比较好的单位有：文成玉服装技校（成立于1982年11月，以服装裁剪、缝纫为主，平均年培训人数80人，累计毕业1000多人）、启明中医学校（成立于1986年，1991年被张掖市教委批办为中医职校，开设中医、兽医两个专业，在校生人数200人，累计毕业500多人）、兰州东方技校张掖分校（成立于1992年10月，开设专业有烹饪、家电维修、服装裁剪、摩托车维修等，年培训人数200人，累计毕业800多人）、华晟辅导学校（由张掖地区教协离退休教育工作者协会于1996年主办，以应用型大、中专短线专业自考辅导为主，累计毕业80人）、科远计算机培训中心（成立于1995年，年培训200多人）、张掖市工人俱乐部计算机培训学校（成立于1996年12月，年培训200多人）等。到2002年年底，全市社会力量办学单位共有44家，教育行政部门审批开办的社会力量办学机构25所，在校生（学员）2400多人，教职工160多人，学校总资产达到518万元，教学设备150多万元。其中中等专业学校1所，自考辅导学校2所，寄宿制中学1所，寄宿制小学2所，幼儿园14所，英语、艺术等短期培训中心5所，初步形成了从幼儿园到中等学校，覆盖普通教育和职业教育、学历教育和非学历教育的民办教育发展格局。

2003年，市政府出台《张掖市人民政府关于鼓励和支持民办教育发展的意见》支持民办教育的发展。当年增加民办教育机构10所（其中民办职成教学校2所），扩招360人。至2005年，全市达到民办教育机构55个（其中劳动和社会保障部门审批的各类职业技能培训机构和技工学校19所），在校学生达到6202人，教职工557人，初步形成了从幼儿园到中等教育、涵盖普通教育和职业教育、学历教育和非学历教育并举的民办教育体系，民办教育已成为全市教育事业发展不可或缺的组成部分。

第四节　新时代张掖成人教育取得的成就

一、发展背景

2012年，教育部成立继续教育办公室，负责协调推动终身教育体系建设，宏观管理社区教育、职工教育、社会培训等各类非学历继续教育，指导并管理成人教育、网络和远程教育、自学考试等各类学历继续教育。以习近平同志为核心的党的新一代领导集体对发展继续教育、建设学习型社会极为重视，多次为此做出重要批示。2013年9月，习近平总书记在联合国“教育第一”全球倡议行动一周年纪念活动的致辞中指出，“中国将坚定实施科教兴国战略，始终把教育摆在优先发展的战略位置，不断扩大投入，努力发展全民教育、终身教育，建设学习型社会”。2015年，习近平总书记在致国际教育信息化大会的贺信中强调，要牢固树立终身学习理念，要求构建网络化、数字化、个性化和终身化的教育体系，建设“人人皆学、处处能学、时时可学”的学习型社会。2015年12月18日，习近平总书记在中央经济工作会议上的讲话指出：要加大投资于人的力度，全面加强教育事业，深化教育综合改革，提升教育质量，加快推进中西部教育发展，高度重视对农民工、职业农民、退役军人等的培训，及时对下岗失业人员进行技能再培训，使劳动者更好适应变化了的市场环境。2015年，《教育法》修订，进一步明确“国家实行职业教育和继续教育制度”，鼓励发展多种形式的继续教育，推动全民终身学习。至此，发展继续教育有了坚实的法律基础。2016年6月，《教育部等九部门作出关于进一步推进社区教育发展的意见》提出：基本形成具有中国特色的社区教育发展模式，营造全民终身学习的社会氛围。同年10月，《国务院办公厅关于印发老年教育发展规划（2016—2020年）的通知》指出：老年教育是我国教育事业和老龄事业的重要组成部分。发展老年教育，是积极应对人口老龄化、实现教育现代化、建设学习型社会的重要举措，是满足老年人多样化学习需求、提升老年人生活品质、促进社会和谐的必然要求。2016年11月，教育部印发了《高等学历继续教育专业设置管理办法》，这是规范全国高等学历继续教育专业设置的首份文件，标志着加强规范管理、积极引导高等继续教育进入一个更加注重内涵发展、质量提升的新发展阶段。

2017年，党的十九大召开，对继续教育事业发展进一步指明了方向。党的十九大报告中强调：“办好继续教育，加快建设学习型社会，大力提高国民素质。”这是中国共产党第一次在党的重要文献中将增强学习本领、推动学习型社会、建设学习型政党、建设学习大国上升为党的重要意志和任务。2017年1月，国务院印发《国家教育事业发展“十三五”规划的通知》提出：推动学习型城市建设。持续开展“全民终身学习活动周”，倡导全民阅读。推进老年教育机构逐步纳入地方公共服务体系，完善老年人学习服务体系，办好老年大学，有效扩大老年教育资源供给。

2018年9月，习近平总书记在全国教育大会的讲话中，再次强调“要发展全民教育、终身教育，加快建设学习型社会，大力提高国民素质，努力让每个人享有受教育的机会，获得发展自身、奉献社会、造福人民的能力”，提出要加快建成伴随每个人一生的教育、平等面向每个人的教育、适合每个人的教育、更加开放灵活的教育目标。2019年2月，中共中央、国务院发布《中国教育现代化2035》，提出要构建服务全民的终身学习体系，具体措施包括构建更加开放畅通的人才成长通道，完善招生入学、弹性学习及继续教育制度，畅通转换渠道，建立全民终身学习的制度环境，建立国家资历框架，建立跨部门跨行业的工作机制和专业化支持体系等；还提出建立健全国家学分银行制度和学习成果认证制度，强化职业学校和高等学校的继续教育与社会培训服务功能，开展多类型多形式的职工继续教育，扩大社区教育资源供给，加快发展城乡社区老年教育，推动各类学习型组织建设等要求。2019年，国务院印发《国家职业教育改革实施方案》指出：开展高质量职业培训。落实职业院校实施学历教育与培训并举的法定职责，按照育训结合、长短结合、内外结合的要求，面向在校学生和全体社会成员开展职业培训。自2019年开始，围绕现代农业、先进制造业、现代服务业、战略性新兴产业，推动职业院校在10个左右技术技能人才紧缺领域大力开展职业培训。引导行业企业深度参与技术技能人才培养培训。各级政府要积极支持职业培训。实现学习成果的认定、积累和转换。加快推进职业教育国家“学分银行”建设，从2019年开始，探索建立职业教育个人学习账号，实现学习成果可追溯、可查询、可转换。有序开展学历证书和职业技能等级证书所体现的学习成果的认定、积累和转换，为技术技能人才持续成长拓宽通道。2019年12月，《关于服务全民终身学习促进现代远程教育试点高校网络教育高质量发展有关工作的通知》出台后，针对现代远程教育试点高校网络高等学历教育快速发展中存在的办学定位不清等问题，提出坚持党的全面领导、加强思想政治教育、合理确定招生规模、落实属地监管职责等18条具体要求和措施。2020年，教育部印发《国家开放大学综合改革方案》，提出国家开放大学创建“四个平台”。

二、发展概况

党的十八大以来，张掖成人教育得到迅速发展，学习型社会建设稳步推进，形成了许多服务品牌活动和共享资源。

（一）农村劳动力技能培训

2012—2015年，各县区职业学校每年举办或参与举办50多个专业和工种的各类培训班，县、乡、村三级农科教中心对农民进行的各项培训达12万多人次。至2015年，市、县区累计安排培训资金3000多万元，培训农村劳动力32.9万人，连续四年，农民人均纯收入增幅保持在500元以上。

2016—2021年，教育系统承担市县区人社、扶贫、农业、妇联、商务、旅游、劳务、农牧、残联等部门实施的30万农村劳动力培训工程、新型职业农民培育、“雨露计划”、再就业培训、“两后生”学历教育和农村劳动力技能培训工程等项目培训，每年达到1.5万人次。2016年，高台县职业中专教师王明虎荣获甘肃省“百姓学习之星”，张掖市职业技术教育中心劳务培训项目荣获甘肃省终身学习品牌项目。2017年，教育系统组织、参与和配合市县区人社、扶贫、农业等部门农村劳动力培训工程、新型职业农民培育和农村劳动力技能培训工程等项目培训43423人次。2018年，市委组织部在职业学校挂牌成立了6个全市企业人才培训基地，培训基地全年开展工程技术、电子商务、机械加工、旅游服务、“祁连蓝领”和机电技术等6个专业18个工种的培训，达到5012人（次）。六县区职业学校依托职业学校师资、场地承担人社、扶贫、旅游、妇联等单位组织的就业技能培训在岗职工提升培训、创业培训、职业技能鉴定、短期技能培训13028人次。2019年，教育系统开展以家政、农艺、种植为主的农村劳动力精准扶贫技能培训4854人次，开展文化旅游从业人员、生态保护技能培训525人次，开展创业创新、“两后生”职业教育、岗前技能培训6235人次，开展本土文化培育专题培训3197人次。

2020—2021年，全市教育系统克服新冠肺炎疫情影响，6个企业人才培训基地资源，统筹利用职业学校师资场地，以西部创客大学分校“双创”培训基地为依托，面向退役军人、企业职工、农民工等人员以线上线下形式开展各种培训15328人次（2020年培训8016人次，2021年培训7312人次）。创建省级“百姓学习之星”4个，“终身学习品牌项目”1个。

至2021年，甘州区、临泽县、高台县、民乐县先后被教育部等六部委认定为“全国农村职业教育与成人教育示范县”。西部创客大学、临泽县职业技术教育中心被评为全国“优秀成人继续教育院校（培训机构）”，3个单位被评为全国“终身学习品牌项目”。

（二）西部创客大学及创业创新培训

2015年，中共中央、国务院先后颁布了《关于深化体制机制改革加快实施创新驱动发展战略的若干意见》《国家创新驱动发展战略纲要》《国务院办公厅关于发展众创空间推进大众创新创业的指导意见》等一系列实施创新驱动战略的部署和政策。市委、市政府出台《实施创新驱动发展战略推动大众创业万众创新工作方案》，同时决定引进资源筹建西部创客大学，市政府办公室印发了《关于印发西部创客大学筹建工作方案的通知》，按照“西部创客大学+市县（区）分校”框架，在河西学院成立“西部创客大学”，在山丹培黎学校成立“西部创客大学山丹县分校”、张掖市职业技术教育中心成立“西部创客大学甘州区分校”、临泽县职业中专成立“西部创客大学临泽县分校”、高台县职业中专成立“西部创客大学高台县分校”、民乐县职业中专成立“西部创客大学民乐县分校”、肃南县职教中心成立“西部创客大学肃南县分校”。各县区和职业学校依托西部创客大学构建了继续教育平台，全面开展对学生和社会青年的创新创业培训。

2015—2020年，西部创客大学（河西学院）及6所分校累计开展各种培训37334人，其中：西部创客大学（河西学院）开展各类培训9793人（2016年2243人，2017年3228人，2018年4322人）；6所分校累计开展各种培训达到27541人（2016年5001人，2017年5692人，2018年6375人，2019年6235人，2020年4238人）。张掖西部创客大学被教育部认定为全国2016年“终身学习品牌项目”。临泽县职业技术教育中心（临泽创客大学分校）被确定为全国“优秀成人继续教育院校（培训机构）”，甘肃广播电视大学张掖市分校、临泽县职教中心和肃南裕固族自治县职业技术教育培训中心被分别确定为全国社区教育信息化特色学校、全国创新创业教育特色学校和全国地方传统文化传承特色学校。

（三）民办职业教育和培训

2005年5月，张掖市人民政府出台《关于鼓励和支持民办教育发展的若干意见》，提出了一系列支持民办教育发展的政策和措施，极大地推动了民办教育的发展。到2006年年底，全市由教育部门审批管理的民办教育培训机构达到32所，其中：自考助学辅导学校3所、各类培训班29所，在校生2200人。劳动和社会保障部门审批的各类劳动技能培训班13所，在校生1200人。形成了学历教育和非学历教育并举的民办教育体系。民办教育的发展，缓解了政府对教育财政投入不足的矛盾。调研表明，2005—2015年，各类民办教育吸引民间投资达1500多万元，有力地促进了张掖教育体系的完善和学校办学主体多元化、办学形式多样化的格局形成，优化了各种教育资源的配置，满足了社会对多样化教育的选择需求。

2016年，全市经市、县教育主管部门审批设立的民办非学历教育培训机构共72个，从业教职工509人，专任教师376人，参训学生13618人。非学历培训机构全部是艺术培训和课外辅导中心。从业培训教师主要是面向社会自主招聘的有艺术特长的社会人员和近年来未就业的艺术类大中专毕业生以及由县区人社部门安排的见习大学生，大部分人员具有各层次的教师资格证。培训对象主要是学前幼儿、义务教育阶段学生和个别高中学生。培训内容主要是英语、体育、艺术特长（美术、音乐、舞蹈、书法等）及文化课辅导。培训方式主要是利用周末双休日与节假日分时段、分层次对不同对象进行分批次培训。同时，还有工商部门登记批办的培训机构共15个，从业教师66人，培训学生1494人；人社部门批办的短期职业技能培训机构共19个，从业教师150人，培训学生1769人。未登记和正在申请批办的艺术培训和文化课辅导机构140个，有从业培训人员557人，培训学生7251人。2018年，全市教育部门审批的民办培训机构95所，其中：远程培训学校1所，在校生257人，教职工10人；非学历教育培训机构94个，从业教职工537人，年在册学员14125人。

2020年年底，全市共有民办幼儿园73所，在园幼儿12322人，教职工1407人；共有校外培训机构348个，登记为营利性机构339个，非营利性机构9个，其中文化类培训机构153个，艺术类培训机构195个，教职工3100余人，约42000名中小学生参加各类培训。2021年，全市民办校外培训机构达到356所。

（四）社区教育

2001年11月，教育部召开全国社区教育实验工作经验交流会议，全国社区教育实验工作深入开展。2004年，教育部印发《教育部关于推进社区教育工作的若干意见》，明确了社区教育实验工作的目标任务和政策措施。2004年，教育部下发《教育部关于确定第二批全国社区教育实验区的通知》，甘州区被确定为全国社区教育实验区。2016年，教育部等九部门印发《关于进一步推进社区教育发展的意见》明确："社区教育是我国教育事业的重要组成部分，是社区建设的重要内容"，提出"到2020年，社区教育治理体系初步形成，内容形式更加丰富，教育资源融通共享，服务能力显著提高，发展环境更加优化，居民参与率和满意度显著提高，基本形成具有中国特色的社区教育发展模式"的目标任务。按照《甘肃省教育厅等九部门关于贯彻落实教育部等九部门进一步推进社区教育发展意见的实施方案》，张掖市教育局制定《张掖市教育局等九部门关于进一步推进社区教育发展的实施方案》，明确加强基础能力建设、队伍建设、平台与资源建设、服务重点人群能力建设四项工作任务。广泛开展公民素养、诚信教育、人文艺术、科学技术、职业技能、早期教育、运动健身、养生保健、生活休闲等教育活动。

2018年，市教育局依托甘肃电大张掖市分校设立"张掖市社区教育指导服务中心"，确立了"建立网络、需求导向、项目引领、以点带面"的社区教育工作思路。各县区同步落实社区教育工作方案，构建了县区职业学校为中心，乡镇街道文化站为支点，基层村（社区）为基地，老年大学、群众健身娱乐组织为补充的社区教育三级网络。

2020年，全市建成79个社区教育机构（专兼职工作人员242人）、家长培训学校300多所、留守儿童之家315所，共建学习型家庭175个、学习型街道（乡镇）2个、学习型居委会14个。各类社区教育机构利用场地设施、课程师资、实训设备等积极参与社区教育，年均培训2万人次以上。不完全统计：2010—2020年，组织青少年校外素质教育33954人次、农民工培训40551人次、下岗失业人员培训3678人次、老年教育培训5948人次。300多所家长培训学校培训家长15万人次，315所留守儿童之家帮扶留守儿童18000多人（次）。针对全市60岁以上老年人18.03万人的现状，积极发展老年人教育。全市面向老年人培训教育的机构1668个，其中：全市老年大学7所，常年在册学员1100人；以老年教育为重点的社区教育机构242个，建有各类养老机构（场所）473个，成立乡镇（街道）老龄委65个，村（社区）老年协会877个，社会力量举办老年社团2个，2所民办培训机构从事老年人健康教育和音乐教育。各类机构常年开展老年人培训教育和服务活动，每年组织培训、游学、专题讲座等近2万人次。社区老年协会组织社区老年人参加晨练、舞蹈、老年秧歌、秦腔演唱等健康有益的活动，全市老年秧歌、舞蹈队已发展到40多支3000多人，丰富了市民生活，促进了全市精神文明建设。

第六章　张掖职业教育管理机构沿革

教育工作的管理是推动教育事业发展的重要支撑。梳理和总结职业教育管理体制的变化、管理机构的变迁、管理部门名称的更迭，对于了解张掖职业教育发展历程大有裨益，对进一步强化新时代职业教育治理具有重要的借鉴意义。

第一节　教育管理机构沿革

汉唐时，张掖地方学校教育由张掖郡守和各县县令兼管。元代，张掖为甘肃行省省会，始设甘肃儒学提举司，管理甘州路、府学校事宜。明代，改提举司为提学使。清初沿用明制，至乾隆时改提学使为甘儒学署。州县设置儒学教官，州为学正，县为教谕，各设副职为训导，主管本属生员入学、考课、补廪、选贡及祭祀孔子诸事。

清光绪三十一年（1905）夏，废科举，兴新学，设立劝学所。光绪三十四年（1908），甘州府所属张掖、抚彝（今临泽）、高台、山丹相继建立劝学所，设劝学总董1人，劝学员若干人，办理新学务。宣统元年（1909），将劝学总董改为劝学员长。自此，甘州府所属张掖、抚彝、高台、山丹各县（厅）始设独立的教育行政管理机构。

中华民国二年（1913）国民政府实行新政，张掖改州为县。民国三年（1914），各县劝学所推荐人才由省委任各县劝学员长。民国五年（1916），张掖、高台、临泽、山丹，将劝学员长改为劝学所长。民国八年（1919），各县又恢复劝学所，设所长1人，视学1～2人。民国十四年（1925），各县劝学所相继改为教育局，下置第一科、第二科。

中华民国二十五年（1936）5月，张掖、山丹、民乐属甘肃省第六行政督察区（治武威），临泽、高台属第七行政督察区（治酒泉），各县教育事务统由行政督察专员公署第三科（教育科）领导。同年7月，张掖地区各县撤销教育局，县教育行政事务由县政府第三科兼办，增设县督学1～2人，督责各校学务。民国二十九年（1940），张掖地区各县复改局为科，称县政府第三科（教育科），设科长1人，督学2～3人，直属县长领导，负责管理全县教育行政事务。

1949年9月，张掖解放，中国人民解放军接管甘肃省第六、第七行政督察区所辖张掖、山丹、临泽、高台、民乐等县，成立“张掖分区行政督察专员公署”，设立公署文教科，主管全区教育、文化、科学、卫生、体育等工作。1950年5月，撤张掖分区。张掖、山丹、民乐三县划归武威专区管辖，高台、临泽两县划归酒泉专区管辖，张掖分区文教科随之撤销。

1955年10月，经国务院批准，成立张掖专区。文教卫生工作交由张掖专员公署文教卫生组办理。

1958年7月，文教卫生分设，成立张掖专区文教局。同年12月，复将卫生并入，称文教卫生局。1959年1月，卫生局分立，设文教局。1961年12月，将科委、体委、卫生局并入文教局，改称张掖地区文教卫生局。1963年4月，卫生局另设，复称文教局。

1966年5月，“文化大革命”开始，文教局机关工作陷入瘫痪。1968年4月，张掖地区革命委员会成立，文教工作由政治部领导，设文教组负责文教工作，至1970年12月，成立文教局革命领导小组。1971年10月，文化、教育分设，成立教育局革命领导小组。

1974年1月，恢复张掖地区教育局。1975年，教育局下设政秘科、教育科、业余教育科。1980年，张掖地区成立招生委员会，教育局下设招生办公室。1981年，增设教学仪器供应站、教研室。1983年8月，文化、体育并入，成立张掖地区文教处。1984年增设高等自学考试办公室、甘肃省电视大学张掖地区工作站。1986年6月，文教分立，教育机构改称教育处，增设农民教育科、职教办公室。1987年，成立督导室。1988年4月，撤销电大工作站，另立甘肃省电视大学张掖地区分校。

1988年7月，教育行政机构进行改革，撤销教育处，成立张掖地区教育委员会，设主任1人，副主任1～2人。自1988年7月以后，内部机构多有变动，至1995年年底，调整为：办公室、人事科、普教科、成教职教科、财务审计基建科、督导室、教研室、招生办公室、自学考试办公室、电教仪器站、勤工俭学办公室。1996年1月，张掖地区教育委员会内设人事科、办公室、计财科、基教科、招生办、自考办、电教馆、勤工办、职教科、督导室、教研室11个科室。同年10月，“张掖地区教育委员会”改称为“张掖地区教育处”，2000年8月，张掖地区行署教育处督导室改称为张掖地区行署教育督导室，为县级建制事业单位，设总督学1名，副总督学2名。2002年10月，“张掖地区教育处”更名为“张掖市教育局”，内部机构设置未变。

2008年6月，市教育局成立张掖市学生资助管理中心，次年9月，设立张掖市语言文字工作委员会办公室，均为科级建制事业单位，隶属市教育局管理。

2012年3月，市教育局内部科室进行调整，撤销规划财务审计科，设立财务科、项目审计科；将中小学体育、卫生与健康、艺术教育等职责从基础教育科划出，新设立体育卫生与艺术教育科；将中小学师资培训等职责从人事科划出，新设立师资培训科。调整后，市教育局内设机构7个（办公室、人事科、师资培训科、财务科、项目审计科、基础教育科、体育卫生与艺术教育科），事业科室8个（市招生委员会办公室、高等教育自学考试办公室、职业技术与成人教育科、市教育科学研究所、市语言文字工作委员会办公室、校办产业管理办公室、市学生资助管理中心、电教仪器站）。同时，张掖市人民政府教育督导室内设机构也进行了调整，内部设立督政科、督学科2个科室。

2019年1月，根据张掖市机构改革方案，张掖市教育局内设机构进行了调整，调整后张掖市教育局有内设科室6个：办公室、党建工作科、教师工作科、教育管理科、教育保障科、学校安全科；参公事业单位2个：张掖市人民政府教育督导室、校办产业管理办公室；事业单位6个：市教育科学研究所、招生办公室、高等教育自学考试办公室、电教仪器站、学生资助管理中心、语言文字委员会办公室。

第二节 张掖职业教育与成人教育管理机构沿革

1975年开始，张掖教育行政部门设置专门机构，管理职业教育和成人教育。

一、业余教育科(1975—1980年4月)

1975年，张掖地区教育局设立业余教育科，专门负责职业教育、成人教育、职工教育和扫盲等培训工作。1980年4月撤销，业务归教育科管理。

局长：魏刚（任职时间：1978年3月—1982年2月）

科长：胡俊元（任职时间：1977—1979年9月）

副科长：宋守谦（任职时间1979年10月—1980年4月）

二、农民教育科(1986年11月—1991年11月)

1986年6月，文教分立，张掖地区文教处改为张掖地区教育处，增设农民教育科，负责农民教育、成人教育和培训工作。1991年11月，撤销农民教育科，业务归职工教育办公室管理。

局长：刘士林（任职时间：1982年2月—1986年3月）

吕振华（任职时间：1986年8月—1991年3月）

科长：张学尧（任职时间：1986年11月—1989年12月）

三、职工教育办公室(1986—1995年2月)

1986年6月，文教分立，张掖地区文教处改为张掖地区教育处，增设职工教育办公室，负责职业教育、成人教育、民办教育和各种培训。1995年改为职教成教科。

处长：吕振华（任职时间：1986年8月—1991年3月）

主任：杨作忠（任职时间：1993年3月—2000年9月）

科长：张学笃（任职时间：1986—1990年）

副科长：蔡文隽（任职时间：1993年6月—1995年2月）

四、职业教育与成人教育科（1995年2月—2019年12月）

1995年，机构改革，撤销张掖地区教育处，成立张掖地区教育委员会。张掖地区教育委员会成立职业教育与成人教育科，将原教育科有关职业教育的职能、职工教育办公室职能归职业教育与成人教育科实施，属事业单位。负责全区职业教育、成人教育、职工培训、民办教育、农民教育等。

主任（处长）：杨作忠（任职时间：1993年3月—2000年9月）

局长：贾天杰（任职时间：2000年10月—2005年5月）

王兵（任职时间：2005年5月—2011年11月）

郑生新（任职时间：2011年11月—2020年3月）

（一）教育局分管领导

唐志华（副主任，分管时间：1989—1995年）

胡松涛（副处长，分管时间：1999—2002年）

王克强（总督学，分管时间：2003—2005年）

武赞智（副局长，分管时间：2007—2011年）

兰英文（副局长，分管时间：2011—2012年8月）

张世瑞（党组副书记、副局长，分管时间：2012—2013年）

丁一（副局长，分管时间：2013—2014年）

张新旭（总督学、副局长，分管时间：2015—2017年）

张有朝（副局长，分管时间：2018—2019年）

（二）科室负责人

周学武（任职时间：1995—1997年，任科长）

蔡文隽（任职时间：1994年，任副科长；1997—1998年，任科长）

屈伯虎（任职时间：1996年2月—1998年3月，任副科长；1998—2005年4月，任科长）

许兴权（任职时间：1998年2月—2001年3月，任副科长）

安志勇（任职时间：2001年3月—2002年10月，任副科长；2002年10月—2010年10月，任科长）

刘旭（任职时间：2002年3月—2003年10月，任副科长）

陈天仁（任职时间：2006年9月—2011年10月，任副科长；2011年11月—2012年10月、2015年10月—2019年2月，任科长）

陈雪莲（任职时间：2012年10月—2015年，任副科长）

哈建新（任职时间：2015—2018年，任副科长）

2010—2020年：校产办主任李谋军，电教馆馆长张翠林，自考办副主任王莉等同志先后在副科长岗位上履职。

五、校办产业管理办公室（2019年至今）

2019年1月，根据张掖市机构改革方案，张掖市教育局内设机构进行调整。撤销职业教育与成人教育科，业务归校办产业管理办公室管理。其主要职责：负责职业教育、成人教育、民办教育和社区教育的政策落实、统筹规划和监督管理工作，负责普通和成人中等职业学历教育、社区教育相关工作，负责民办学校、校外培训机构的设立、审批和管理工作，指导县区和中等职业学校开展学生就业指导和服务工作；负责推进职业教育、成人教育、民办教育、社区教育改革等工作，拟定相关政策及落实等工作；负责统筹协调非公有制经济及社会发展中有关教育系统的工作，协同开展防范非法集资相关工作；负责教育系统“三农”和乡村振兴工作。

局长：郑生新（任职时间：2011年11月—2020年3月）

殷大斌（任职时间：2020年3月至今）

（一）分管领导

姚文奎（副总督学，分管时间：2019年10月至今）

（二）科室负责人

杨铁刚（任职时间：2019年3月—2020年2月）

刘旭（任职时间：2020年2月至今）

李谋军（校产办主任，2020年2月至今）

第七章　张掖职业教育的实践创新及其成果

实践是理论的基础，理论是实践的先导。职业教育是最富有创新性的教育，也是最能创新发展的教育。张掖职业教育自觉适应发展变化的新形势、新情况、新问题，在不断的探索中思考、总结、完善，在创新中持续发展壮大。

第一节　张掖职业教育办学模式的实践探索

20世纪90年代末，张掖职业教育在快速发展的过程中面临了许多挑战和制约。为破解难题，市县区教育主管部门和各职业学校强化教科研研究，积极学习借鉴，在办学体制机制改革、培养目标定位、办学模式选择等诸多方面进行了积极探索，有力推动了职业教育整体发展，形成了一些可复制推广的发展模式，具有非常重要的借鉴价值。

一、张掖市职业技术教育中心：多层次、互补型办学模式的改革创新

20世纪90年代后期，随着企业改革的不断深入和人事制度改革的持续推进，就业供需矛盾增大，职业教育出现了滑坡现象，刚刚运行的职教中心面临"三大困难"（办学经费困难、招生难、毕业生就业难）。面对这种困境，张掖市职业技术教育中心多方论证，大胆提出了"一个重心、两个延伸、三项改革"的发展理念和"办学多元化、教育素质化、教学技能化、专业产业化、产业市场化、建设现代化和管理标准化"的办学思路。按照这一构想，张掖市职业技术教育中心进行了大刀阔斧的改革和探索，取得了显著成效。

（一）改革实践

1. 在管理体制上谋改革

张掖市职业技术教育中心隶属于原张掖市人民政府管理（现甘州区），实行政府领导、中心负责、部门联办、一校多制的管理体制。为强化组织领导，成立了由市长任主任的管理协调委员会，委员会由分管教育的副市长、副书记、职教中心校长、计划、财政、劳动、人事、经贸、农业、乡镇企业、科技、教育、卫生等部门的负责人组成，实行管理协调委员会领导下的中心校长负责制。这种管理体制，加强了县级政府统筹职能，整合了教育资源优势、发挥了规模效益，为学校今后的规模发展奠定了坚实的基础。

2. 在多向发展上找出路

学校以发展中等职业教育为重点，挂靠省内外大专院校，向上延伸试办大专层次的职业教育，向下延伸试办职业初中。将教育对象由单纯的初中毕业生，扩展到各类高中生、在职成人、下岗转岗人员和农村富余劳动力。与西北师范大学、甘肃农业大学、甘肃省中医学院、兰州高等工业专科学校、甘肃省教育学院、兰州教育学院等高校联办水利工程建筑、供用电管理、计算机、发电厂及电力系统、建筑、财会、英语、汉语言文学、幼教管理、中西医疗等专业大专班。同时，为方便学生学习，加大成人中专函授班比重，设立3个校外教学点，使本地基层行业更多的文化低、工作忙、不能脱产学习的人也能得到系统的专业教育。

3. 在专业设置上求创新

按照“发展骨干专业、充实拳头专业、改造过时专业、嫁接先进专业”的专业设置构想和“人无我有、人有我优、人优我新、人新我变”的专业建设思路，实现专业设置上的多样化。

4. 在产教融合上做文章

学校以艺术幼师专业为依托，开办了社区幼儿园；以计算机专业为依托，开办了慧通电脑公司；以服装专业为依托，开办了服装厂；以机电电子专业为依托，开办了家电维修部；以护理专业为依托，开办了中西医门诊部。通过这些措施，扩大了办学规模，增强了学校发展“造血功能”。

5. 在服务就业上下功夫

学校采取就业升学并举的“出口”策略，以“外向型”就业培养和“订单专业”培养方式，以“出口”拉动“进口”，不断扩大学校规模。同时，学校与市劳动局联合成立了张掖市技工学校，将招生培训、考核鉴定、实习发证、就业安置融为一体，以新的办学方式培养生产建设人才。依托技工学校，实施校企联合，共建员工培训基地。学校主动出击，诚信寻求，先后与节水型社会领导办公室、劳动力市场、人才信息中心、新乐有限责任公司合作，对新招就业人员进行岗前培训，成为这些部门、企业员工岗前、岗中的定点培训基地。2003年，为有关部门、企业和农村进城务工人员培训技术员、销售员、收银员、宾馆饭店服务员等3000多人次。通过以上措施，经过几年的发展，张掖市职教中心办学规模逐步扩大，各项工作有了跨越式发展。

（二）显著成效

1998—2002年，张掖市职业技术教育中心累计为社会输送不同专业的中专毕业生1800多人，大专毕业生500多人，各类非学历教育的实用技术人才10000多人，有力地促进了当地经济社会的发展。2002年调查显示：甘州区境内农村幼儿园95%的教师是该校培养的幼师专业毕业生；75%的计算机操作人员是该校计算机专业的毕业生或者接受过该校的计算机培训；市区内有80多家个体“服装店”（或裁缝店）是该校服装工艺专业毕业生和短期培训班的学生开设的。该校先后被评为“全国职业教育先进单位”“全国职业教育示范性学校”“地级教育系统先进集体”“省级安全示范单位”，并被确定为地市劳动预备制培训基地和国家级职业技能鉴定站。2000年6月18日，江泽民总书记亲临张掖市职业技术教育中心视察。多层次、互补型办学，集团化发展模式，盘活了教育资源，满足了社会不同层次的教育需求，扩展了职教空间，为学校扩大办学规模，培养多规格、多层次的人才注入了活力。同时也为学校挖潜铸优、增强自我造血、持续发展提供了支撑。《人民日报》《中国教育报》以及新华社、中央电视台、中国教育电视台等30多个新闻媒体对张掖市职业技术教育中心的建设成就、办学成果给予不同程度的宣传报道。

（三）推广价值

张掖市职业技术教育中心多层次、互补型办学模式（图7-1）的实践意义在于：

——有力推进了管理体制和办学体制的改革，激活了政府推动、学校主体、部门互动、社会参与、校企合作的主动性。

——有利于整合、优化职教资源配置，打破部门界限和学校类型界限，积极发挥市场导向作用，形成多元办学格局。

——有利于适应终身教育需要，为开展成人继续教育搭建了平台。

——有利于满足社会不同层次的教育需求，扩展了职教空间，整合了教育资源，盘活了教育储备，为学校扩大办学规模，培养多规格、多层次的人才注入了活力，也为学校挖潜铸优，增强自我造血、持续发展的能力提供了有力的支撑。

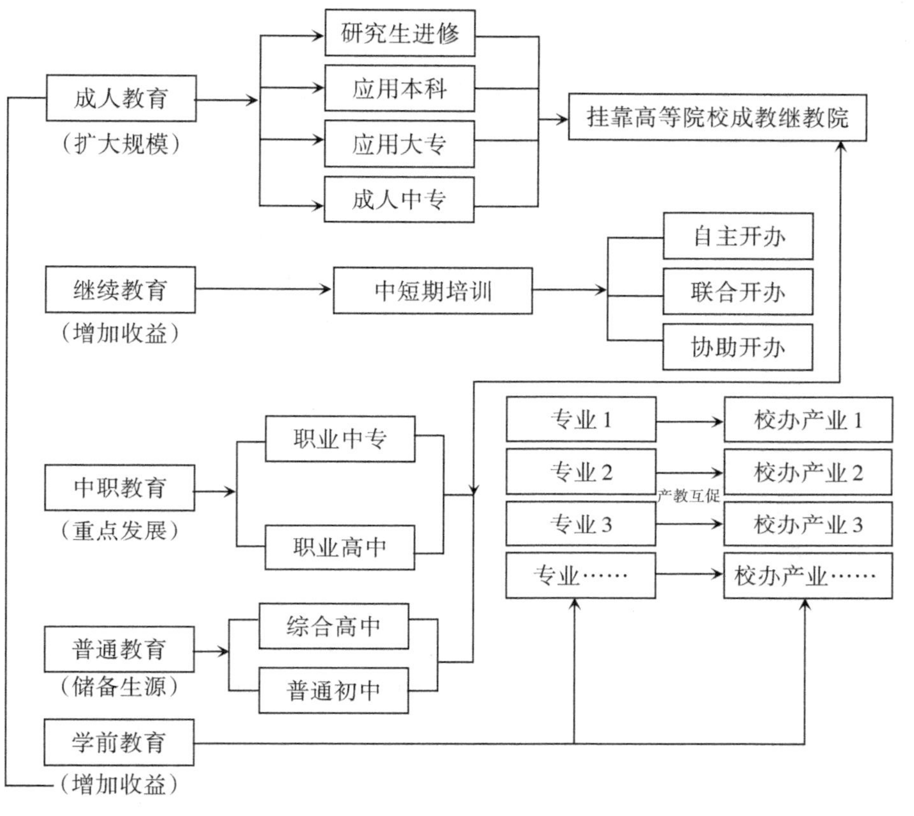

图7-1 多元化、互补型办学模式示意图

二、山丹培黎学校：探索工学结合、产学研一体发展模式

20世纪90年代，山丹培黎学校学习艾黎创办工合的经验，按照工合国际的基本原则，结合本地实际和学校的专业特点，创建“师生合作社”，积极开展工学结合、产学研一体探索和实践，在突出职业教育特色、培养实用型人才方面取得了较好的成效。

（一）“师生合作社”的基本形式和运作方式

1．自愿结合，自筹资金

学生根据学校的专业设置和个人爱好，选择入社。合作社所需资金，采取以师生入股、向学校借款、向银行贷款的方式筹集。师生入股的股金有两种：一种是优先股，也就是学生将自己的生活结余或奖学金，以每股20元的金额入股，多入不限，年终无论亏盈均付利息。学生因毕业或其他原因退社时退还本金。另一种是普通股，一般为劳动股，即学生以个人的劳动、技术入股，年终根据贡献大小和出勤支付工资。

2．民主管理，自主经营

师生合作社内设社员大会、理事会、监事会。均由本社师生组成。社员大会决定合作社的生产、投资、经营及利润分配等。由全社师生投票选出积极、负责、有一定能力的学生和1～2名专业教师组成理事会，负责本社的生产经营。再选出正直、负责、能秉公办事、有一定经验的学生组成监事会，监督理事会成员的工作，保证合作社生产能正常、有序地进行。

3．独立核算，自负盈亏

师生合作社固定资产除学校投入股外，全靠师生入股和发展积累形成，按照“勤俭办社”的方针，每年严格进行经济核算，精打细算，防止浪费。合作社亏损时从师生的工资报酬中扣除，或从公积金、股金中补足，盈利时大家共同参与分红。

4．按劳取酬，按股分红

合作社实行“各尽所能，按劳分配”的原则，兼顾学校、集体、个人利益。税后盈余，在偿还借款、交清学校规定的返还利润后，根据本社成员劳动贡献的大小支付劳动工资和优先股利息，对本社做出突出贡献者，予以奖励。

5．自我积累，自我发展

为了合作社的发展壮大，使学生得到更多实践创新机会，合作社设有公积金、公益金、劳动返还金。每年由社员大会决定利润分配比例，决定公共提留，增大公共积累。在师生合作社的不同发展阶段，三者的比例是不同的。一般情况是4∶2∶4。以该校服装合作社为例：在学校投资购置缝纫机34台的基础上，师生入股7107元，添置了高温定型机及其他辅助设备。1999年，先后有40名学生加工校服533套，加工窗帘、椅套、演出服350多件，其他服装200套，经校财务室审核，年获纯利26000多元，支付学生劳动报酬8365元，每月每生获取劳动所得80～120元。

（二）师生合作社的特色和价值

（1）工学结合，学中做、做中学，掌握了技能，培养了学生自立自强的创业精神。如学校1992级农学班的一名学生，在校期间积极参加食用菌栽培合作社的生产管理，积累了一定的实践经验，毕业后凭借个人所学的知识与技能，在民乐县从事食用菌栽培。由于经营得当，规模不断扩大，除原品种的生产外，又增加了黑木耳生产项目，年收入18000多元，成为民乐县颇具实力的食用菌生产专业户，成为职业学校毕业生的典范。

（2）自主参与、实践体验，培养了学生的实践能力和创新精神。学校园艺班学生在学习《植物及植物生理》课的过程中，得知"乙烯利"有促进果实成熟的作用。在合作社内，经专业教师指导，学生用不同浓度的"乙烯利"处理黄瓜，清水喷洒做对照。通过对比试验，发现黄瓜对不同浓度的"乙烯利"反应不同，使学生对"乙烯利"的认识由抽象变得直观，加深了学生对知识的理解，激起了学生大胆质疑、敢于实践的勇气，培养了学生的创新能力。

（3）民主办社，独立经营，培养了学生的社会责任感及团结协作意识，提高了学生的职业素养。"工合是教会人们如何学会'努力干，一起干'和'人人为我，我为人人'精神的学校。"师生合作社一般以组分配生产任务或每人按一定程序独立完成实验实习任务。这种分工协作的方式，促使社内师生想办法把工作干好。

（4）生产与销售相结合，有利于学生认识市场，了解社会，开阔视野，积累社会经验。服装专业开办服装加工厂，家电维修专业设立家电维修部，畜禽养殖专业建立牛、羊、猪、鸡养殖场等合作社，使职业教育的理论与实践并行，知识与技能并重，手脑并用，教学相长，既重视社会效益，又重视经济效益。在1998—1999年，学校种植组专业教师针对当地良种生产滞后，新品种不能及时被群众认识的现实，带领农学合作社成员在学习良种繁育知识的同时，在实习基地开辟试验田，进行"双低油菜杂交制种"和"高蛋白小麦常规制种"试验。所产优质种子均以较高的价格被当地农户抢购一空。2003年，合作社把试验基地扩大到山丹马营、李桥、清泉、霍城、位奇等几个乡，帮助农民群众通过良种繁育治穷致富，不仅改变了当地良种繁育滞后的状况，也加速了新品种、新技术的推广进程，还使学生的实践技能和科学实验水平得到了极大的提高。

(5) 学生利用业余时间开展勤工俭学，既创造了经济价值，增加了收入，又减轻了家庭经济压力。学校师生合作社均采取“按劳取酬”的分配方式，鼓励学生劳动创造。只要参与劳动，合作社都要付给学生报酬。家庭困难的学生常通过这种方式，在学得一技之长的同时，取得一些劳动报酬，补贴了个人在校期间的部分生活费用，减轻了家庭经济负担。

三、高台县职教中心：实施“两创教育”，提高就业质量的探索

21世纪初，高台县职教中心以培养学生创业能力和创新能力为突破口，以就业为导向，积极探索“外出就业，回乡创业”，以“出口”拉动“进口”，加快农村劳动力转移培训，促进地方经济发展。

(一) 主要做法

1. 抓学生就业创业能力的培养

在教学方法上，倡导生动活泼、民主和谐、积极思考、主动探究的教学理念，激发学生创新创业意识。加大实验实习设施的投入力度，为学生提供提高动手操作能力的条件，提高学生就业和创业的能力。在评价方式上，转变把考试分数的高低作为评价教师和学生优劣的唯一尺度的教学评价观，加大专业实践能力和创新能力在考核中的比重。在课程设计上，第一学期将《职业道德与职业指导》作为学生的必修课，引导学生了解职业与专业、专业与就业的关系。从第二学期开始，将人生策划、职业生涯设计等列入教学计划，帮助学生进行自我职业生涯设计，提高学生对就业、创业的认识，为学生就业打好思想基础。

2. 抓学生职业素养和岗位能力的培养

以职业标准为依据，以满足学生就业的需求为目标，修订各专业教学计划，在专业课教学中加大专业实践课的比重，强化操作技能的训练。调整过去只针对某一职业岗位的课程体系，要求不论学什么专业的学生，都必须会讲一口流利的普通话、能进行日常英语会话、学会计算机基本操作、懂得常规礼仪、学会汽车驾驶。

3. 抓就业服务能力和平台的建设

为了使毕业生就业安置合法化、规范化，学校于2002年注册成立了高台县阳光职业介绍所，并在广州、深圳等地建立了常驻就业联系点。为保证就业学生出得去、干得好、留得住，学校选派优秀教师随学生一起常驻实习、就业基地进行跟踪管理。

4．抓“双师型”教师队伍的建设

2002年前后，学校先后选派专业教师参加了赛德尔基金会等培训机构主办的工长培训、推广员培训、职业中学校长培训、各专业骨干教师培训等，为提高学生的动手操作能力提供了师资保证。

（二）取得的成效

2001—2002年，学校300多名学生先后在汕头、青岛经过为期一年的集中岗位实习，已成功就业。2003年，该校与广东汕头四家五星级酒店签订了旅游服务类专业学生实习及就业安置的长期协议；与山东青岛三所国家级重点中等职业学校签订了联合办学协议，进行“订单”培养。2003年，该校全年招生达780多人，创建校以来新高，在校生规模在2000年的基础上翻了一番。2003年，学校被评为张掖市信息化花园式示范学校、张掖市“绿色学校”、甘肃省信息化建设示范校。三年中，采取整体移动、集中培训的模式，使600多名新增劳动力掌握了一技之长，培养了他们向非农产业转移的能力。

（三）实践价值

高台县是一个传统的农业县。2002年，全县常住人口15.53万人（其中城镇人口2.1万人），实现国内生产总值9.16亿元，农民人均纯收入3111元，财政收入4793万元。农业从业人口占总人口的87.3%，农业人口人均耕地面积只有2.8亩。解决就业和农民问题的根本出路就在于使农村剩余劳动力向城镇和非农产业转移。

在生态环境脆弱，经济欠发达，就业空间狭窄，劳动力吸纳有限的地区，职业学校以创新能力和创业能力培养为重点，促进富余劳动力向生存发展环境较好的地区转移，有利于人与自然的和谐发展，也有利于地方经济的发展。

四、肃南县职教中心：依托民族特色打造专业品牌的探索

肃南县职教中心根据裕固族能歌善舞的民族特色和丰富的旅游资源，将专业设置锁定在民族舞蹈艺术和旅游服务这两个专业上，以“全面加强特色、合格加特长”为办学宗旨，将两个专业做强、做大。舞蹈艺术人才支持了旅游产业的发展，扩大了地方的知名度，宣传了民族文化，有力地推动了旅游产业的发展。找到了职业教育服务地方经济的结合点，实现了经济与教育的互动发展。该校培养的民族舞蹈艺术专业的学生多次代表省、市参加全国文艺演出并获奖。毕业生遍布全国各地的旅游景点和歌舞团，进行民族文化的传播，部分学生还被省级以上歌舞团录用，学生就业率高达98%，走出了一条具有少数民族地区特色的职业教育发展路子。

五、临泽县政府：推动乡村农科教培训中心建设的实践探索

乡村农科教培训中心是集农民文化教育、职业技术教育和科研示范于一体的综合办学实体。主要任务是对农村青壮年、回乡初高中毕业生、乡村企业职工、专业经营人员进行职业技术培训，为农村经济建设和社会发展服务。2000年前后，临泽县在抓乡村农科教中心方面进行了一系列探索和实践，取得了明显成效。

（一）持之以恒突出“四抓”

1. 抓投入，建阵地

1994年，临泽县委、县政府出台《临泽县乡村农科教培训中心建设意见》，按照各乡（镇）村采取干部捐一点、群众集一点、财政拨一点、教育费附加中拿一点、教育储蓄融一点等办法，筹资670多万元，兴建了108所乡村农科教培训中心。县级财政采取“筹一奖一”的办法，为乡村农科教培训中心配备了电教设备和图书资料。2002年，全县8所乡镇农科教培训中心均建起了地面卫星接收站，实现了“三机一室”（即电视机、录放像机、微机和图书室）。农村职成教育阵地建设的加强，为做好新时期职成教育工作奠定了坚实的基础。

2. 抓制度，强管理

乡村农科教培训中心效益好不好，管理非常重要。主要做了五个方面的工作：一是成立农科教培训中心管委会，保证“中心”有人管理。乡镇成立由乡镇长任主任，分管教育的乡镇长、中学校长、成教专干任副主任，农、林、牧等站所负责人为成员的乡镇农科教培训中心管理委员会，具体负责乡镇农科教中心工作。村上成立由村长任主任，科技副村长、小学校长任副主任，兵、青、妇负责人为成员的村农科教培训中心管理委员会，具体负责村中心日常工作。二是健全职责制度，保证“中心”依章管理。主要健全完善了管委会定期召开会议制度、农科教培训中心主任职责、兼职教师职责、学员学习制度、图书借阅制度等12种职责制度，用制度保证农科教培训中心各项工作的正常开展。三是开展检查评估，坚持以督查促管理。研究制定《临泽县乡村农科教培训中心检查评估方案》，从组织机构、师资队伍、设施建设、经费投入、培训规模、项目示范、档案建设等7个项目，分32项内容，逐乡逐村对108所乡村中心进行了达标评估验收。依据《乡村农科教培训中心检查评估细则》，每年对乡村农科教培训中心工作进行督导检查。有5所乡镇农科教培训中心经张掖

市教育局评估验收达到省颁“甲级农科教培训中心”标准。四是推行月报制度，加强过程管理。县教育局坚持每半年召开一次成教专干会议，总结安排职成教工作。平时实行月报制度，对成教工作实行当月工作当月安排，各乡镇成教专干对工作落实情况一月一汇报，保证工作任务的落实。五是签订责任书，实行目标管理。每年年初，县政府与乡镇政府、县教育局与乡镇教委、乡镇政府与各村委会签订成人教育目标责任书，年终进行考核，兑现奖惩。

3．抓协调，保质量

农科教培训中心培训的主要对象是回乡初高中毕业生和青壮年农民，分类施教是关键。对回乡初高中毕业生，采取“3+X”培训、初二后分流等方式，在学生毕业走出校门进入社会之前，进行职业技术教育培训，经考核合格，发给“绿色证书”。按照《临泽县关于开展全员培训工作的意见》，对青壮年农民的培训教育实行政府统筹协调，部门分工的管理体制。将职成教育工作的培训计划，分解到各部门，由各部门组织实施。在培训内容上注重实用性和系列化。一是开展区域性培训，培植规模优势。根据全县产业结构调整实际，对不同区域农民进行分类培训，例如对新华镇农民重点进行养殖技术培训；对沙河镇农民重点进行反季节蔬菜栽培技术培训等。二是开展提高性培训，增加科技含量。主要突出特种养殖、种植技术的培训。三是开展开发性培训，发展新兴项目。把“名、特、优、新、奇”等前景较好的项目作为培训重点。2000年，倪家营乡确定推广肉牛育肥项目，乡村农科教培训中心适时对农民进行牛舍建造、饲养管理、肉牛育肥等内容的培训，有力地促进了肉牛育肥项目的推广。四是组织宣讲培训。每年春节前后，组织农业、科技、畜牧等部门专业技术人员组成宣讲团，逐乡逐村进行科技知识宣讲培训。五是利用农科教培训中心主阵地开展经常性培训。以短为主，长短结合。新华镇农科教培训中心在办好短训班的同时，与职教中心联办畜牧中专班，培养中专毕业生60多名；平川镇农科教培训中心与县农广校联办乡企管理中专班，培养中专毕业生40多名。六是适时举办技术观摩交流活动。乡村农科教培训中心每年结合农时季节，组织科技骨干、专业户、典型示范户进行观摩学习，为推动农业产业化发展起到了积极作用。七是开展现场培训。对一些操作性强的技术，常常采取现场示范、资料发放等形式，进行现场培训，效果较好。到2002年，全县共举办各类培训班1735期，培训科技骨干10470人，培训青壮年农民39.6万人次，推广新项目、新技术成果54项，89.7%的农民掌握了3项以上的实用技术。

4.抓典型，促带动

实践证明，培植典型，以点带面，是推动工作的基本方法，也是临泽工作的主要经验之一。采取这种方法，先后成功地培植了新华镇、芦湾村等18个农科教示范培训中心。实施“十、百、千”工程，成功培植了10个科技示范村、100个科技示范社、1000个科技示范户。在各类典型的辐射带动下，广大农民应用科技新知识、新技术的素质和水平有了较大幅度提高。

（二）成效

乡村农科教培训中心办学模式的探索与实践，不仅促进了职成教育事业自身的发展，而且促进了农村经济的发展。

（1）巩固了农村职成教育阵地，提升了职成教育工作的规模和水平。与1993年相比，教学设施投资增加了82%左右，办学条件也有了较大改善。

（2）促进了农民思想观念和耕作方式的转变，农业科学新技术、新成果得到广泛普及和推广。2002年，全县科技在农业生产中的贡献率达到53.5%，良种覆盖率达到94%以上。

（3）推动了农业产业化经营，加快了农村经济发展。截至2002年，全县开展各类实验19项（次），建立玉米、中药材等实验点6处。建成50亩以上的二代日光温室示范点32个，建成辐射带动较强的银光绿色示范园、金池庄园等农业高新示范园区5个，连片30户以上的规模养牛示范点13个，特种水产养殖温室8座。全县生产总值达到9.38亿元，比1997年增长60.67%，农民人均纯收入达到3144元，比1997年增加642元。

（4）推进了农村精神文明建设。东寨村实施的三位一体“沼气开发”项目、芦湾村实施的“庭院经济”等项目，不但增加了农民收入，而且改善了农村生态环境，提高了人民群众的生活质量。

第二节　张掖职业教育的理论研究和政策效应

张掖职业教育的生动实践，产生了非常重要的联动效应，引起了教育部、农业部和有关方面的高度重视。一方面，卓有成效的实践创新有力地促进了张掖职业教育自身的健康发展；另一方面，为职业教育理论研究提供了丰富的素材；同时，又为职业教育改革提出了新要求。正是在这样的背景下，张掖职业教育的理论研究也逐步形成热潮，并取得一系列有重要影响的研究成果。其中，《西部人力资源开发战略研究（张掖实验区）》项目是投入最多、影响最大、政策效应最强的科研项目，集中反映了特定历史时期对张掖职业教育发展的整体思考，具有开创性意义。

一、研究项目的背景及意义

2001年，教育部发布《教育发展的第十个五年计划》，将西部教育发展工作列入六大教育工程之中，提出在西部有关省份开展西部人力资源开发战略的课题研究。国家社会科学基金教育学“十五”规划将“西部人力资源开发战略研”设立为国家重点课题，组织力量对西部地区人力资源开发工作开展专题研究。2002年，《西部人力资源开发战略研究》课题被列为全国教育科学“十五”规划国家级重点课题（课题批准号：AGA010028）。课题正式立项后，教育部将课题研究纳入国家正在实施的“面向21世纪教育振兴行动计划”中西部教育改革项目之中，由教育部职成司和教育部职教中心研究所牵头，选择西部地区的四川、云南、贵州、广西、甘肃、陕西六省区及所辖的城市宝鸡、成都、贵阳、柳州、张掖、曲靖6个城市组成子课题组，将实验城市作为国家西部人力资源开发政策的实验基地、示范基地，边研究、边实验、边总结、边推广，进行地方案例研究及实验研究。张掖市承担课题研究任务后，在省教育厅的直接领导下，先后成立了市政府分管领导为组长，市教育、发展计划委员会、市劳动局、人事局、经济贸易委员会、市政府政策研究室、乡镇企业局、统计局相关领导为成员的领导机构，聘请市委党校、河西学院等专家组成咨询组，组成了以市教育局为主体，甘州区、高台县、民乐县、临泽县相关部门和职业学校负责人为成员的课题研究队伍，历时三年，采用理论分析与实证研究相结合、定性研究与定量研究相结合、归纳总结与比较分析相结合、静态与动态研究相结合等研究方法，完成了区域内人力资源开发的现状、理论基础、发展重点、目标模式、政策建议等各项综合研究任务。课题研究于2005年结项，通过省教育厅专家组和教育部课题研究组审核验收，形成了课题研究报告、课题研究成果报告、案例实证、政策建议等诸多成果，部分研究成果收录总课题报告，许多政策建议被相关部门借鉴采纳。

二、项目研究的主要成果

项目研究以张掖市第五次人口普查数据为基本依据，深入农村、企业、职成教办学单位和有关部门，对全市人力资源开发和职成教育发展状况进行了重点调查。在此基础上以西部大开发和全面建成小康社会为背景，运用比较分析方法，定性与定量分析相结合、动态与静态分析相结合，对全市人力资源开发与职成教育发展的现状、潜力进行较为系统的分析。探讨职成教发展面临的挑战和机遇，从理论创新和制度创新的角度，提出张掖市人力资源开发和职成教育发展的政策建议和对策。

（一）理论创新方面的成果

通过项目研究，形成了一些思考和认识，部分理论具有重要的创新价值。

（1）西部人力资源开发与职业教育发展的结合是西部社会经济发展的必然趋势。职业教育作为教育体系的重要组成部分，为促进人力资源开发，提高劳动者素质，加快西部经济社会发展的作用日趋显现出来。职业教育、人力资源、经济发展三者之间的良性互动效应正在显示出优良的成果。西部大开发，全面建成小康社会，特别是为“三农”服务，农村劳动力培训转移，小城镇建设，对人力资源的需求，给西部职业教育的发展提供广阔空间和优越的战略机遇，但也提出了更高的标准要求和重大的挑战。

（2）欠发达地区富余劳动力转移，是人力资源开发的重点之一，也是职业教育发展的战略性机遇。欠发达地区农村富余劳动力以张掖为例，2002年全市总人口为126.96万人，其中农业人口为99.13万人，占总人口的78.08%。农村劳动力资源总量为61.14万人，其中农村实际从业劳动力56.14万人，按现有农业生产规模和经济技术水平、生产力水平，依据全国农业耕种劳动生产力平均水平（亩/劳动力）计算，实际需要劳动力12.09万，目前尚有劳动力总量61.14万人，扣除在乡镇企业已就业的28.65万人，尚有32.49万富余劳动力需向农业外转移。但他们的文化素质、技能素质、就业能力非常低，只能从事一些粗、累、收入低的重体力劳动，成为制约农村劳动力转移的主要因素。因此，他们迫切需要职业技术培训。

（3）为“三农”服务，是农村职业教育发展的必由之路。农科教结合，三教统筹与农村、农业、农民“三农”的结合就是紧紧围绕农村经济结构战略性调整、农业产业化、农村主要产业、农业科研项目推广、农民发家致富的实际所确定的农村职业教育培训项目的结合。大力推行农村“绿色证书”，把农村职业学校和成人文化学校办成农村人力资源开发、技术培训与推广的基地。按照“实际、实用、有效”的原则，注重对他们的现代生产技术、信息技术、安全生产、环境保护、法治纪律、心理健康和职业道德方面的培训。

（4）建立正确的人力资源开发观。准确做好职业教育与技术培训在人力资源开发中的定位工作。中职教育在人力资源开发中的职能应当定位于以就业为导向，对中低层劳动技术素质的开发，使其尽快掌握，适应就业竞争，经济建设的职业技能，促进其就业，使其能有效地服务于社会，最大限度地开发这一群体的人力资源价值。西部职教要构建多元化、互补型职教办学模式。强化职业学校市场竞争生存意识，完善整合教育培训组织体系，使培训与人力资源市场需求相匹配，形成良性的互动，发展建立有效的职教培训人力资源开发体系。

（5）城镇化建设，促进城镇人口的快速增长，成为西部人力资源开发的新的增长点，也是职业教育发展的新的增长点。按甘肃省全面小康社会参考标准，城镇人口占总人口的比重达到50%以上，才满足进入小康社会城镇化水平的临界值的要求。以张掖市为例，据初步测算，全市总人口按6‰自然增长率测算，到2020年将达到140万，城镇人口则需要在2000年34.84万的基础上翻一番，即达到70万，如果城镇人口有增长，也按6‰测算。2020年将达到40万人，其余30万则需要通过农转非等多种途径转移，平均转移农村人口在万人左右，要使这些人在城镇生活并就业，只有通过职业培训，提高他们的就业能力，才能达到推动城镇化建设的目标。

（6）西部地区实施“工业强省（市）”战略的关键是开发人力资源。加快西部经济发展，科技是基础，人才是关键。在当今世界，综合国力的竞争，实质就是人才资源的竞争。人才和优质的人力资源是竞争的焦点，在农业领域加强农业产业开发型人才的培养培训。在以高科技工业为主体的现代化工业的今天，要把开发工业科技人才放在优先地位，同时培养培训大量的技能型人才，才能不断适应工业技术进步的需要，为工业现代化奠定坚实的人才基础。职业技术教育要适应这种需求，开展不同学历、不同层次的职业教育和职业培训。

（7）职成教育是人力资源开发的排头兵。人是生产力中最活跃的因素，先进文化和科学技术是人发明创造和掌握使用的。开发人力资源，加强人力资源能力建设，培养造就高素质的劳动者，形成强大的人力资源优势，是促进经济增长和社会发展的持久动力。职成教育作为整个教育体系的重要组成部分，是与经济社会发展联系最为直接、最为紧密的部分，是人力资源开发的中坚力量和排头兵。它承担着为初高中毕业生、城乡新增劳动者、下岗失业人员、在职人员以及其他社会成员提供多种形式、不同层次的职业技术教育和职业培训的重任。据不完全统计，张掖市六县区农村幼儿园中95%的教师是职业学校幼师专业的毕业生；从事计算机操作的人员中，75%的员工是职业学校毕业生或者接受过职业学校培训的人员。在农村，凡是掌握1～2项实用技术或者接受过农作物栽培、种子繁殖、日光温室、养殖等短期技术培训的人员，其收益都两倍于其他劳动者。

（8）开发人力资源，发展职成教育的主要责任在政府。党委、政府的高度重视和政策支持，营造良好的发展环境，是职成教育健康发展的根本保障。张掖市职成教育能够迅速崛起并得以巩固提高，与市委、市政府的高度重视和大力支持密不可分。20世纪80年代以来，张掖市各级党委、政府认真贯彻落实《职业教育法》等一系列政策法规，坚持“三教统筹”，加强对职成教育的组织领导和政策支持，先后出台系列性的地方优惠政策，加大财政对职成教育的支持，并通过现场办公会等形式解决职成教育发展的重大问题，形成了较为完善的职成教育工作机制，确保了张掖市职成教育的持续稳定发展。实践证明：什么时候党委、政府高度重视，什么时候职成教育就得以快速发展，并对地方经济社会发展起到强大的推动作用。反之，职成教育则波动、萎缩，对经济社会发展的促进作用就会减缓。

（9）与时俱进，不断推进职成教育理念和办学模式创新，是职成教育可持续发展的关键。创新就要不断地解放思想，实事求是，与时俱进。张掖市职成教育从小到大，从弱到强，从局部领域到整体推进的发展历程，就是创新思维的过程。从指令性计划、行政推动到面向市场，引入竞争机制；从围墙式课堂教学到冲出校园，走进田间，开展各种对口实用技术培训；从注重办学规模、外延扩大到确立就业导向、内涵发展等一整套改革措施的实施，无一不是创新思维的结晶。全面建成小康社会，实施“三大战略”，加快人力资源开发，给张掖职成教育提出新的更高的要求。迎接新挑战、解决新问题、构建新体制、培育新机制、职成教育大发展，都有赖于创新，即依靠观念创新破难题，依靠机制创新增活力，依靠制度创新求发展。总之，“实践没有止境，创新也没有止境”。打破陈规，突破前人，这是事物发展、社会前进的必然规律。解放思想，与时俱进，是职成教育可持续发展的关键。

（10）突出地域特色，服务地方经济，是职成教育发展的生命力之所在。每个地方都有自己的特殊性，都有自己独特的优势，发展职成教育，开发人力资源，必须从这一特殊性出发，发挥优势，长短结合，主动适应经济结构调整，探索形成具有鲜明地域特色的职成教之路。张掖市是一个经济总量小、农村人口多、工业基础薄弱、农业“一头沉”、城镇化水平低、人力资源质量较低的欠发达地区。受方方面面的制约，人力资源开发滞后，农村富余劳动力转移缓慢，这就是张掖市的特殊性。这种特殊性既是我们的劣势和差距，又是职成教育发展的潜力和希望所在。因此，地方职成教育的发展，不能脱离本地实际而盲目追求数量和规模，也不能别出心裁，盲目地求“新”、求“奇”，更不能跟“风”走。只有与区情相结合，与区域经济结构相适应，才能发挥优势，培育优势，形成优势，这才是职成教育生存发展的深厚基础和源泉。当前和今后一个时期，张掖市职成教育应紧紧围绕实施“三大战略”、农业综合开发、节水型社会建设以及四大主导产业的培育而展开，以培养中初级应用型人才为主，形成合理的人才资源梯度。

（11）以就业为导向，以服务“三农”为核心，以农村富余劳动力转移为重点，以促进农民增收为目标，是职成教育发展的根本方向。就业乃民生之本。发展职成教育，开发人力资源，首先要着眼于就业。张掖市第二、三产业发展滞后，对就业的贡献度相对较低，而且就业结构明显不合理。时至今日，58%的劳动力仍然集中在第一产业，而且由于文化素质低，专业技能单一，使劳动力转移困难。在可预见的一定时期内，张掖市以农业为主的经济结构难以有较大改观，工业化的实现是一个长期过程。因此，职成教育必须毫不动摇地以服务“三农”为核心，以促进农村富余劳动力转移为重点，充分发挥职成教育“短、平、快”的作用，围绕就业开展多种形式的短期技能培训，全力组织实施农村劳动力转移培训工程，提高劳动者的素质和技能，以提升其就业竞争力。20世纪80年代初，张掖市职成教育形成第一个高潮，其根本原因就在于职成教育适应了家庭承包经营而带来的农民对农业科技的强烈需求。正是这种强烈需求，催生了各级各类职业技能培训班的出现。在培训形式上，以农业实用技术推广和文化补习为主，专业设置上以种植、养殖和农产品加工为主。办学方式上，采取长短结合、下乡服务等方式，做给农民看，带着农民干，有力地推动了农村经济发展和乡镇企业的壮大，取得了明显的社会效益和经济效益。实践证明：职成教育只有与就业相结合，才能找到稳固的支撑点，才能被农民所认同。也只有这样，职成教育才有生命力。进入21世纪，张掖市农业发展进入了新阶段，产业结构调整和产品结构的升级使就业结构发生较大变化，尤其劳务输出已成为一个大产业，这些都给职成教育提出了新的要求。职成教育若能主动适应这种新变化，采取更加灵活的机制、方式和手段，必将迎来职成教育发展的第二个高潮。

（12）整合教育资源，走集团化办学之路，是提升职成教育竞争力的有效途径。教育资源严重短缺与资源闲置浪费并存，是张掖市人力资源开发中存在的突出问题。在广大农村，教育资源短缺问题相当突出，而在城区，教育资源又大量闲置浪费。城区各部门、各行业、各系统都有自己的培训中心，但绝大多数并未发挥作用，造成严重的资源浪费。这种部门分割、自成体系的现存体制，使教育资源不能共享，已成为人力资源开发的重要障碍。因此，打破部分所有、各自为战的格局，运用市场手段，对教育资源进行系统整合，势在必行。在教育资源整合中，必须坚持经济效益与社会效益相统一、宏观管理与微观管理相协调的原则，把增量调整与存量调整相结合，在加大政府投入的同时，引入市场竞争机制，打破所有制界限、部门界限，激励民办教育快速成长，形成社会动员、全民参与、互相竞争、优势互补、共同发展的新格局。

（13）坚持“以人为本”，不断推进体制创新和制度创新，深化管理体制改革，是职成教育发展的不竭动力。以人为本，就是以人民利益为本。在实际工作中，它强调尊重人、解放人、依靠人、为了人和塑造人。尊重人，就是尊重人的社会价值，尊重人的独立人格，尊重人的需求选择，坚持机会平等。解放人，就是要冲破一切体制、机制的束缚，最大限度地发挥人的潜能和能力，调动人的积极性。塑造人，就是既要把人塑造成权利主体，又要把人塑造成责任主体，实现权利与义务的统一。就职成教育而言，坚持以人为本包括两个方面：一是职成教育必须坚持为人民服务，促进人的全面发展的正确方向，职成教育的办学方针、管理体制、教育培训的内容等都要服务于促进人的全面发展。二是职成教育办学主体自身，要通过不间断的改革创新，为从事职成教育的工作人员营造一个良好的职业环境，充分调动职教工作者的积极性，形成精力充沛、团结奋进的职教集体。从微观层面看，办学主体自身是否有活力，是衡量职成教育发展状况的重要方面，也是职成教育赖以充分发挥作用的基石。因此，必须不断推进体制创新和制度创新，从激活内部板块入手，充分调动教与学两个方面的积极性、创造性。唯有这样，才能使职业教育永葆青春和活力，为人力资源开发做出更大的贡献。

（三）提出了发展职业教育的政策建议

项目研究提出：

（1）成立国家、省级人力资源开发与职成教育发展决策审议机构，以确保国家对西部职成教育的倾斜政策和投入及时到位并持续稳定增长。教育与人力资源开发涉及多个部门和机构，在战略规划、决策制定、审议实施等方面需要进行统筹协调与整合。为确保国家在人力资源开发和职成教育发展方面的各项政策措施的贯彻落实，建议成立国家或省级人力资源开发和职成教育发展的决策审议机构，行使人力资源开发和职成教育发展的决策、监督、评审等职能，统筹协调教育、科技、农业、人事、劳动与就业、财政、计划、税收等部门的关系，保证人力资源开发和职成教育发展战略地位的落实与经费的稳定可持续增长。

（2）围绕学习型社会建设和终身学习教育体系的建设，构建人力资源开发和职成教育发展的公共治理结构。构建学习型社会必须要重新构建人力资源开发和职成教育发展的公共治理结构，明确各级政府在人力资源开发和职成教育发展方面的定位和宏观管理的原则、范围、权责、程序等问题。实现教育由计划经济体制下的管理方式向市场经济体制下的新体制转变。形成政府宏观管理，社会共同参与，科技、农业、人事、劳动与就业、财政、计划、税收等部门在人力资源开发中从边缘地位向核心地位靠拢，整合资源，合力进行人力资源开发。

（3）加大中央对西部贫困地区的财政转移支付力度，保证在有限资源的约束下实现社会公平的最大化。一是贯彻落实科学发展观，进一步加大对西部农村职成教育的倾斜力度，把扶贫工作和人力资源开发以及职成教育发展结合起来，通过“农村劳动力转移培训阳光工程”的实施，铺设富民“绿色通道”。二是扩大人力资源开发的财政收入渠道，对政府授予公共资源或国家政策保护下获得垄断利益的行业或特许经营服务的企业，征收社会公益税用于人力资源开发和职成教育发展。同时增大国债中用于人力资源开发和职成教育发展支出的份额。

（4）加大对人力资源开发和职成教育发展的非财政性融资渠道建设。一是搞好助学贷款，将贷款范围由面向贫困学生扩大到愿意接受教育，特别是接受职业教育的学生以及愿意接受职业培训和实用技术培训的农民。二是通过设立

“职成教育基金”，发行“职成教育债券”“职成教育券”“职成教育彩票”等多种渠道、多种手段来加大对人力资源开发和职成教育发展的资金投入。三是建立贫困地区“职成教育发展特区”，以优惠政策鼓励企业对人力资源开发和职成教育的投资和捐赠。

（5）以人力资源开发为基础，以创新型人才开发为重点，构建以市场为主导的人才配置机制。落实《2002—2005年全国人才队伍建设规划纲要》和《西部地区人才开发十年规划》，以建设企业经营管理人才和专业技术人才队伍为重点，努力建设一支数量充足、结构合理、素质较高的人才大军，为全面建成小康社会提供坚强的人才保证。不断创新人才工作的方式方法，营造尊重人才、服务人才，重视人才工作、做好人才工作的良好氛围，构建以市场为主导的人才配置机制。

（6）进一步深化职业教育改革，创新职业教育体制机制。在教育理念上，要跳出就职业学校谈职业教育的狭隘圈子，树立大职教观。建立起职前教育、在职培训、继续教育的终身职业教育体系。职业教育范围应从职业学校教育扩大到企业在岗培训、农村田间地头的实用技术培训等方面。职业教育的主体不仅仅是公办职业教育，要大力发展民办职业教育和中外合作职业教育等。在职教培训方式上，要跳出学校教育、围墙式教育的模式，实施“走出去”战略，把学历教育与短期技能培训相结合，重点发展实用技术培训，重视能力培养，坚持“在就业中培训，在培训中就业，在就业中创业”的有效做法，既要通过实用技术培训给接受职业教育的人一个“饭碗”，又要通过培训增强创业能力，让他们自己去找一个能够更加满足自己需要的“新饭碗”。在职教培训对象上，更多地向成年农民和农村富余劳动力倾斜，把农民职业技术培训作为重点，把就业前培训与就业中培训结合起来，增强他们对产业结构调整的适应能力和向城镇转移的能力。在职教培训机制上，要充分考虑职业教育的特殊性和农民收入低的现实，坚持城乡统筹，把职业教育与扶贫开发结合起来，引入市场竞争，多渠道增加投入，建立起灵活、高效、廉价的职业教育培训机制，使职业教育真正成为一种“学得起、能就业、会创业、有效益”的高回报率的教育产业。

（7）进一步聚焦农村教育综合改革，强化服务“三农”的认识和动能。综合改革在教育内部体现在“三教统筹”上，在教育外部体现在“农科教”结合上，“三教统筹”、农科教结合是农村人力资源开发的重要手段，是加快农村致富奔小康步伐的有效措施。各地政府与教育、农业、科技等部门要引导农村中小学从当地经济发展的需要出发，发挥一校多能的作用，加强劳动教育、职业技术培训和实用技术培训，建立教学、生产、技术推广三结合的教育综合体系。职业学校、农村中小学和乡镇农科教中心等要紧密配合，积极为当地农村经济发展提供产前、产中、产后服务，围绕农村产业结构调整，农业点题，科技列项，教育培训，以项目促生产，以项目促发展，以产业发展致富，有效提高农村劳动力的文化和科技素质。今后几年，职成教育如能抓住农民工转移培训这一焦点，整合资源，调整教学模式，切实为“三农”服务，完善农科教结合的运行机制，那么职成教育将不再是“拾遗补阙”，而是大有可为。

（8）以服务就业为导向，深化教育教学改革。一是要以出口带进口。调查表明，解决就业问题的基础环节一是专业设置要适应市场要求，从专业设置切入，力求实现“产销”链接。二是专业设置要瞄准经济与产业结构调整的走向，从培养模式做起，探索订单培养方式。在东部沿海发达地区，职成教育与企业联合，与企业的用人要求对接，不仅调整教学计划，还将企业的专门技术作为毕业班的必修课。企业也委派技术骨干到学校培训专业教师，与学校教师共同编写教材、承担教学任务。学校也可以派专业教师到企业兼职，参与企业产品开发和生产工艺设计。在提高企业经济效益的同时，也提升了教师本身的生产实践能力。三是从双证培养入手，搭建企业需求人才的桥梁。实施双证书培养制度，既是进行人才培养模式改革的重要内容，也是提高毕业生就业率的重要保障。四是重点推行短学制的农业技能培训和外出务工技能培训。张掖市城镇化水平低，就业容量小，农村富余劳动力多，农民外出务工要求强烈。职业教育应按照“短期治标、长期治本”的思路，积极开展外出务工人员的职业技能培训，使之掌握多种技能，能够“走出去”。同时应积极探索与流入地职业培训结构、各类企业合作办学的新途径。既可以改变目前外出务工人员“低技能、低工资、高强度”的“两低一高”状况，提高外出务工人员的技能水平与工资待遇，又可以疏通务工渠道，扩展“瓶颈”，使他们不仅能够“走出去”，而且能够实现“外出就业积累资本，回乡投资创业致富”。

（9）整合职业教育资源，打造职业教育“航空母舰”，创新职教发展模式。党的十六大提出：发展要有新思路，改革要有新突破。按照第四次全国职业教育工作会议关于“逐步建立国务院领导下，分级管理、地方为主、政府统筹、社会参与的职业教育管理体制”的要求。西部地区与发达地区相比较，经济发展缓慢，教育投入不足，学校布局分散，办学条件较差，专业单一化，校均规模偏低等，制约了西部地区职业教育的发展和人力资源的开发。以甘肃省为例，2003年全省有中等职业学校279所，校均规模554人，高等职业学校10所，校均只有1280人。校均规模小，达不到规模效益。为了最大限度地发挥现有职教资源效益，提高现有资源的利用效益，使本地区在师资、设施、生源、信息等方面形成相互交流、相互利用、相互补充、资源共享、优化配置的职业教育培养培训体系。要充分发挥政府的宏观调控职能，根据本地区经济（包括非公有制经济）发展对人力资源的需求，统一制定人才培训规划，统筹师资资源，统筹利用实验设施；建立职教集团，走集团化发展的路子。这是推进本地区职业教育整体办学水平提升，促进职教发展的最佳选择之一。结合张掖市职业教育发展的实际和人力资源开发的紧迫性，我们认为：强化职教统筹，整合教育资源，组建集招生、办学、培训、就业、劳务输出于一体，教育、劳动、人事多部门协作的"职教集团"，使之成为人力资源开发的"航母"，非常必要。

（10）设立职业教育奖学金、助学金制度，激励、引导农村青年接受职业教育。设立职业教育贷款协议制度，支持贫困家庭的青年优先接受职业教育培训。政府对欠发达地区中等职业教育和农村富余劳动力转移培训等弱势教育与弱势群体建立补偿制度。对社会弱势群体的补偿是衡量社会公平的重要标准之一。在西部经济欠发达地区，相对来说职业教育投入较少，职业学校办学条件差；人均收入低，特别是社会低收入阶层，生活困难，负担职业培训经费有很大困难。可采取教育成本分担制度，制定对欠发达地区职业教育补偿制度和对最弱势的社会群体中有资格接受职业教育培训的社会成员制定补偿制度，建立起政府组织与社会机构共同资助弱势群体接受职业教育与培训的社会公平保障体系。建立和完善中等职业教育助学金、贷学金制度，扶持弱势群体接受职业教育，促进职业教育发展。

（11）建立有效的东西部对口支援职业教育的运行机制和管理制度。中央提出的东西部对口支援，对西部的发展起到很好的作用，但目前各地所采取的措施办法还不是很有效。应该建立起一种能够调动双方积极性的互动机制。一是人员互动，相互挂职，西部到东部锻炼，东部到西部送经；二是招生互动，采取东西部双方学校联合招生，互惠互利，创造一种双赢的局面；三是学校对口扶贫，项目到校，落实到人，达到社会效益与经济效益的双赢；四是对口扶贫到人，对西部家庭困难的学生与东部结对子，“一对一”进行帮扶活动，使这一部分弱势群体能接受到较好的职业教育培训。

（12）改革现有的学年制教学管理模式，实行以学分制为核心的弹性学制，以适应人力资源开发过程中不同阶段、不同层次的需求。政府应在培训资格证书、农村富余劳动力转移等方面搭建平台，政府各部门要协调一致，在政策、措施各方面为人力资源开发创造一个有利的发展氛围。如：在职业教育与劳动部门的职业资格证书衔接方面，虽然国务院文件已经有原则规定，但各地在具体执行过程中存在学历教育、资格培训不配套，教材、教学内容不衔接，考试内容重复，加重学生经济负担等问题。这些问题只有在政府各部门之间进行有效的商讨协调才能解决。职业教育、学历教育与资格证书培训如何在课程设置、教材建设，尤其在理论、技能考核上做好衔接与统一，避免重复、浪费、减轻学生负担，在有利于学生就业等方面着力进行研究和制定相关政策，以保证顺利实施。

（四）规划了全市发展职业教育的重点和任务

通过项目研究，提出了张掖市发展职业教育、开发人力资源的目标和重点任务，为地方党委政府提供了决策参考。

全面贯彻党的教育方针，坚持为“三农”服务的方向，面向市场、面向社会、面向农村，增强办学与培训的针对性和实用性；以办人民满意的职业教育为宗旨，增强职成教育的服务功能，满足农民群众多样化的学习需求；全面推进素质教育，紧密联系农村实际，注重受教育者思想品德、实践能力和就业能力的培养；必须实行基础教育、职业教育和成人教育的“三教统筹”，有效整合教育资源，开发人力资源，发挥职成教育的综合功能，提高办学效益。

1．发展目标

以加快发展为主题，以结构调整为主线，以体制改革和机制创新为动力，为地方经济结构调整和技术进步服务，为促进就业和再就业服务，为农业、农村和农民服务，为推进西部大开发服务，为构建终身教育体系和建设学习型社会打好坚实的基础。

2004—2010年，全市要重点建设1所职教师资培训基地，2～3所省、市级示范性中等职业学校，8个示范性专业点。扩大职业学校的办学规模，中等职业教育与普通高中教育的比例要逐年趋于合理，职业学校在校生力争达到2万人，每年为社会输送毕业生3500人。从2004年起，全市职业学校每年为城镇在职职工和下岗失业人员提供就业和再就业培训2万人次。三级职教中心每年对农民的实用技术培训达到30万人次。到2010年，全市一般产业技术工人中高级技工和高级技师的比例要达到10%，高新技术产业中高级技工和高级技师的比例要达到15%。至2010年，中等职业学校面向农村的年招生规模要达到3000人。农村从业人员年培训率达到60%，培养2.5万名农村致富带头人。

2010—2020年。职业学校的在校生达到3万人，建立高等职业学院1所。中等专业学校达到12～18所。每年为城镇在职职工和下岗失业人员提供就业和再就业培训3万人次。三级职教中心每年对农民的实用技术培训达到60万人次，95%的农村劳动力得到培训。到2020年，全市一般产业技术工人中高级技工和高级技师的比例要达到30%，高新技术产业中高级技工和高级技师的比例要达到20%～25%。要进一步推进职业教育管理体制改革，创新教育教学模式，全面实施就业准入制度，建立适应社会主义市场经济体制，与市场需求和劳动就业紧密结合，结构合理、灵活开放、特色鲜明、自主发展的现代职业教育体系。

2．重点任务

以中等职业教育（包括普通中专、成人中专、职业中专、职业高中、技工学校）为重点，保持中等职业教育与普通高中教育的比例大体相当，基本达到1：1的比例，适度发展高等职业教育。广泛开展各级各类职业培训，积极实施国家再就业培训计划、人才战略规划、农村劳动力转移培训计划；推进职业教育管理体制改革，建立和完善市级政府统筹、县区政府管理和社会各界共同参与的现代职业教育管理新体制；深化职业教育办学体制改革，形成政府主导、联合企业、充分发挥行业作用、社会力量积极参与的多元办学格局；积极鼓励和支持民办职业教育的发展，积极引进国（境）外和省外优质职业教育资源；加强职业教育信息化建设，推进现代信息技术在教育教学中的应用；坚持学历教育与职业培训并重，实行灵活的办学模式和学习制度；深化人事制度改革，建立高素质的管理干部和教师队伍；深化劳动就业制度改革，大力推行职业资格证书制度；加强职业指导和就业服务，拓宽就业渠道。

3．主要工作

（1）坚持“四个服务”发展方向。一是服务支柱产业。职业学校要以张掖名优农副产品为依托，开设直接或相关专业，大力培养这方面的人才，为名、优、特农副产品走向集团化、专业化、国际化奠定基础。二是服务重大项目。张掖在创建中心城市、实施开发战略的过程中，重大项目陆续“落户”张掖。

职业学校要及时捕获信息，抢抓机遇，设置对口专业，培养急需型人才，为重大项目服务。三是服务新兴产业。随着西部开发和张掖对外开放、招商引资、产业结构调整步伐的加快，张掖将陆续有外商来投资，会不断出现新兴产业。职业学校要了解市场信息，及时捕捉商机，紧紧抓住落户企业，培养新兴产业急需型人才，为外商投资和新兴产业提供优质劳动力。四是服务农村经济。全面建成小康社会，重点、难点均在农村。农村经济的发展是农民实现小康目标的决定因素，而人才是农村经济实现跨越式发展的基础所在。职业学校要认真研究农村产业对人才的需求走向，从全面创新的角度出发，面向农村支柱产业，设立涉农专业，并使其做大做强。这是农业类地区职业学校办学的根本宗旨。农业类地区职业学校只有办好“农字号”专业，才能从根本上解决生源问题，也才能更好地发挥自身的服务功能。职业学校在发挥自身为农村经济服务功能时，一定要注重对外出务工人员的技术技能培训。通过培训，全面提高外出务工人员的劳动能力和现代化水平，这也是职业学校的神圣职责和历史机遇。

（2）夯实“四项基础”工作。一是与产业结构调整同步协调。为重大产业项目服务，做到有产业就有专业，有产业就有人才，有产业就有培训。力争提供“直通式”专业，培养“一线型”人才，开展全方位培训。二是校企结合。职业教育强调培养人才的岗位目的性和技能培养的针对性。职业学校只有办学机制上校企结合，人才培养目标上学用一体，才是最理想的服务类型。企业依托学校输送人才，学校依托企业完成教学，做到产教结合，“二元”互动。三是超前行动。人才培养是有周期的，如果没有一定的前瞻性，就会一直处于落后被动的地位。根据本地实际和发展趋势，对人才培养做出前瞻性企划，为张掖经济转型打造“人才库”，对劳动力资源进行“预备式”开发和前瞻性开发，或许能从客观上更好地为张掖经济服务。四是创业支持。在培养人才时，大力开展创业教育，大幅提高学生的创业品质，培养数以千计的“小老板”“小经理”“小厂长”“个体户”“专业户”之类的个体创业者，无疑会促进张掖经济的发展。用学生的创业行动带动就业，拉动产业，是服务经济的有效手段。职业学校要确立面向市场经济，服务产业调整，立足区域建设，促进小康进程的职教办学指导思想。要努力构建紧密结合产业经济，融入经济建设，自觉靠拢，主动服务，同张掖经济社会发展同生死、共命运的办学机制。要全力创建适销对路，供需匹配，特长突出，质量保证的人才培养模式。创建“接口”准确，内涵合理，特色突出，门类合适的专业建设框架。要全面推进服务一线，技能为重，注重个性，关注人文的教学改革。

（3）聚焦“六个服务”下功夫。一是为六大产业服务。张掖市确定的“工业强市，产业富民”“旅游业”的战略目标，必然通过六大支柱产业来实现，所以职业教育要为六大产业服务。二是为推进城镇化服务。“推进城镇化”作为战略口号的提出，标志着城镇化发展既是张掖发展的战略重点，又是拉动经济的重要手段。城镇化发展具有综合性，需要人才的多样性和“三产”性，职业学校培养复合型人才，培养“三产”人才，可以为早日实现城镇化做出贡献。三是为创建中心城市服务。张掖要建成河西的物流中心、经济文化中心、工业品制造中心、农产品加工中心和教育中心。张掖成为中心城市以后，要求提升城市品位。各类服务业、广告业、公共事业、中介咨询业均会大力发展，需要职业学校在这些领域提升或拓展。四是为“块状”经济带服务。块状经济带具有特色和规模优势。职业学校要关注“块状”或“带状”经济现象，主动为其提供人才和智力支持。五是为都市农业和现代农业服务。都市农业代表了现代农业的发展潮流，在未来发展中前景看好。随着张掖小城镇建设，以都市农业为代表的现代农业将大力发展，职业学校也要为现代经济培养人才。

（4）在体制机制改革上求突破。一是在赋能职教中心示范引领上求突破。1996年以来，张掖实现了“一县一中心”。张掖职教要想发挥好服务职能，必须发挥职教中心的综合功能。要通过上下齐心的不懈努力，在较短的时间内，把职教中心办成产业结构调整的“助推器”，劳动就业的培训点，重点项目人才的“储备所”，新技术运用的推广站，支柱产业劳动开发的“主阵地”，劳动者转移或再就业的中介所，个体创业者的“大熔炉”，职业资格证书的发放点，劳动预备役力量的集散地。二是在构建有效运行机制上求突破。要发挥好职业教育的服务功能，缺乏宏观上的重要机制是难以奏效的。必须借助整套有效有力的机制保障，需要构建八个机制：各级政府在人才资源开发上的统筹调控机制，全社会关心、重视、支持职业教育的舆论导向机制，贴近市场经济、服务重点项目的目标机制，办学方向、宗旨、质量方面的督导、评价、奖惩机制，政策法规执行落实、师资培训、班子建设上的保障机制，专业改造、服务经济建设的自我调整机制，领导到位、机构健全、指挥畅通、全面管理的运行机制，与行业企业紧密联合的办学机制。三是在构建以创建学习型城市为目标和协调发展、充满活力的终身教育体系上求突破。“十五”期间或稍后，应努力构筑与中心城市相适应的现代职业教育体系。实现职业教育新的“四化”改革，即职业教育优质化（集团化）、产业化、信息化、国际化。抓好职业学校师资队伍建设、职教集团建设、重点示范学校建设、专业体系框架建设。

（四）提出了发展职业教育的保障措施和对策

1.创新职成教育发展体制

在教育理念上，要切实落实“三教统筹”、农科教结合的职业教育制度设计。转变观念，把职成教育定位在承接九年义务教育，培养数以千万计的高素质劳动者上，跳出就职业学校谈职业教育的狭隘圈子，树立大职教观。建立起职前教育、在职培训、继续教育的终身职业教育体系。职业教育范围应从职业学校教育扩大到企业在岗培训、农村田间地头的实用技术培训和农村劳动力转移的引导性培训。职业教育的主体不仅仅是公办职业教育，要大力发展民办职业教育和中外合作职业教育等。在培训方式上，要跳出学校教育、围墙式教育的模式，实施“走出去”战略，把学历教育与短期技能培训相结合，重点发展实用技术培训，重视能力培养。坚持以就业为导向，服务“三农”为重心，逐步完善“在就业中培训，在培训中就业，在就业中创业”的长效培训机制，既要通过实用技术培训给接受职业教育的人一个“饭碗”，又要通过培训增强创业能力，让他们自己去找一个能够更加满足自己需要的“新饭碗”。在培训对象上，以在职人员和农村富余劳动力转移培训为重点，把就业前培训与就业中培训结合起来，增强他们对产业结构调整的适应能力和向城镇转移的生存能力。在职教培训机制上，要充分考虑职业教育的特殊性和农民收入低的现实，坚持城乡统筹，把职业教育与扶贫开发结合起来，引入市场竞争，多渠道增加投入，建立起灵活、高效、廉价的职业教育培训机制，使职业教育真正成为一种“学得起、能就业、会创业、有效益”的高回报率的人民满意的职业教育。

2.创新职成教育培训制度

一是强化协作意识，整合各种教育资源，形成人力资源开发和职成教育发展的合力。人力资源开发，是事关经济社会发展的一项战略性决策，也是一项庞大的系统工程，单靠某一个部门的力量是不行的，必须动员各部门的力量，争取社会各界的广泛理解和积极参与，齐抓共管，形成合力，才可能使这项工作落到实处。在人力资源开发中的过程中，必须打破地域界限，打破部门、行业之间的壁垒，制定统一的发展规划，整合就业和培训资源，发挥行业、企业和社会力量搞培训的积极性，形成多元化培训格局，最大限度地实现人力资源开发工作的管理、布局，以及资源、效益的优化配置，形成一种集团化发展、规模化培训、全方位支持的局面。二是建章立制，确保人力资源开发和职成教育发展的政策落实。把人力资源开发和职成教育发展纳入经济社会发展的整体规划之中。确立经济社会发展必须优先开发人力资源，开发人力资源，必须大力发展职成教育的思想。建立健全人力资源开发和职业教育工作领导责任制，建立政府一把手负总责的责任制度；建立对县级政府教育工作的督导评估机制，把督导评估的结果作为考核领导干部政绩的重要内容和进行表彰奖励责任追究的重要依据；建立各部门齐抓共管的工作机制，政府对人力资源开发和职成教育发展的主要责任体现在政府各职能部门的工作中，要靠政府各职能部门把政府责任落到实处。三是深化教育教学改革，完善职成教育发展体系，提升服务功能。在农村中小学要强化劳动技术课的教育，尝试在普通中学设置学生选修的职业技能课，加强对受教育者实践能力、创业能力和就业能力的培养。在初中、高中推行“2+1”或“2.5+0.5”的分流模式，采取“整体移动，集中培训”的模式，将分流学生整体移动到职教中心接受培训。统一规划、合理布局，将农村中小学布局调整后闲置的校舍作为农民职业技能的培训点，充分发挥农广校、农村职业学校、成人学校的作用，把培训点办成教育培训、科技示范推广、为农民脱贫致富和农村劳动力转移培训的中心。职业学校要坚持以就业为导向，开展“订单式”职业培训。从专业设置切入，力求实现“产销”链接；从培养模式做起，努力打造订单培养方式。从双证入手，搭建企业需求人才的桥梁，打通产学合作途径。加大县、乡、村三级职教中心和农科教中心的统筹整合力度，发挥职业学校的龙头示范作用，引导城市骨干职业学校向农村辐射延伸，围绕农业增效、农民增收、农村发展，多渠道开展技术开发和示范服务。树立教育搭台、农民致富的理念，实现做给农民看、带着农民干、帮助农民赚的教学实训模式。

3．创新职业教育评价机制

建立科学合理的评估标准，对职业教育的战略地位、功能与作用予以恰当定位，充分肯定其在人力资源开发中的“重要方面军”作用，并给予足够的认识和公正的评价。同时要营造职业教育发展的良好社会氛围。充分尊重群众和学校在职成教育改革与发展工作上的创新精神。一切有利于人力资源开发的教育资源，一切有利于增加职成教育发展的教育资源，一切有利于满足农民学习需求的办学形式，一切有利于提高农民素质、增强农民致富能力的教育模式，都应该热情鼓励、积极支持。

4. 打造职成教育的“航空母舰”，创新职教发展模式

开发张掖人力资源，发展职成教育的总体思路应是：发挥优势，突出特色，服务“三农”，多模式并举。特别要强化职教统筹，整合教育资源，组建集招生、办学、培训、就业、劳务输出为一体，教育、劳动、人事等多部门参与协作的“职教集团”，使之成为人力资源开发的“航母”。

第三节　张掖中等职业学校实施创新与创业教育个案研究

2015年，张掖市与浙江杭州等15个城市一同入选为全国小微企业创业创新示范基地。市政府出台了《张掖市发展众创空间推进大众创新创业实施方案》《张掖市小微企业创业创新基地城市示范工作方案》，确定了实施小微企业创业创新“123456”战略。张掖市教育系统作为“双创”示范单位，主要工作任务由市教育局职教科承担。根据工作要求，市教育局职业教育与成人教育科主持开展了《中等职业学校实施创新与创业教育的方案研究》的课题研究工作。课题于2017年11月被省教育厅确立为省级课题，课题批准号为GS[2017]ZJ041。经过两年的研究与实验，于2019年11月，课题研究经省教育厅评审合格结题。按照边研究、边实验、边总结、边推广的方法，课题研究取得了显著成效。

一、总结探索了中等职业学校实施创新创业教育的基本途径

《中等职业学校实施创新与创业教育的方案研究》课题组（市教育局职教科）以行动研究为主要方法，以推动全市职业学校开展创新创业教育的政策制度建立、方案设计、方法途径等为研究目标，充分发挥行政推动优势，探索了中等职业学校开展创新创业教育的“六个一”为重点的实施体系，形成了中等职业学校实施创新创业教育的方案设计。

（一）建立一套制度体系

中等职业学校开展创新创业教育，在全面落实国家和省级层面的相关政策

要求的基础上，需要因地制宜，建立“一地一策、一校一案”的配套政策和制度，才能将工作落实落地。张掖市在创新创业教育方面的政策体系构建是全方位的。一是政府层面。市政府出台了《张掖市发展众创空间推进大众创新创业实施方案》《张掖市小微企业创业创新基地城市示范工作方案》《西部创客大学创建方案》等系列政策文件。二是部门层面。市教育局出台《张掖市职业学校管理质量提升计划》《深化职业教育教学改革提升人才培养质量实施方案》《张掖市职业教育创新创业三年行动计划》；发改委编制了《张掖市“十三五”产教融合项目规划》；市财政局制定了《张掖市财政支持西部创客大学的初步意见》。三是学校层面。全市六县区职业学校从各方面制定了相关的实施方案和工作计划。四是争取上级政策层面。市教育局提请甘肃省教育厅出台了《甘肃省教育厅关于推进张掖市国家小微企业创业创新基地示范城市建设工作方案》，指出：全力支持张掖完成全省中等职业教育创业创新改革实验区各项任务。

（二）搭建一个实施平台

张掖市围绕“双创示范”大局，依托现河西学院、山丹培黎学校和市县（区）职教中心，按照“西部创客大学+市县（区）分校”框架，构建政、校、企合作共建的创新创业人才培养平台。各分校要求做到管理有机构有人员、运行有章程制度、工作有场地有设施、培训有计划有台账。课题组积极推进研究和实践，明确要求各中等职业学校要以“十大行动”作为创新创业教育的抓手，搭建五大实施平台，即以职业学校“双创”教育、创新创业“大讲堂”和文化提升创建着力搭建大众创业、万众创新学习平台；以职教资源共享、教师素质提升着力搭建开放高效的管理服务平台；以实施农村劳动力技能培训六大工程为抓手着力搭建多元技能培训平台；以“双创”孵化培训基地创建、校企合作着力搭建产教实训平台；以创建西部创客大学及分校和国家开放大学张掖学院为抓手着力搭建“互联网+创新创业”教育服务平台。

（三）组建一个多元团队

中等职业教育实施创新创业教育，政府、学校、企业的作用十分重要，缺一不可。如果能实现政、校、企三方互动和多元参与的机制，就会达到事半功倍的成效。一是组建师资团队。建立三级创新创业教育导师库，集聚师资资源和团队。聘任国内外有实践经验和创业辅导资质的专业教师、辅导员、职业导师和创业导师等组成市级师资团队；县区各行业专家组建县级师资库；各职业学校骨干教师为基础的学校师资库。不同层级师资按照不同对象的不同需求，突出个性化、创造性培训。二是构建校企联盟。各职业学校积极与行业联姻、与企业对接构建校企合作联盟，全市6所职业学校分别与107家当地企业建立合作关系，开展创新创业教育和创客孵化。三是打造培训基地。以“双创”孵化培训基地建设为抓手，组织部门授牌创建人才培训基地6个，联合县区工业园区和创客园，创建实训基地22个；与58家企业深度合作，建立实训基地，开展订单培养。

（四）开发一系列课程教材

各职业学校以落实《张掖市职业教育创新创业三年行动计划》提出的实施中职学校“双创”教育行动、职业教育创新创业“大讲堂”行动、职业学校“双创”文化提升行动、职业教育资源共享行动、职业学校教师素质技能提升行动、农村劳动力技能培训行动、实施“双创”孵化培训基地创建行动、职业学校校企合作行动、“互联网+职业教育”行动、网络课程资源社会共享等十大行动为契机，因地制宜，突出专业特色，将“互联网+”和创新创业教育内容渗透到各专业教学和职业生涯规划全过程，构建创业教育课程体系和评价机制。全市各职业学校在引进SYB创业培训课程的基础上，开发了《中职生创业ABC》《网店构建速成教材》《职业生涯规划》《创新创业实践》《就业指导》《电子商务》《3D打印技术》《SIYB创业创新培训》《创意立体剪纸》《汽修专业培训》等26种校本教材和课程。

（五）形成一批特色模式

张掖市在推进创新创业教育中，全市各职业学校按照“理论教育+实训教育+创业孵化”和“学制长短结合、课程按需设置、内容自主选择、后续跟踪服务”的主体多元、菜单式和模块化的方式要求，积极探索出了职业学校实施创业创新教育的五种模式。

模式一：张掖市职教中心将职业生涯规划融入创业教育中，引进SYB创业培训课程，通过32个社团活动推进“双创”教育，培养学生的创业意识和创业能力。

模式二：民乐县职业中专引进科技人才组建“E维科技创客空间”，推出城乡电商创业课程系列、社群微商创业课程系列、青年创业课程系列等三大体系15个菜单式课程，开展创客空间合作、研发和项目推进，探索了科技孵化创业的新模式。

模式三：临泽将创新创业贯穿中职教育全过程，面向全体学生开设创业基础、就业创业指导课，每周开设2节电子商务课，传授电子商务基本技能。依托数字媒体、建筑工程施工、汽车维修、机电电子等专业实训基地，建成广告设计、建筑施工、汽车维修、焊接服务、花卉栽培、文化服务等六个创业园，采取“公司化”模式运营，探索了职业学校学生创新创业教育的新途径。

模式四：高台县职业中专以专业组为主体，在实训室加挂创客工作室或创客孵化基地，以专业班、校区冠名班为单元组建创业团队开展有偿服务，将创业意识、创新能力、创业能力培养纳入技能实训课和评价体系的运行教育模式。

模式五：山丹培黎学校调整优化专业课程和教学计划，增加《创新创业实践》《就业指导》课程，成立5个名师工作室，实施“青蓝工程”，探索“做、学、教”模式，探索构建“四部一中心”运行模式。

（六）构建一个检测机制

为确保职业学校按照行动计划扎实推进创新创业教育，课题组（市教育局职教科）每年联合人社、财政、卫生、工会等部门举办全市中等职业学校学生技能大赛，增加科技创新（发明、实用新型、科技成果转化、外观设计、机器人）、创业创新类（物联网项目设计与路演、生态保护创意、我的创业公司）、传统文化传承技艺县域非物质文化遗产演示（手工制作、县域非物质文化遗产演示、文化表演、县域非物质文化遗产挖掘、剪纸艺术、刺绣）等三大类15个赛项竞赛，以此倒逼学校将创业创新纳入课程体系，强化创新人才培养。

二、课题主要成果的推广及成效

《中等职业学校实施创新与创业教育的方案研究成果报告》充分论证了中等职业学校实施创新创业教育的重要性，较为系统地梳理了党的十八大以来国家有关创新创业的政策文件，为中等职业教育实施创新创业教育提供了政策依据。课题研究以行动研究为主要方法，以张掖市创建全国小微企业创业创新示范基地为背景，以全市职业学校实施《张掖市职业教育创新创业三年行动计划》为实证，通过三次调研形成《张掖市职业教育调研报告》《张掖市职业学校创新创业资源调查报告》《张掖市职业教育产教融合调研报告》，以理论政策归纳为基础，运用比较分析、行动实践方法，将定性分析与定量分析、动态分析与静态分析相结合，对工作情况进行两次全方位的总结分析，形成《张掖市职业教育实施创新创业三年行动计划实施分析报告》《张掖市职业教育实施创新创业教育及创客大学分校工作情况分析报告》，为中等职业教育开展创新创业教育提供可借鉴的实施方案样本，以案例研究为支撑，利用行政推动力量形成的五个模式，为职业学校实施创新创业教育提供了可借鉴的模式。全市职业学校大力实施创新创业教育以来，市教育局连续几年联合人社等部门举办全市中等职业学校学生技能大赛，增加科技创新、创业创新类、传统文化传承技艺县域非物质文化遗产演示等三大类15个赛项竞赛，以此倒逼学校将创业创新纳入课程体系，创新创业教育已经成为全市职业教育的创新和亮点。

（一）创建了一批品牌和特色项目

四个县区创建为国家级农村职业教育和成人教育示范县，是全省创建最多的市（州）。创建了两个“国”字号品牌［全国2016年“终身学习品牌项目”，全国“优秀成人继续教育院校（培训机构）”］，甘肃广播电视大学张掖市分校、临泽县职教中心和肃南裕固族自治县职业技术教育培训中心被分别确定为全国社区教育信息化特色学校、全国创新创业教育特色学校和全国地方传统文化传承特色学校。

（二）全面提升了职业教育的影响力

全市创新创业教育工作的经验先后两次在全省相关会议上做了经验介绍（在2016年甘肃省全民终身学习活动周开幕式和2017年全省职业教育工作会议上就有关工作进行了交流发言）。国家、省、市等媒体20多次报道张掖职业教育实施创业创新工作的成效。如：《中国教育报》以《种植创业园助力创业创新》为题刊发了临泽县职教中心的图片新闻；相关媒体刊发《培养“手脑并用，创造分析”人才助力张掖“大众创业，万众创新”》《高台县创新职业教育模式为经济社会发展注入动力》《“互联网+”时代的中职生创业新风潮——张掖市促进中职教育创新创业工作特写》等报道。

（三）提高了职业学校的教育教学质量

《张掖市中等职业教育年度质量报告》显示：2017—2021年，全市职业学校学生在全省技能大赛的获奖率均高于全省平均获奖率15个百分点以上，特别是创新创业素质类项目的获奖比较突出；学生的就业率达到98%以上，其中对直接就业的学生调查企业反馈的满意度逐年提高；学生参加各类创新创业类竞赛成绩突出。

要事纪略

汉武帝元鼎六年（前111），张掖建郡，平帝元始三年（前3）始设学官。张掖建郡后，随着内地移民的大量迁入，私学在张掖郡各县的坞、堡兴起。

（西汉）成帝初年，张掖太守、著名儒生、丞相萧望之子萧咸，在张掖郡治觻得兴建第一所官学——张掖郡国学，后又建起觻得县学。

平帝时，诏令全国设立地方官学，张掖郡属各县相继建起官办县学。

魏明帝太和二年（228），徐邈兴办学校，改革陋俗。

晋惠帝永宁元年（301）正月，安定乌氏（现平凉）人张轨任凉州刺史，后据河西，建前凉。重视教育，办官学，倡儒术，征聘陇右、河西九郡胄子900人入校学习。

略阳（今甘肃秦安县）名士郭荷隐于东大山，设帐授徒。

敦煌人郭瑀，东游张掖，师事郭荷，隐居临松（今肃南马蹄寺），凿石开馆，著录弟子千余人。

东晋隆安五年（401），北凉沮渠蒙逊，自称凉州牧、张掖公，提倡儒学，聚徒讲学，从事著述。

唐时，始有“社学”，由里社或村社利用本村的祠堂、庙宇或其他公共场地兴办，对资质较差，又无力供给上学的，开展以治家理财等内容的教育。

北宋时期，天圣六年（1028），党项族首领李元昊击败甘州回鹘，建立西夏。继承汉文化传统继续兴修水利，发展农业，兴办教育。

西夏景宗大庆元年（1036），夏主赵元昊改甘州为镇夷郡，置宣化府。次年创立西夏文字，刻印书籍，翻译《孝经》《论语》《尔雅》《四言杂字》等书，教育贵族子弟。

元世祖至元二十四年（1287），甘州立尚书行省宇庙，于城东北隅文内巷；元世祖忽必烈亲诏郎中董文用垦甘州之土为水田，仿宁夏之法种水稻。

元仁宗延祐四年（1317）五月，在甘州置甘肃儒学提举司，设教授理所属路、府、州、县之学。

明太祖洪武五年（1372），甘州人刘宽娴熟经史，精通天文、历算、医学，设立经馆，入馆学习者颇多。

明洪武二十六年（1393），陕西行都指挥使司自庄浪徙治甘州，建行都司儒学于城东南，招将士子弟习诗书礼乐。

明正统五年（1440），都指挥杨斌始建山丹卫学。

明正统十二年（1447），都御史马昂重建行都司学于甘州，次年重修山丹卫学。

明成化四年（1468），都御史徐廷璋增修行都司学、山丹卫学。次年，设镇夷所学（今高台天城）。

明嘉靖二十三年（1544），在高台县东北隅创建高台所学。

嘉靖二十六年（1547），巡抚都御史杨博巡回河西。奏准朝廷，令巡抚御史兼理河西学政，使卫、所学渐有起色。

嘉靖三十一年（1552），都御史王诰撤修甘泉书院，育甘州武弁（将士）子弟。

嘉靖三十七年（1558），都御史陈棐派员赴陕西等地购置书籍，置行都司学尊经阁（今城东南隅），供儒学生员借阅，是河西走廊最早的图书馆。

清顺治九年（1652），巡抚周文华、总兵张勇、分巡道李日芳重建行都司学于甘州。

清康熙十年（1671），副使胡悉宁于甘州左、右卫，各置社学一所。

清康熙二十六年（1687），提督孙思克、副使柴望等于甘州城东南隅泮池孔庙建尊经阁。

清雍正三年（1725），罢陕西行都司及诸卫所，设甘州府，张掖县改都司学署为府学署。高台所、镇夷所儒学合并，改称高台县学。

清雍正八年（1730），甘山道岳礼以甘州旧公议府地，改建“天山书院”，甘山道张体义刻名文付书院供诸生研习。

清乾隆二年（1737），知府冯祖悦重建甘泉书院于张掖城南门内龙祠前。

清乾隆三年（1738）山丹知县祁安朝建删丹书院。

清乾隆五年（1740），张掖知县李廷桂置社学田130亩。甘州府学始贡士，岁一贡。

清乾隆十六年（1751），山丹知县李复发建删丹书院，亲课士。

清乾隆二十三年（1758），抚彝通判高沅捐资在抚彝和沙河堡设立义学。

清乾隆二十四年（1759），知府冯祖悦重修甘泉书院，并为蒙童设立两所义学。

清乾隆二十五年（1760），张掖知县王廷赞重修甘泉书院，于龙祠东增添了三台阁、爽心亭、玩书楼、锄经堂等建筑。六月抚彝通判高沅于堡内设立园通寺社学。

清乾隆二十六年（1761），张掖知县王廷赞修孔庙崇圣祠，并设左右两科社学。

清乾隆三十年（1765），张掖县富斌重修学宫。

清乾隆三十四年（1769），张掖知县王廷赞改建贡院于旧甘山道署。后两年张掖知县陶士麟将前任杜令遗田分拨于书院。

清乾隆四十三年（1778），东乐县丞周能珂创建天山书院。

清嘉庆二十四年（1819），高台知县周廉创建建康书院，并倡创义学12所。

清道光二年（1822），山丹知县颜廷彦购县城东南隅田地，建房60余间，次年移龙峰书院于此，易名仙堤书院。

清道光三年（1823），抚彝厅通判何贵孚于蓼泉堡城东南隅筹建蓼泉书院。

清同治十二年（1873），陕甘总督左宗棠西征，倡导设学兴教，东乐在原天山书院旧址创建了仰止书院，洪水修建了金山书院，抚彝在蓼泉行台旧址重建了蓼泉书院。翌年，张掖绅士为左宗棠修建生祠，左不允，于是将城南生祠改建为南华书院。

清光绪二年（1876），左宗棠奏准甘肃独设学政，直接主管地方教育。并在江浙刊印《四书》《五经》，令地方官筹款发往各书院、义学、私塾，让生员、蒙童学习。

清光绪八年（1882），抚彝社学分为5处，义学达24处。

清光绪十年（1884）九月，甘肃学政陆廷黻（tū）货成地方在甘息院之后建河西讲舍，翌年竣工，为甘州、凉州、宁夏、西宁四府和肃州直隶州各书院优异士子讲习之所。

清光绪十八年（1892）春，甘肃学政蔡金台至甘州主岁试，与甘肃翌年，觻得书院在张掖县城北街落成。提督周达武协商筹款，将河西讲舍徙建于二郎庙街，于次年落成，储新旧图书万卷，是河西最高学府。

清光绪二十九年（1903）十一月，清政府颁布《奏定学堂章程》（即癸卯学制），将实业教育分为三类：正式实业学堂、补习实业学堂和实业教员讲习所，实业教育制度获得应有地位，正式成为教育体系的组成部分。

是年，甘州府置劝学所于原河西讲舍，主管全县的教育事宜。

光绪三十年（1904），知府刘振镛，改甘泉书院为甘州府中学堂。

光绪三十一年（1905），甘州府所属各县相继将书院改为高等小学堂，将社学、义学改为初等小学堂。

清光绪三十二年（1906），甘州府劝学所命令各中小学堂一律按新的规定设置课程。

中华民国元年（1912），国民政府教育部颁布“壬子学制”，张掖所属县的高等小学堂一律改为县立高级小学校。

中华民国二年（1913），国民政府教育部公布《实业教育令》。新学制将实业学堂改称为实业学校和专门学校，实业教育分为三级：初级通称乙种实业学校，中级称甲种实业学校，高级称专门学校。各校都分工业、农业、商业、商船四大类，实业学校附设补习科、专修科，大学和专门学校设有实业教员养成所。新学制明令取消讲经读史，普通学校增加职业技术课程。

中华民国四年（1915），张掖县乙种师范讲习所在清行台旧址成立（现张掖市中心幼儿园址处）。

中华民国六年（1917），乙种师范讲习所改为甲种师范讲习所。

中华民国七年（1918），张掖县长高镜寰，在乙种讲习所基础上修建了甲种师范讲习所。

中华民国十年（1921），甲种师范讲习所停办。

中华民国十一年（1922），北京政府颁布新学制（通称壬戌学制）。壬戌学制规定，小学酌情设职业预备教育，中学视需要设职业科，大学及专门学校设专修科。张掖全区厉行新学制，创办新学校。

中华民国十三年（1924），山丹县设师范学校（一年后停办）。

中华民国十五年（1926），各县陆续将劝学所改为教育局，抚彝（今临泽）设平民促进会，开设平民学校，并在蓼泉高级小学附设师范传习所，培训初小教师。

中华民国十六年（1927），张掖县初级中学在甲种师范讲习所的基础上成立。

中华民国十九年（1930），张掖、山丹、民乐、临泽、高台相继成立民众教育学校（馆）、开始实施社会教育。

中华民国二十一年（1932），国民政府制定《职业学校法》。

中华民国二十二年（1933），国民政府先后制定了《职业学校规程》《职业补习学校规程》。张掖县立初级中学由四年改为三年。

中华民国二十四年（1935），国民政府制定了《修正职业学校规程》。

中华民国二十五年（1936），各县先后将劝学所改称教育局。根据甘肃省国民军事委员会决定，全区中等以上学校普遍实行军训，设有军训教官。

中华民国二十六年（1937），七七事变之后，河西地区成为抗日大后方，社会稳定，经济发展，商贾云集，教会昌盛，内地学校西迁，各种人才西流，在一定程度上推动了本区教育事业迅速发展。是年，张掖县第二所民众教育学校在山西会馆成立，后又在农村设立了三所民众教育学校。

中华民国二十七年（1938），各县教育科改为教育局。张掖县新丰乡设立“边疆中心国民学校”。高台县设立民众教育馆，各级小学附设民众教育部。

中华民国二十八年（1939），张掖县在三皇药王庙成立张掖县国医学校。六月，各县相继成立教育会。省立张掖初级中学临时增设一年制师训班，培养初小教师。

中华民国三十年（1940），国民政府教育部确定每年八月二十七日孔子生日为教师节。甘肃省政府将临夏师范一部分图书、仪器、人员迁至张掖创办了甘肃省立张掖师范学校。甘肃省政府创办了张掖农业职业学校，设有农艺、森林两科。

中华民国三十一年（1942）八月，蒋介石视察张掖，拨款10000元给张掖师范维修木塔，拨款40000元给张掖农校（张掖农业职业学校）维修校舍。路易·艾黎在陕西双石铺筹建的培黎工艺学校成立。

中华民国三十二年（1943）八月，张掖农业职业学校迁至城北郊白塔寺作为校址。

中华民国三十三年（1944）十月，路易·艾黎将培黎工艺学校自陕西凤县双石铺迁至山丹。是年，张掖农业职业学校更名为“甘肃省立高级农业职业学校”，中专性质。

中华民国三十四年（1945）四月，“工合”美国推进会捐送山丹培黎工艺学校1台发电机和电站设备、11辆卡车。是年，张掖师范增设中师班，自此形成四年制简师班、三年制初师班、三年制中师班并存局面。

中华民国三十五年（1946）秋，山丹培黎工艺学校型陶瓷厂建成。是年，山丹培黎工艺学校成立运输组，并开始筹建造纸厂。

中华民国三十六年（1947）九月，新西兰海外救济总署派遣罗伯特·斯宾塞夫妇携医疗器械到山丹培黎工艺学校医院服务。联合国善后救济总署分支机构农工服务社，捐助丹培黎工艺学校14辆汽车和一批毛纺设备、采矿设备和工具。是年，宋庆龄安排林平到山丹，给山丹培黎工艺学校捐送图书。

中华民国三十七年（1948）九月，西北军政长官公署长官张治中参观山丹培黎工艺学校，手书“山丹培黎工艺学校系国际友人所办，凡我军警不得动用该校一草一木，违者军法处置”的军令。十月，张治中将军致信艾黎，提出把自己的小儿子张一纯送到培黎学校学习。《山丹培黎工艺学校一九四八年》一书由“工合”国际委员会用英文在香港出版。是年，联合国善后救济总署派遣美国机械工程师瓦尔特·易斯利指导山丹培黎工艺学校煤矿及运输工作，为学校的煤矿设计使用了半机械化的采煤装置，开创了山丹机械采煤的先河。

1949年

9月19日，张掖解放。

9月20日，中央军委副主席周恩来命令，人民解放军第一野战军彭德怀司令员派一野三军九师政治部主任康世恩带一小分队至山丹，对路易·艾黎和山丹培黎工艺学校实行保护。人民解放军代表张丕成受“中国工合”兰州事务所军管会派遣，到山丹接管山丹培黎工艺学校。

9月22日，解放军一野二军团三军军长黄新亭至培黎学校与路易·艾黎商定培校派汽车15辆支援前线接管玉门油矿。

9月23日，山丹培黎工艺学校装修汽车，用3辆卡车运载解放军接管山丹大马营军马场。

10月14日，第一野战军司令员兼政委彭德怀为保护山丹培黎工艺学校签署“望我当地驻军及过境部队对该校切实予以保护为要”的命令。

12月，张掖县冬学实验班开学。

1950年

1月20日，张掖专署在张掖师范举办“中等学校教师寒假学习会”，历时半个月。

2月，山丹培黎工艺学校由西北合作总局甘肃省合作局代管。

4月，根据省教育厅指示，张掖农校、张掖师范和张掖中学合并，更名为“甘肃省立张掖联合中学”，内设中学、师范、农林三部，师范部仍设在木塔寺。

5月，中共甘肃省委派兰州市城关区委书记阎伯玉担任山丹培黎工艺学校第一副校长，负责学校日常管理。

7月，张掖农校和张掖中学分立，命名为“省立张掖高级农业职业学校”。原省立张掖联合中学更名为省立张掖中学，附设师范班一个。

11月，各县冬学委员会先后成立，全区各县开设冬学、夜校及农民业余学校，开展以识字为主的政治、文化教育。此后，各县成立基层扫盲协会，组织社会各界力量开展扫盲工作。

1951年

年初，张掖中学师范部开始招收师资训练班和短期培训班。

7月，张掖农校、张掖中学49名教师在武威参加武威专署举办的教师暑假学习班。

8月，张掖县职工业余文化学校成立。

10月，山丹培黎工艺学校由西北石油管理局正式接管，校名改为“西北石油管理局山丹培黎工业学校”。

1952年

2月，张掖中学举办一年制“师范速成班”，招收学员56人。

4月，张掖县工农业余教育委员会成立。

8月，张掖中学师范部招收三年制初师班学生90名。

9月30日，毛泽东主席柬请路易·艾黎前往北京怀仁堂参加中华人民共和国国庆招待会。

10月1日，山丹培黎工艺学校路易·艾黎校长应邀参加国庆观礼。

1953年

1月，张掖县举办“首届扫盲专职教师培训班”。

2月，全区各县工农教育委员会先后成立。

3月，张掖县教育科召开会议，制定“速成识字法”方案推行实验。

7月，从中国人民解放军石油师转业的200多名解放军战士来到山丹培黎工艺学校进行专业培训（到1955年6月毕业分配）。

8月，山丹培黎工艺学校迁往兰州，改称西北石油技工学校。

9月，张掖农业高级职业学校更名为“甘肃省张掖农业学校”。

1954年

年初，山丹培黎工艺学校迁校完成，更名为“培黎石油技工学校”。学校遗留资产交由地方政府处理。

3月，省政府批准恢复张掖师范，由地区行署管理，在张掖县城北郊清明坛重建校舍。

4月，省教育厅视导组对张掖农校、张掖中学（含师范）的学校管理和教学工作进行了全面检查。

11月，张掖农校停止招收初级班，将原有农、林、牧三科学生移交张掖中学初中班学习。

1955年

是年，张掖师范恢复，改建为“三三制”中等师范学校。武威、酒泉两专区撤销，合并成立张掖专区，下设文教卫生组织。张掖县人民委员会编写的《农民识字课本》在全县推广。

1956年

3月，省教育厅、省工委发布《甘肃省职工业余学校实施办法暂行规定（草案）》。张掖专署召开职工业余教育会议，对全区开展职工业余教育的组织领导、开展形式与方法、教师与经费等问题进行研究和部署。是月，上海知青356人在张掖中学师范部参加为期半年的师范教育培训后分配各县任教。

6月，张掖县教师业余进修学校成立并招生，增设函授教育。

8月，省人民委员会批准张掖师范复建，将北郊清明坛定为校址（现体校校址）。

9月，地、县扫除文盲协会相继成立，各县配备扫盲专干。

12月，张掖县农业合作化干部学校成立。

1957年

8月，肃南裕固族自治县在红湾寺附设的初师班开学。

9月，张掖县手工业业余学校成立，设初中班1个、高小识字班16个。

1958年

1月，省教育厅颁发《关于举办农业中学的几项规定》，张掖全区各县开始办农业中学。张掖专区财经学校由武威迁至张掖火车站建校，继续举办全区各县财经干部培训班。临泽县撤销，蓼泉农中归高台县管理。

3月，全区各小学从五、六年级开始增设《农业常识课》。

7月，张掖地委将张掖农校和张掖地委农业合作化学校合并成立张掖农学院（次年改为张掖农业专科学校）。高台、山丹、肃南县分别在教师进修班基础上创建师范学校。张掖工学院成立（1959年更名为“张掖工业学校”）。张掖县红专大学成立。

8月，张掖艺术学院成立，设立文学、电影、美术、音乐、戏剧5个专业（1959年停办）。张掖县商业系统业余红专学校成立。

9月，张掖师范学院在张掖师范学校基础上成立，设语文、数学、生化三个系4个专业。

10月，张掖地区专署在地区卫生干部训练学校基础上成立“张掖医学院”，设医药、医士、保健、助产4个专业（1959年更名为“张掖卫生学校”）。

是年，张掖县黎园钢铁红专大学成立，设机械、地质勘探、冶金、化学分析、基建、政治6个专业。

1959年

3月，张掖师范学院改为张掖师专，与张掖师范分设，师范由张掖行署筹备委员会领导。

4月，张掖县城关镇职工业余红专学校成立。

5月，张掖县手工业职工业余学校更名为“张掖县工交系统职工红专学校”。

6月，山丹、高台县的师范学校并入张掖师范，肃南县师范学校停办。张掖师范在全区设立六个函授辅导站。

9月，西北师范学院副教授李鼎文先生给张掖师专捐赠《全唐文》《十六国春秋》《牡丹亭》《续资治通鉴纪事本末》等图书89种3000册。张掖师范学院图书馆成立。

是年，张掖农学院改建为张掖农业专科学校。

1960年

3月，张掖专区盲聋哑学校在张掖儿童福利院成立。

1961年

3月，省教育厅决定撤销张掖艺术学校、张掖财经学校。

9月，省教育厅决定张掖师范专科学校暂不招生，张掖农业专科学校恢复为张掖农业学校（中专），张掖工业学校、张掖拖拉机学校、张掖林业学校停办。张掖农业专科学校首届210名大专学生毕业，学校停办。

1962年

1月，甘肃省教师进修学院张掖分院成立（张掖师专内）。

7月，张掖师专停办，部分教员及全部校产并入张掖师范学校。

9月，张掖师范由清明坛迁入张掖师专校址。

11月，张掖专署印发《关于进一步调整全区教育事业和精简学校教职工的意见》。根据中央“调整、巩固、充实、提高”的方针，对全区教育事业进行了大幅度的调整精简。

1963年

7月，全区初中三年级、小学六年级开设《生产知识课》。

1964年

11月，省教育厅印发《农业业余初等学校课程设置和毕业考试标准》。

是年，贯彻“两种教育制度”的指示，全区共开办耕（牧）读小学676所，创办和改办农（牧）业中学13所，学生9.85万人。张掖卫校由省卫生厅接管。甘肃省张掖农业学校复校并更名为“张掖地区农业学校”。

1965年

4月，全区开展耕读教育，动员群众就地办学。年底，张掖县举办耕读学校90所，学校附设耕读班37个。

7月，张掖师范招收耕读师范班一个，修业三年，实行半耕半读。

是年，民乐县创办民乐县农业中学。肃南在大岔牧场创办“半牧半耕中学”。

1966年

7月，改革中小学招生制度，优先照顾“工人、贫下中农子女”上学。中小学开设《毛主席语录》课。

8月，张掖县手工业学校成立（1969年撤销）。

是年，部分农业中学和半耕半读学校停办。张掖师范学校停止正常招生，举办为期半年的初中教师培训班。

1967年

3月，张掖农校被红卫兵砸抄、图书仪器遭破坏。

8月，高中不招新生，初中采取推荐与选拔相结合的方式，优先录取工人、贫下中农子女。

1968年

4月，地、县革命委员会成立，地区文教卫生工作由政治部领导。学校开始复课。

6月，经地区革委会批准，张掖师范学校更名为“张掖继抗师范学校”。

11月，《人民日报》发表蓼泉农业中学调查报告《这样的农中就是好》，并报道了肃南红石宽马背牧读小学的办学经验。张掖地区“五·七”干校成立。

是年，各县城区中小学联合工厂实行“厂办校，两挂钩”的办学方式；农村中小学建立学农基地，中学生每周劳动2～3天，小学生每周劳动1～1.5天。

1969年

2月，根据《甘肃省中小学教育革命座谈会议纪要》精神，缩短学制，小学实行五年一贯制，中学实行“二·二”分段制，改秋季招生为春季招生。中学17门课程减少为5门，开设《毛泽东思想课》《革命文艺课》《工业基础知识》《农业基础知识》等。全区城镇初高中毕业生首次上山下乡，接受贫下中农再教育。

3月，因战备需要，部队进驻张掖农校，农校同张掖地区农科所合并。全区共办学大寨学习班6874期，参加35.28万多人（次）。先后组织8006名干部和贫下中农代表去大寨现场参观学习。

是年，全区中等专业学校停止招生。

1970年

1月，全区中小学教师不放寒假。部分县利用寒假举办了中小学教师“蒙古语、俄语”短期训练班。

10月，张掖师范校舍移交部队使用，学校迁至城东北角商业干校旧址。

1971年

1月，中学《工业基础知识》课程分为《物理》《化学》两科，《农业基础知识》改为三学年教授。

4月，民乐县创办“五·七”红专学校。

10月，全区第一批工农兵学员进入高等学校学习（“工农兵学员”上大学，实行群众推荐，组织批准的招生方法）。

1972年

8月，全区教育工作会议召开。

9月，张掖地区少年儿童业余体校成立。

是年，张掖师范学校开始招收“工农兵学员”。师范开设军体课。

1973年

4月，《甘肃日报》发表临泽板桥中学的调查报告：《一所贫下中农欢迎的学校》，张掖地委、地区革委会批转板桥中学的办学经验。

1974年

10月，《光明日报》开辟“怎样进一步改革中等教育”专刊。张掖部分中学物理课增加“三机（拖拉机、柴油机、电动机）一泵（水泵）”课程，化学课增加“土壤改良”和“农药化肥”等，数学课增加会计、测绘等内容。

是年，全区各级各类学校掀起开门办学活动，学校兴办工厂、农场。

1975年

1月，全区各人民公社配备教育工作专职干部（专干）。

6月，全区各级各类学校开展学习朝阳农学院活动。

8月，民乐县创办农业机械化学校，创建“五·七”红专大学（后改为民乐县知识青年红专大学）。

9月，张掖农校从农科所迁至甘新公路533公里处。

12月，地委批转《地区教育局关于积极开展业余教育，大力扫除文盲的报告》，要求各级教育部门在党的领导下，用学大寨的精神，办好业务教育，大力扫除文盲。

是年，全区推广“朝阳农学院”经验，提出“上高中不出公社，上初中不出大队”，职业技术教育遭到破坏，普通中学畸形发展，比例失调。

1976年

3月，张掖县“五·七”红专大学成立（1978年停办）。

7月，张掖地区农业机械化学校成立，设汽车、拖拉机驾驶、农业机械管理、植保、畜牧兽医、农用燃料等专业（属短期培训）。

1977年

8月，张掖县“五·七”红专大学迁至和平乡与“五·七”红专学校合并为“张掖县红专大学”（1979年改为“张掖市第一农业中学”）。

9月，张掖师范招收高中毕业生和具有高中文化程度的小学民办教师、在乡知识青年，学制两年。

10月，全区恢复初中三年学制，中小学实行秋季始业。

11月，高考招生制度恢复。

1978年

2月，省教育局决定，张掖师范为省属重点学校。

3月，省招生分配委员会决定，张掖师范增设高等师范班。

12月，经国务院批准，张掖师范专科学校设立。在师范基础上第二次创办张掖师专，实行“两套班子一块牌子”。

1979年

3月，全区中小学落实《体育教学大纲》，实施国家体育锻炼标准。

9月，中共张掖地委决定设立中共张掖师范专科学校委员会。

10月，张掖县医药卫生培训学校成立。

是年，张掖师范与张掖师专分设，大部分设备、资产归属张掖师专，骨干教师及行政人员30多人划入张掖师专，师范迁入现校址。

1980年

2月，张掖县教师进修学校建成并开学。

9月，临泽县教师进修学校设立（教师培训班）。

10月，省教育局通报表彰高台县六坝公社六三大队、临泽县板桥公社板桥大队、张掖县明永公社下崖大队为积极开展农民教育的先进社队。

1981年

10月，张掖地区行政公署批准张掖青少年业余体校改为“张掖地区体育中学”。张掖师范学校收回山丹师范班学生。

1982年

2月，全区按照省教育厅《对青壮年职工进行文化摸底测验的通知》精神，启动“双补”（补习文化和技术）工作。

4月，张掖县农业技术培训学校成立。

7月，张掖地区汽车技工学校成立。民乐职业中学被省教委确定为“全省百所职业中学”。

8月，甘肃省广播电视大学张掖地区电大工作站成立。张掖县在教师进修学校内设立电大办公室并创办教学班。

1983年

2月，张掖师专开始实行“就地招生、就地培养、就地分配制度”。

5月，张掖地区行署教育处组织举办“张掖地区中等专业学校田径运动会”，张掖师范学校代表队取得男、女团体第一名。

7月，张掖师范开始实行从应届初中毕业生中提前单独录取优秀毕业生入校学习的招生办法，在国家计划内招收2个两年制民教班。

8月，张掖地区文化局、体委并入教育处，成立张掖地区文教处。民乐县第三中学改为民乐县农业中学。

12月，经省政府决定，张掖聋哑学校由行署民政处移交地区文教处领导。

1984年

7月20日，全区高等教育自学考试在张掖县首次进行。

8月，民乐县、高台县教师进修学校成立。

11月，路易·艾黎向中国人民对外友好协会提交《在山丹筹建新培黎学校的设想》建议书，提出重建山丹培黎学校的建议。

12月，“山丹培黎农林牧学校促进委员会”成立。

是年，张掖师范学校被全国语言文字工作委员会评为“推广普通话先进单位”。民乐县先后创办了洪水农职业中学、教师进修学校和农村应用技术推广学校。

1985年

1月，甘肃省政府办公厅印发《关于成立山丹培黎农林牧学校筹委会》通知。

2月，张掖县第七中学更名为“张掖县第二农业中学”。张掖县教师进修学校被省教育厅认定为成人中专性质学校。

4月，甘肃省人民政府批准成立“张掖地区体育运动学校”，中专层次。

5月，甘肃省计委、教育厅下发《关于兴建山丹培黎农林牧学校的复函》，同意新建山丹培黎学校。

6月，中等专业教育自学考试制度在张掖开始实施，首次开考“中师、农业、财会”三个专业。

7月，张掖县政府批准成立张掖县职业中学（学校10月正式成立，设财会、幼师、服装3个专业，首期招生5个教学班，学生260人）。

9月，全区地、市、县庆祝第一个教师节。甘肃省广播电视大学张掖地区电大工作站成立。10月，张掖地区汽车技工学校成立（校址在地区农技校内）。

12月，张掖师范学校被全国文字改革会议评为“文字改革先进单位”。临泽县成立教师进修学校，隶属于县教委。

1986年

1月，省政府出台《甘肃省扫除文盲试行条例》。张掖地区文教处会同团委、妇联制定实施细则和规划。张掖县组织中小学教师1568人利用寒假深入村社开展扫盲教育。

2月，张掖地委下发《关于山丹培黎职业中学建制问题的通知》，确定学校为县级建制。

5月，张掖市政府印发《张掖市发展中等职业技术教育的意见》。

6月，张掖市政府批准成立张掖市第二职业中学，开设工业会计等4个专业，首期招生131人。原张掖市职业中学改称“张掖市第一职业中学”。

7月，全省保送优秀师范毕业生进入高等师范院校深造制度实行，张掖师范首次保送1人入西北师范大学学习。

11月，张掖师范学校被评为“全省中专体育锻炼达标先进单位”。民乐县将三堡农业中学改为民乐县农业中学。

1987年

2月，张掖市政府召开扫盲工作会议，决定各乡成立扫盲领导小组，配备扫盲专干。

3月，新西兰政府向山丹培黎学校赠款15万新元，援建中新友好厅。

4月，甘肃省山丹培黎农林牧学校正式开学招生。

5月，甘肃省政府印发《关于办好山丹培黎农林牧学校的通知》，明确山丹培黎农林牧学校性质、办学方向、隶属关系等。

9月，省长贾志杰视察山丹培黎农林牧学校。甘肃广播电视大学临泽县电大管理站成立。

1988年

4月，在山丹培黎农林牧学校恢复重建一周年之际，全国人大常委会副委员长习仲勋亲笔复信学校，同意担任山丹培黎农林牧学校名誉校长。

6月，临泽县板桥园林中学勤工俭学先进事迹被载入《中国教育大词典》。国家教委、计委、财政部、劳动部授予该校“全国勤工俭学先进集体”称号。

10月，高台县人民政府决定成立高台县职业中学。

11月，在汉城奥运会上被评为最优守门员的张掖籍国家手球队门将薛金花（原地区体校学生）载誉归来，地、市为其举行庆功会。

是年，省教委主任王松山来张掖视察重点农职业中学。全区各乡相继成立“农民技术培训学校”，开展各类农村实用技术培训。

1989年

8月，张掖师范实施音乐、体育、美术等专业分班选修的办班形式。

9月，民乐县六坝乡五坝村义务扫盲教师赵越璧被国家教委授予“全国扫除文盲先进工作者”称号。

10月，甘肃省政府决定山丹培黎农林牧学校划归省教委管理。25日，山丹培黎农林牧学校举行艾黎故居落成典礼，全国人大常委会副委员长习仲勋发贺电给学校。

12月，经省政府检查验收，张掖市23个乡（镇）240个行政村，达到了基本扫除文盲的标准，并颁发了合格证。

是年，石油部青海石油管理局为山丹培黎农林牧学校捐款18万元。新西兰政府“亚洲2000年基金会”始设“路易·艾黎奖学金”，专门用于山丹培黎农林牧学校教师培训。

1990年

5月，省教委主任王松山视察张掖市第一农业中学，为学校题词“进德修业，为农服务”。

6月，省长贾志杰在山丹培黎农林牧学校主持召开省长办公会，专题研究学校相关事宜。

7月，国家教委副主任何东昌视察张掖教育，题词“振兴地区教育，不负张掖盛名”。并为张掖市第一农业中学题词“培养农村新一代农民骨干”。

9月，张掖师范被省委、省政府评为“甘肃省教育系统先进集体”。张掖市河西片农民文化培训中心成立。

10月，张掖市第一农业中学经省教委评估验收达到B级标准。

11月，中国农村致富技术函授大学张掖分校成立。经省、地两级验收，临泽县达到无盲县标准。

1991年

4月，张掖市第一农业中学被国家教委、劳动部、人事部、计委、财政部授予“科教兴农先进学校”称号，并被国家教委确定为“省级重点职业高级中学”。

7月，全国政协副主席钱伟长视察山丹培黎农林牧学校。23日，张掖市第一所少年军校在第二农业中学成立。

9月，张掖师范举行建校50周年校庆。西北五省区中师联检组在国家教委师范司包同曾副处长一行检查张掖师范工作。张掖师范被省教委评为全省中师标准化建设先进单位，学制由三年改为四年。同月，张掖市决定将第一职业中学、第二职业中学合并，组建张掖市职业中学。

1992年

4月，张掖师范被省政府评为“甘肃省中专毕业生分配先进集体”。

7月，甘肃省副省长陈绮玲视察山丹培黎农林牧学校。国家教委副主任张文松、省教委副主任罗鸿福等一行调研张掖师范工作。

8月，甘肃省委书记孙英陪同中顾委常委黄华视察山丹培黎农林牧学校。

9月，山丹培黎农林牧举行建校50周年庆典暨“艾黎、何克与中国孩子雕像”揭幕仪式。

10月，全省农村综合教育改革会议在张掖召开，副省长王金堂参加会议并视察部分中小学。

是年，省教委验收山丹县扫盲工作，颁发基本扫除文盲奖牌。民乐县农业中学被甘肃省委、省政府授予“教育系统先进集体”称号。

1993年

5月，省教委主任阎思圣在张掖师范调研。

7月，临泽县职业技术教育中心成立。

8月，高台县决定合并高台县教师进修学校和职业中学，成立高台县职业教育中心。

1994年

1月，甘肃省教委下发《关于山丹培黎农林牧学校更名等问题的通知》，决定将学校更名为“甘肃省山丹培黎学校”，同时终止学校董事会活动，学校内部实行校长负责制。聘任李屺阳为山丹培黎学校名誉校长。

3月，地委、行署召开全区教育工作会议，制定《关于贯彻落实〈中国教育改革和发展纲要〉的意见》。

4月，由张掖地区体校输送到省体工队的田径运动员卡令堂，在北京举行的1994年全国马拉松竞走锦标赛男子2万米场地竞走比赛中，打破该项世界纪录，是甘肃省第一位破世界纪录的运动员。10日，山丹县职教中心成立。

7月，张掖地区被国家教委、农业部确定为全国农村教育综合改革联系点。

9月，地委书记马西林参加“全国农村教育综合改革会议”后，副书记梁国安率领地、县党政主要领导赴唐山考察农村教育综合改革情况。同月，国家教委艺术教育检查团一行调研张掖师范艺术教育情况。

10月，经省教委验收，民乐县达到基本扫除文盲县标准。肃南县通过省、地基本扫除文盲达标验收。

12月，地委、行署召开全区教育工作会议，印发《全区农村教育综合改革张掖实验区实施意见》《关于加快全区教育改革和发展若干问题的决定》等文件。同月，张掖师范被省委、省政府命名为“省级文明单位”。

是年，地委、行署决定按照“一县一中心，投资1000万，学生1000人，教师100人，占地100亩”的思路，在地区改建1所职教中心、各县筹建6所县级职教中心、每个乡镇建设1所农科教培训中心。张掖市计划将职业中学、教师进修学校、卫生职业技术学校、农业广播电视学校、就业培训中心及部门办的职业学校合并，兴建张掖市职业技术教育中心。民乐县计划将农业中学、职业中学、教师进修学校、卫生学校、农业广播学校、农业机械化学校合而为一，创建民乐县职业技术教育中心。

1995年

2月，张掖地委、行署召开全区科教兴农工作会议。

6月6日，张掖市职业技术教育中心开工建设。

12月，省政府召开全省县级职教中心建设座谈，张掖地区行署和地区教育委员会在大会上分别做了经验交流。

1996年

1月，地区行署召开全区农村教育综合改革工作会议。

3月，张掖师范被省委办公厅、省政府办公厅表彰为“全省档案工作先进集体”。

5月，国家人事部在张掖召开“新形势下发挥专业技术人才作用为经济建设服务座谈会”，西北五省区及河南等省区有关代表参加。

6月，地委、行署召开全区县级职教中心建设现场检查交流会。地区教育处对肃南县职教中心、张掖市第二农中进行办学评估，两校达到省颁C级标准。

8月，临泽县职教中心新校区主体工程竣工，师生搬入新校区。

9月，《中华人民共和国职业教育法》正式颁布实施，地、市、县教委分别举行大型宣传活动。地委行署下发关于成立“张掖市职业技术教育中心”的通知。全区校园文化建设第一次现场会在张掖师范召开。

10月，“张掖地区教育委员会”改称为“张掖地区教育处”。省教委、科委、张掖地区行署在张掖联合举办“甘肃省科教兴区张掖研讨会”。

11月，张掖市职业中学、教师进修学校、卫生职业技术学校先后迁入张掖市职业技术教育中心，张掖市职业技术教育中心正式运行。

12月，临泽县获得“全国扫盲工作先进县”称号。甘肃省广播电视大学在山丹培黎学校设立工作站。

1997年

1月，中国继续教育联合学院在张掖市职业技术教育中心设立“中国继续教育联合学院张掖地区教学基地”。

3月，省政府召开“全省农村科技工作会议”，张掖地区行署做了《全面实施科教兴区战略推动经济社会协调发展》的交流发言。

7月，地委、行署相继召开全区职教中心管理研讨会和全区职业教育工作会，印发《关于进一步加快发展职业教育的决定》。

8月，甘肃省常务副省长郭琨主持召开会议，专题研究解决山丹培黎学校毕业生分配事宜，会后下发《关于解决山丹培黎学校普通中专班毕业生就业问题的会议纪要》，明确从1997年起山丹培黎学校毕业生纳入国家分配计划，由省人事厅派遣。1996年以前的历届毕业生按当时的自费生政策由省人事厅进行派遣。

是月，甘肃省政协副主席应中逸视察指导张掖市职业技术教育中心工作，题词“以一流的设施、一流的师资、一流的管理、一流的质量和效益为张掖经济社会发展服务”，并书写“张掖市职业技术教育中心”校名。

9月，全国农村教育综合改革联系点会议在张掖召开，国家教委副主任王明达、政策法规司司长王根茂出席会议。同月，地区教育处组织开展《职业教育法》颁布施行一周年学习宣传职教法活动。全区开始推行职业学校毕业生考取《职业资格证》，自此开始实施毕业生“双证制”（《毕业证》和《职业资格证》)。

10月，地区教育处对六县市职教中心和地区职业中专进行了办学水平评估。张掖市职业技术教育中心、高台县职教中心达到省颁A级标准，临泽、民乐、山丹职教中心和地区职业中专达到省颁B级标准，肃南县职教中心达到省颁C级标准。

12月，山丹培黎学校与新西兰达菲尔德中学签署《达菲尔德中学和山丹培黎学校结为友好学校协议书》，两校建立姊妹学校关系。

是年，张掖农校成立甘肃凯源生物技术开发中心，山丹培黎学校被甘肃省人事厅认定为“甘肃省再就业培训定点机构”。

1998年

1月，张掖师范举办卫电中师小学教师自考辅导班16个。

3月，全国人大常委会原副委员长、山丹培黎学校名誉校长习仲勋为山丹培黎学校题词：“发扬艾黎艰苦奋斗精神。”

5月，张掖市职业技术教育中心成立学生就业指导办公室，高台县职教中心注册成立“阳光职业介绍所”，开始将毕业生向东部经济发达地区输送。

8月，地区教育处制定《张掖地区职业学校联校教研组工作条例（试行）》，依托7所职教中心组建了财政金融类、农艺类、家庭综合经营类、计算机应用类、幼儿师范类、民族艺术类和机械类等7个专业联校教研组和政治、语文、数学和英语4个文化基础课联校教研组。

9月，全市5所职教中心、山丹培校和张掖地区职业中专通过省教委评估专家组的综合评估。甘肃省教委下发《关于高等教育自学应用型专业专科考试试点的通知》，张掖市职业技术教育中心始办大专班。

10月，张掖市职业技术教育中心、高台县职教中心被省教委命名为“甘肃省重点职业中学”；民乐县职教中心、临泽县职教中心、山丹培校和地区职业中专等四所学校被省教委命名为“甘肃省示范性职业高级中学”。地区教育处印发《关于组织未升学的初高中毕业生进行就业职业培训的意见》，从1998年秋学期开始组织和动员城镇全部未升学的高中毕业生进入职业学校接受一年以上的职业教育和相关培训。同月，地区教育处制定《张掖地区甲级乡（镇）农科教培训中心评估方案》，开始对乡镇农科教培训中心进行评估认定。

11月，地区教育处举办了全区首届职校生技能竞赛活动，进行了财经、计算机应用、幼师3个专业的技能竞赛。

是年，张掖地区行署办公室转发《张掖地区职业教育发展三年计划和2010年规划》《关于组织未升学的高中毕业生进行就业前职业培训的意见》和《转发关于动员各类学校大力开展再就业培训的通知》。

1999年

1月，经甘肃省教委同意，张掖市职业技术教育中心、高台县职教中心加设“职业中等专业学校”校名，实行职业中专、职业高中并存，一校两名。

3月，地委书记洪毅对全区职业教育做出“职业学校要进一步理清办学思路，加强学校内涵发展，重视学校内在质量提高”的批示。地区教育处组织召开全区职教中心发展研讨会，开始组织实施省教委“461”职教发展工程。

5月，地区教育处组织职业教育交流考察团赴台湾进行职业技术教育交流考察，全区4名职教中心校长参加。

8月，张掖市职业技术教育中心开始试办普通初中部、艺术幼儿园。

10月，地区教育处举办全区首届职业学校“十佳”毕业生表彰活动。组织“十佳”毕业生代表分别在张掖、山丹、民乐、临泽和高台等职教中心进行巡回事迹报告。

11月，张掖市职业技术教育中心、高台县职教中心和张掖地区职业中专接受了由省教委组织的国家级重点职业高级中学的验收评估。

12月，在时任福建省委副书记、代省长的习近平的倡议下，福建益力集团为山丹培黎学校捐款35万元。

是年，肃南荣获“全国扫盲工作先进县”称号，张掖市上秦乡下秦小学校长刘生禄、山丹县教体局副局长张福、民乐县李寨乡薛寨村先后获得“中华扫盲奖”。民乐县职教中心建立了“民乐县食用菌开发研究中心”，研究开发的新品种向农户推广。

2000年

元旦，时任福建省委副书记、省长的习近平为山丹培黎学校师生寄发新年贺卡“恭贺新禧”。

4月，《中国教育报》在头版以《靠自身发展找出路》为题，报道张掖市职业技术教育中心的办学经验。

5月，甘肃省计划委员会、教育委员会、财政厅、人事厅联合下发《关于普通中等专业学校实行招生并轨改革的通知》，规定自2000年起，全省普通中等专业学校实行招生并轨改革。张掖师范、山丹培黎学校、张掖体育运动学校实行招生并轨改革。

是月，张掖市职业技术教育中心、高台县职教中心和张掖地区职业中专通过教育部验收，被教育部评估认定为首批国家级重点职业学校和中专学校。

6月18日，江泽民总书记视察张掖市职业技术教育中心。

7月，全国人大常委会副委员长蒋正华视察张掖市职业技术教育中心，题词“发展职业教育提高全民素质”。是月，全国“注音识字、提前读写”培训会在张掖师范召开。西北师范大学小教大专专业函授站在张掖师范开办。

9月，张掖师范首次招收的“3+2”小学教育大专班开学。临泽县职教中心和民乐县职教中心被甘肃省教育厅评估认定为省级重点职业学校。

11月，省政府聘请前新中友好协会主席云达忠为山丹培黎学校名誉校长，省委书记宋照肃向其颁发聘书。同月，地区教育处举办“全区第二届职校生技能竞赛”，竞赛项目增加到8个，包括了财会、计算机、幼师、机电、汽修和服装等骨干专业。

是年，张掖师范被甘肃省教育厅确定为“国家普通话测试鉴定站”，承担全区乃至河西地区中小学教师的普通话测试工作。全区4所职业学校的计算机应用、艺术幼师、现代会计、机电等7个专业，被甘肃省教育厅确定为重点建设的骨干专业。

2001年

3月，省政府批准张掖师范招收五年制大专班。

4月，山丹培黎学校、民乐县职教中心、临泽县职业技术教育中心被甘肃省教育厅命名为“省级重点职业中专学校”。

5月，省政府印发《关于同意张掖职业中专和张掖农校并入张掖师专的批复》，地区职业中专和张掖农校并入张掖师专。

6月，教育部职成司领导对全区职业教育改革和发展情况进行调研。

7月，地区教育处举办了全区首届职业学校专业课教师技能竞赛。

9月，省教育厅专家组对民乐县职教中心和临泽县职教中心进行晋升省级重点职业学校进行评估。

10月，教育部初步确定张掖地区作为全国教育科学“十五”规划国家级重点课题《西部人力资源开发战略研究》试验区及课题组城市。

是年，张掖师范专科学校，经教育部批准升格为综合性本科院校，更名为“河西学院”。

2002年

2月，张掖地区行政公署教育处、农业处联合印发《关于在我区农村普通初中试行“绿色证书”教育的实施意见》。自此，“绿色证书”劳动教育在全区实施。

3月，国务院批复撤销张掖地区和县级张掖市，设立地级张掖市。

4月，甘肃省教育厅批准山丹培黎学校开设小学英语教育和小学计算机教育两个师范类专业。省教育厅批复民乐县职教中心、临泽县职教中心加设“职业中等专业学校”校名。

6月，经国务院批复，县级张掖市撤销，设立甘州区，原张掖市的行政区域为甘州区的行政区域。

7月，张掖市职业技术教育中心在第四次全国职业教育工作大会上被授予“全国职业教育先进集体”称号。

9月，山丹培黎学校举行“艾黎诞辰105周年暨建校60周年纪念大会”，时任福建省委副书记、省长的习近平向学校发来贺信，祝愿学校在新世纪中不断取得新成就、实现新发展。

10月，“张掖地区教育处”更名为“张掖市教育局”，内部机构设置不变。全国高校设置评议委员会专家组对张掖卫校改建张掖医专工作进行实地评审。市教育局举办了全市职业学校首届文化基础课教师优质课评选活动。

11月，张掖市被教育部正式确定为全国教育科研“十五”规划国家重点课题“西部地区人力资源开发战略研究”课题组成员单位，教育部部长袁贵仁担任总课题组组长，职成教司司长、职教所所长黄尧担任课题组组长。王湛、王明达任课题顾问组组长，教育部职成教司司长黄尧等部委领导担任副组长。张掖市负责《甘肃省张掖地区人力资源开发战略研究》子课题研究，甘肃省教育厅副厅长王萍担任课题组长。年底，张掖市政府召开《西部人力资源开发战略研究》张掖地区课题组开题会议。

是年，张掖市被教育部、农业部确定为农村普通初中开展“绿色证书”教育试点，市教育局组织在甘州区、临泽县18所乡镇初中先行实施“绿色证书”教育试点。山丹培黎学校被国家劳动部确定为“国家职业技能鉴定所”和“劳动预备制培训基地”。张掖市职业技术教育中心被教育部确定为“全国重点建设的示范性职业学校”。高台县职教中心被甘肃省教育厅确定为“全省重点建设的信息化学校”。

2003年

2月，教育部在云南昆明召开《西部人力资源开发战略研究》子课题组长会议，甘肃省教育厅副厅长王萍汇报了张掖市课题研究工作情况。

4月，教育部致函甘肃省政府《教育部关于同意建立张掖医学高等专科学校的通知》。

5月，省政府决定撤销张掖地区卫生学校，建立张掖医学高等专科学校。

6月，张掖市第一农业中学撤并到张掖市第三中学继续开办职业教育班，原校址改建为甘州区青少年综合教育实践基地。

7月，“张掖医学高等专科学校”正式挂牌成立。张掖师范改办为“张掖实验中学”，开始招收初中应届毕业生举办普通高中班，保留原“张掖师范”的建制，继续招收四年制中专和“3+2”大专学生。甘肃省劳动和社会保障厅批准，张掖市职业技术教育中心与张掖市劳动局联合挂牌成立张掖市技工学校。

8月，张掖医学高等专科学校增设《中西医结合医疗》《妇幼卫生》两个专业。张掖市体育运动学校与西北民族学院联合举办体育大专班。

9月，《中国教育报》刊登题为《崛起在河西走廊上的职教之星——张掖市职成教育改革与发展纪实》署名文章，报道张掖市发展职业教育的经验。

10月，张掖市政府决定对张掖市体育运动学校参加全省第十届运动会获得优秀运动员学生，经市教育、财政、人事、体育等四部门联席会议审定，安置工作。首批安置45名学生。

是月，张掖市职业技术教育中心和高台县职教中心接受了省厅专家组国家级重点职业学校的复评。山丹培黎学校和张掖体育运动学校分别接受了省教育厅重点中等专业学校评估。市教育局在甘州区中心广场进行了甘肃省中等职业学校第二届广播体操大赛张掖赛区比赛，张掖市教育局获甘肃省优秀赛区荣誉称号。

12月，甘州区被教育部确定为“全国社区教育实验区”。同月，中国工合国际委员会联合新西兰驻华大使馆在北京举行“为山丹地震救灾筹款援助音乐会”，门票与油画义卖收入转山丹培黎学校，用于灾后重建。

2004年

2月，市委、市政府召开全市农村教育暨职业教育工作会议。市政府办公室印发《张掖市人民政府关于贯彻落实〈甘肃省人民政府关于加快职业教育改革与发展的决定〉的通知》。山丹培黎学校被省教育厅认定为省级重点中专。

3月，山丹培黎学校被教育部考试中心、甘肃省自考办确定为全国英语等级考试考点。

4月，市教育局举行纪念张掖市高等教育自学考试制度实施二十周年庆祝大会。《西部人力资源开发战略研究》张掖试验区报告通过省专家组评审鉴定。

5月，省教育厅和张掖市教育局相关人员在北京向教育部职业教育与成人教育司司长黄尧专题汇报张掖市职业教育发展状况和《西部人力资源开发战略研究》课题研究成果。

6月，张掖市普通话培训测试站被国家语委表彰为“全国先进测试站”。香港特区全国人大代表考察团视察张掖市职业技术教育中心工作。张掖市教育局成立“张掖市教育局劳动力转移培训工作领导小组”。

10月，全省职业教育工作会议在张掖召开，会议讨论通过《甘肃省关于进一步加强职业教育工作的实施意见》，张掖市职业技术教育中心等11个单位做了大会经验交流。29日，山丹培黎学校被科技部星火办公室命名为“星火计划农民科技培训学校”。是月，张掖体育运动学校组建的“金张掖龙狮队”在全国第五届农民运动会上获得障碍舞龙第三名和自编套路第三名的成绩。

11月，教育部在江苏召开全国农村劳动力转移培训会议，张掖市在会上介绍了发展职业教育的经验。

是年，教育部下发《教育部办公厅公布新调整认定的首批国家级重点中等职业学校名单的通知》，张掖市职业技术教育中心和高台县职业中专被教育部再次认定为国家级重点中等职业学校。

2005年

5月，市委、市政府召开全市职业教育工作会议，印发了《中共张掖市委张掖市人民政府关于大力发展职业教育的实施意见》。

6月，省委组织部在《全省基层党建工作情况通报》刊载民乐县县级农科教培训中心的工作经验，《甘肃日报》对此进行了报道。

7月，全国中西部地区农村中小学现代远程教育资源应用现场会在张掖召开，国务委员陈至立参加会议并做了讲话。教育部部长周济视察张掖市职业技术教育中心。

是年，全市参加自学考试的人数达到1.4万人，536名考生获得专科和本科毕业证书，市教育局被教育厅评为“全省自学考试先进单位”。

2006年

4月，省委、省政府在兰州召开全省职业教育工作会议，会上张掖市政府做了《以科学发展观为指导推动职业教育健康持续快速发展》交流发言。

5月，市委、市政府召开全市职业教育工作会议，印发《关于建立张掖市职业教育工作部门联席会议制度的通知》，确定全市职业教育工作部门联席会议制度和成员单位工作职责。

6月，山丹培黎学校、临泽县职教中心、民乐县职教中心被省教育厅重新调整认定为“省级重点中等职业学校”。

7月，临泽县职教中心被省环保局、省教育厅授予“甘肃省首批绿色学校”。

9月，省委办公厅、省民革委员会分别调研全市职业教育。

12月，市政府聘请原甘肃省人大常委会副主任胡慧娥为山丹培黎学校名誉校长。山丹培黎学校通过国家级重点职业学校评估验收。

2007年

2月，山丹培黎学校、民乐县职业教育中心被教育部认定为“国家级重点中等职业学校”。

3月，市委、市政府决定按照“整合资源、统筹功能、高职为主、一院多部”“三校一中心”的建设思路筹建张掖职业技术学院。

5月，张掖市委、市政府召开全市职业教育工作会议，印发《关于进一步推进职业教育发展的实施意见》。市教育局制定《张掖市“十一五”教育事业发展规划》《张掖市中等职业学校2005—2010年基础能力建设规划》和《张掖市职业学校专业建设指导意见》等文件。山丹县农民工技能培训中心挂牌成立。

10月，市政府分组召开筹建张掖职业技术学院座谈会。

11月，张掖市政府教育考察团访问新西兰达菲尔德中学。

12月，省教育厅批准筹建张掖职业理工中等学校（为创办张掖职业技术学院申请设立）。甘州区决定，以区委党校为依托，整合区行政干部学校、区农业技术培训学校、区农业广播电视学校、区农业机械学校、教师进修学校、专业技术人员继续教育基地等教育培训资源，成立甘州区社会服务培训中心。

是年，民乐县职教中心被全国成人教育协会授予“2007年全国农村成人教育先进单位”。张掖市职业技术教育中心、高台县职教中心、民乐县职教中心和临泽县职教中心等4所学校被市委、市政府表彰为“全市劳务经济工作先进集体”。

2008年

3月，市委、市政府出台《张掖市30万农村劳动力技能培训工程工作大纲》，计划五年内对全市30万农村劳动力进行系统的技能培训，每人至少新掌握一门以上实用技术或就业技能。

4月，市政府聘请对外友好协会副会长李建平为山丹培黎学校名誉校长。

5月，市教育局召开成立“张掖市教育学会职业教育分会”大会。

7月，“5·12”汶川地震后，为解决天水、陇南和平凉等地震灾后职业学校学生上学难的困难，市教育局组织考察组与受灾地区学校联系，采取免除学费、住宿费，补助生活费等优惠政策，共接收灾区学生470多名。

8月，市教育局、临泽县教体局和高台县职教中心被省教育厅表彰为职业教育先进集体，6名职业教育工作者被省教育厅表彰为职业教育先进个人。张掖市职业技术教育中心、高台县职教中心和民乐县职教中心被正式批准加入省扶贫办、省教育厅联合组建的甘肃省“贫困地区‘两后生’职业教育培训集团”。

9月，兰州大学出版社在张掖召开中等职业学校教材建设座谈会，拟定78名教师参与32种中职教材的编写工作。肃南县委、县政府对各类教育培训资源实行优化组合，将县农广校、就业培训中心、阳光工程办公室、职教中心实行联合重组，成立“肃南裕固族自治县农科教培训中心”。

12月，张掖市教育局、张掖市文化局联合举办了2008年全市职业学校文艺调演。

2009年

1月，市政府聘请甘肃省人大常委会副主任程有清为山丹培黎学校名誉校长。

2月，临泽县职教中心被教育部命名为“国家级重点职业中专学校”。

4月，市教育局召开2009年全市职业教育工作座谈会，决定每年的3月和6月为全市中等职业学校招生集中宣传月。

6月，教育部人才培养工作评估专家组对张掖医专人才培养工作进行了评估。是月，张掖市教育局依托西北师范大学开始主办在职攻读教育管理专业硕士学位研究生班，学制两年。

8月，国家发改委、教育部等27个部门来张调研，市教育局汇报了全市教育改革与发展情况。28日，市政府市长办公会议决定撤销张掖市职业技术学院筹建办公室，筹建办的人员带编分流到教育、体育、劳动等部门工作。

9月，职业学校教师参加第五届甘肃省中等职业教育教学科研优秀成果评选活动，获得科研成果奖12项。

10月，民乐县被教育部确定为新型农民培训联系点。

11月，民乐县被教育部表彰为“全国成人教育先进集体”。张掖市职业技术教育中心被甘肃省语委确定为省级语言文字规范化示范学校。民乐县职教中心被甘肃省扶贫办、省教育厅确定为甘肃省贫困地区“两后生”职业教育培训集团理事单位。

12月，山丹培黎学校被甘肃省环保厅、教育厅评为“绿色学校创建活动先进单位”。全市职业学校42名教师参与23个科目的中职教材编写工作，部分教材开始在全省和青海等地职业学校使用。

2010年

1月，德国汉斯·赛德尔基金会在高台县职业中专挂牌成立培训基地。

3月，全市中等职业学校师生技能大赛在山丹培校举办，大赛得到永安财产保险股份有限公司张掖中心支公司赞助，大赛共10个专业17个项目，同步进行了职业学校教师基本功比武。

4月，张掖体校射击运动员陈鑫在青海举行的西北协作兰州站全国青少年气手枪比赛中获得金牌，丁芙蓉获得银牌。

5月，中央电视台科教频道《探索发现》栏目组一行到山丹拍摄纪录片《路易·艾黎》。

6月，张掖市职业技术教育中心2007级财会班被教育部、团中央授予“全国先进班集体”荣誉称号。市教育局组织举办了首届全市中等职业学校运动会。

8月，在天津举办的全国职业院校技能作品展洽会上，张掖市职业技术教育中心报送的作品获三等奖。

9月，市教育局2篇信息在教育部职业教育与成人教育司编发的《职业教育与成人教育改革创新》在《行动周报》第7、9期上刊登。

10月，市教育局组织开展了全市中等职业学校2010年学生篮球排球运动会。

11月，山丹培黎学校、张掖市职业技术教育中心被甘肃省教育厅授予“全省中职学校就业工作先进单位”荣誉称号。

12月，张掖市职业技术教育中心被教育部确定为“国家中等职业教育改革发展示范学校建设计划”立项建设学校。

是年，市教育局出台《关于建立职业市中等职业教育教学质量检测体系的意见》，开始对全市职业学校学生进行文化课和专业课抽考，强化教育教学质量检测工作。17名职业学校教师参加全国和全省说课比赛，8人获得全国奖项，9人获得省级奖项，市教育局获得优秀组织奖。为扩大招生规模，各职业学校开展非全日制弹性学制试点工作，当年开展成人中等职业技术学历教育人数达到3993人。

2011年

1月，市政府聘请甘肃省政协副主席邵克文为山丹培黎学校名誉校长。

2月，张掖市职业技术教育中心被教育部、人社部、财政部确定为首批国家中等职业教育改革发展示范建设学校，项目从2011年开始，建设期为两年。

3月，市教育局成立张掖市教育学会职教学会，学会分设18个专业组。张掖体校运动员漆转平、谢发龙代表甘肃省参加全国第五届特奥运动会，获得男子200米、400米短跑和400米接力赛3块金牌，以及200米、400米短跑2枚银牌。

5月，市教育局被省教育厅表彰为甘肃省中等职业教育招生就业工作先进单位。省教育厅召开全省德育工作会议，山丹培黎学校、临泽县职教中心被省教育厅表彰为“全省中职学校德育工作先进集体”，高台职业中专常鑫海老师被评为全省德育工作先进个人，在大会上做了交流发言。

6月，肃南县职教中心的16名学生代表甘肃省参加了全国少数民族地区学生才艺展，裕固族舞蹈《晨曦》荣获全国少数民族地区学生才艺展银奖。

8月，市教育局首次举办全市民办学校校长研修班，经培训考试，83名民办学校和培训机构的校长和负责人获得上岗证书。

10月，国家教育督导团对张掖市“两基”工作进行检查验收。

2012年

2月，全市经济工作会议提出启动张掖职业技术学院筹建工作。

3月，山丹培黎学校“培黎学校农村发展能力建设项目”获得新西兰驻华大使馆批准，新西兰政府援助项目资金40万元。

4月，市教育局邀请省教育厅规划处、职教处、财务处相关负责人在滨河新区实地调研考察职业教育实训基地的选址。

5月，张掖市职业教育与成人教育学会成立暨第一次会员代表大会召开，学会成立了16个联校教研组。

7月，由甘肃省体育局主办的全省青少年武术锦标赛在张掖举行，全省14个市、州及省体校14个代表队的140多名运动员参加了3个大项、10个小项的比赛。

8月，张掖市被甘肃省政府表彰为“基本普及九年义务教育、基本扫除青壮年文盲先进地区”。

9月，市教育局被国务院表彰为“全国两基工作先进单位”。临泽县职业中专被市委、市政府表彰为“全市教育系统先进集体”。张掖市职业技术教育中心被中华全国总工会确定为“全国职工教育培训示范点”。

2013年

1月，张掖市职业技术教育中心机电技术应用专业、高台县职业中专汽车运用与维修专业被省教育厅确定为甘肃省级重点专业。

3月，市教育局、市人事局联合组织全市职业学校学生技能大赛，设置10个专业类29个赛项。

8月，职业学校8名教师参加甘肃省中职学校教师教学设计与说课比赛，获2个一等奖、3个二等奖、3个三等奖。

10月，来自10个国家的17位国际交流员组成的甘肃省第八期国际交流员考察团参观考察山丹培黎学校。

2014年

3月，教育部印发《教育部关于同意张掖医学高等专科学校并入河西学院的函》，张掖医学高等专科学校并入河西学院。

6月，经评审验收，张掖市职业技术教育中心被教育部、人力资源和社会保障部、财政部认定为第一批国家中等职业教育改革发展示范学校。市教育局获全省中等职业学校技能大赛团体二等奖。

7月，国家农业部农村实用人才培训基地在甘州区前进村揭牌成立。

8月，临泽县职业中专被司法部授予“普法优秀组织奖”

9月，山丹培黎学校教师韦肇获“全国优秀教师”称号。

12月，经张掖市委、市政府同意，河西学院与张掖市实验中学签订联合办学协议，加挂“河西学院附属实验中学”校牌。

2015年

1月，“河西学院附属实验中学”揭牌仪式在张掖市实验中学举行。山丹培黎学校致函中国工合委员会，提出与中国工合共建更高规格职业学院的建议。

4月，市政府出台《张掖市人民政府关于加快发展现代职业教育的实施意见》。全国人大常委会委员、教科文卫委副主任委员王佐书一行来张，检查《职业教育法》实施及全市职业教育改革发展情况。同月，甘州区入围第二批国家级农村职业教育和成人教育示范县行列。

7月，市政府办公室印发《全市职业教育重点工作实施方案（2015—2016年）》。

9月，张掖市委组织部申报、甘肃省委组织部推荐选送的《深入实施30万农村劳动力技能培训工程，为发展现代农业提供人才资源支撑》荣获全国基层人才工作创新案例优秀奖，该案例为甘肃省唯一获奖的创新案例。

10月，张掖市委第19次常务会议研究决定，启动艾黎国际职业学院建设工作。

11月，全国扶贫创业致富带头人培训工程推进会暨扶贫创业导师试点培训班在张掖市举行，国务院扶贫办副主任洪天云出席开幕式。新中友好协会主席荣大卫就推进艾黎国际职业学院建设分别致信教育部、甘肃省政府，新西兰驻华大使麦金农等。市政府第68次常务会议同意山丹县政府《关于上报艾黎国际职业技术学院筹建方案的请示》，决定成立筹建工作领导小组。

12月，西部创客大学揭牌暨首期培训班开班仪式在河西学院举行，新华社等10多家媒体报道相关事宜。年底，六县区先后成立了西部创客大学分校。

2016年

1月，中国电视艺术家协会在肃南县职教中心授牌创建“影视小屋”。山丹培黎学校学生赵珊被共青团中央学校部等3部门评为2015年度全国“最美中职生”。

3月，市教育局印发《张掖市职业学校管理水平提升行动计划方案（2016—2018年）》《全面深化职业教育教学改革全面提高人才培养质量的实施方案》。

4月，市委召开张掖市“路易·艾黎国际主义精神与‘一带一路’国家战略”高端国际论坛及相关系列活动筹备领导小组第一次会议，讨论研究艾黎国际职业学院筹建有关工作。省教育厅厅长王嘉毅到山丹培黎学校调研，听取培黎职业学院筹建情况。

5月，市委办印发《中共张掖市委办公室关于成立艾黎国际职业学院筹建领导小组的通知》，确定成立学院筹建领导小组。教育部门户网以《甘肃省张掖市职业教育宣传月活动全面启动》为标题，报道了我市职业教育宣传月活动情况，是当年全省唯一被教育部网站报道此活动的市州。

8月，甘肃省教育厅印发《关于同意筹建培黎国际职业学院的函》，同意筹建培黎国际职业学院。

9月，甘肃省委副书记、省长林铎到山丹培黎学校调研。首届丝绸之路（敦煌）国际文化博览会“路易·艾黎国际主义精神与‘一带一路’建设国际论坛”张掖分活动在山丹举行，与会领导与山丹培黎学校师生参加培黎职业学院群雕揭幕仪式等活动。

10月，市教育局组织西部创客大学及分校8008名在校生参加新华网组织发起的“创客青春——2016全国创客大学夏令营”活动，市教育局和河西学院获“创客青春——2016全国创客大学夏令营第一季最佳组织奖”，张掖大营荣获“最具商业价值奖”，西部创客大学及分校（张掖大营）获奖成绩居全国八强。西部创客大学被教育部等部门授予全国“终身学习品牌项目”称号。山丹培黎学校被甘肃省教育厅确定为“校企合作示范基地”和省级现代学徒制试点校。

11月，临泽县入围第三批国家级农村职业教育和成人教育示范县。张掖市职业技术教育中心劳务培训项目获“甘肃省终身学习品牌项目”。

12月，市教育局邀请全省职业教育优秀教师和毕业生创业典型组成报告团，在六县区职业学校进行“职教大讲坛”专题报告会。市委组织部和市人才办命名4所职业学校为“首批市级企业人才培训示范基地”。张掖市教育局获第十二届甘肃省中等职业学校“文明风采”竞赛活动组织贡献奖。中国国际电子商务培训学院在山丹培黎学校挂牌建立实训基地。

2017年

1月，山丹培黎学校校长彭东军、民乐县职业中专校长郭华新、高台县职业中专副校长葛发武、肃南县职教中心校长史千云被省教育厅授予“甘肃省中等职业学校明星校长”称号。

3月，甘州区少年军校被教育部命名为“国防教育特色学校”。张掖市体育运动学校入选“国家水平体育后备人才基地”。

4月，省教育厅召开全省职业教育工作视频会，张掖市教育局在大会上做交流发言。

5月，甘肃省教育厅、甘肃省财政厅发文确定高台县职业中专、民乐县职业中专为“省级中等职业教育改革发展示范学校”，创建期为三年。

8月，甘州区通过教育部验收，被教育部、科技部、水利部、农业部、国家农业局和国家粮食和物资储备局认定为第二批“国家级农村职业教育和成人教育示范县”，获得省级财政专项经费50万元。

9月，市教育局印发《2017年张掖市全民终身学习活动周实施方案》，举行启动仪式。

11月，临泽县职教中心被评为全国“优秀成人继续教育院校”，并获得全国“终身学习品牌项目”两项荣誉。市教育局印发《张掖市中等职业教育质量年度报告工作制度》，自2017年起，全市县区教育局、各职业学校每年向社会发布年度质量报告。

12月，市教育局依托张掖电大分校成立“张掖市社区教育指导服务中心”。

2018年

1月，高台县人才工作案例荣获全国人才工作创新最佳案例奖。

3月，市教育局牵头，会同发改、工信等部门成立评审组，确定张掖市职业技术教育中心等6所学校的机电技术应用、运动训练、机械加工技术、学前教育、农业机械使用与维护、汽车运用与维修、农村经济综合管理、现代农艺技术、建筑工程施工、旅游服务与管理专业等10个专业为首批市级骨干特色专业。市教育局组队选派职业学校143名学生参加省教育厅、人社厅等5部门举办的“2018年全省中等职业学校学生和教师技能大赛”，138名学生获奖，获奖率为99.5%，高台、民乐、临泽、肃南4所职业学校学生获奖达到100%，张掖市获得团体总分三等奖。

4月，高台县职业中专“祁连蓝领”技能人才培训基地和民乐县职业中专机电技术人才培训基地被市委人才领导小组办公室评为第二批市级企业人才培训示范基地。民乐县职业中专、高台县职业中专获第十四届甘肃省中等职业学校“文明风采”竞赛活动优秀组织奖。民乐县、高台县入围全国“第五批国家级农村职业教育和成人教育示范县”创建行列。甘肃广播电视大学张掖分校、临泽县职教中心和肃南裕固族自治县职业技术教育培训中心被中国成人教育协会农村成人教育专业委员会、教育部社区教育研究培训中心分别确定为社区教育信息化特色学校、创新创业教育特色学校和地方传统文化传承特色学校。

5月，2018年张掖市“职业教育宣传周”启动仪式在高台县举行，教育部网站以《甘肃省民乐县职业教育中心学校举办“大国工匠进校园”活动》为题，报道职业教育活动周工作，是全省唯一被教育部网站“2018年职业教育活动周”报道的市县。山丹培黎学校被市政府评为“支持地方经济社会发展先进集体”。甘肃省教育厅印发《甘肃省“十三五”高等学校设置规划》，规划提出新设甘肃培黎职业学院。

6月，临泽县被教育部、科学技术部、农业农村部、国家林业和草原局、国家粮食和物资储备局等6部委确定为全国“第三批国家级农村职业教育和成人教育示范县”。

8月，市教育局举办民办学校（培训机构）举办者能力提升培训班，培训班得到了省教育厅民办教育管理处和省教育科学研究院的指导和支持。

9月，民乐县职业中专和高台县职业中专被市委、市政府表彰为“2018年张掖市职业学校教育质量优胜奖”“2018年张掖市职业学校综合改革发展进步奖”。山丹培黎学校与广东三向集团建立校企合作关系，签订校企合作协议，三向集团向学校提供资金100万元，用于“徐言生教授名师工作室”和学院制冷与空调专业实训基地建设。

10月，市教育局印发《关于推荐遴选社区教育授课教师的通知》，建立了全市社区教育师资库。临泽县职业技术教育中心获得全国“优秀成人继续教育院校（培训机构）”荣誉称号。省教育厅专家组对民乐县和高台县两个第五批全国农村职业教育和成人教育示范县、民乐县职业中专和高台县职业中专学校创建省级中等职业教育改革示范校建设情况进行中期督导检查。省教育厅确定张掖市职业技术教育中心“机械加工技术”专业为全省骨干专业。

11月，市教育局牵头组织，会同人社局、财政局、卫健委联合举办全市中等职业学校学生技能大赛。大赛在5个赛点举办，设14个专业大类83个赛项，全市7所中等职业学校的1240名选手参赛。市政府职业教育督导评估组对甘州区和肃南县政府落实职业教育工作职责情况进行督导评估。高台县职业中等专业学校王明虎工作室被省教育厅认定为“甘肃省职业教育王明虎工作室”。

12月，山丹培黎学校被甘肃省精神文明建设指导委员会授予“甘肃省文明校园”称号。

是年，山丹培黎学校被甘肃省教育厅授予“德育工作先进集体”“就业工作先进集体”，被张掖市政府授予“教育系统先进集体”。临泽县和肃南县被省教育厅确定为首批省级社区教育实验区创建县。甘州区南街泰安社区、高台县城关镇人民西路社区、民乐县社管委团结巷社区和临泽县沙河镇东关街社区被省教育厅确定为“甘肃省新型城镇居民终身学习中心”。9名教师被市工会、教育、人社等部门授予“张掖市技术标兵称号”，1名教师获得“黄炎培职业教育杰出教师”奖。

2019年

1月，甘州区委、区政府决定在智能产业园区筹建张掖市职业技术教育中心新校区。

3月，张掖市职业技术教育中心新校区开工建设，新校区规划用地面积400亩，建筑面积12.8万平方米，总投资6.39亿元。

4月，全市职业学校144名学生、66名教师参加2019年全省职业院校技能大赛，获奖率分别达到90.97%和82%，7名教师获甘肃省技术标兵称号。

6月，张掖市政府办公室印发了《张掖市深化产教融合实施方案》。

7月，市教育局组成专家组评审认定山丹培黎学校等6所职业学校的设施农业生产技术、会计电算化、种子生产经营与管理、电子商务、音乐表演、电气技术应用专业为张掖市第二批职业教育骨干专业。

8月20日，习近平总书记视察山丹培黎学校，指出：实体经济是我国经济的重要支撑，做强实体经济需要大量技能型人才，需要大力弘扬工匠精神，发展职业教育前景广阔、大有可为。

是月，山丹培黎学校分别与深圳市浙江商会、潍坊华之鲁航空服务有限责任公司、广东顺德职业技术学院签订了合作协议。张掖市职业技术教育中心教师刘鹏、山丹培黎学校教师高云琴、民乐县职教中心教师任河工作室被省教育厅认定为第二批甘肃省“职业教育名师工作室”。

9月，山丹培黎学校与广东百校千企集团签订智慧校园共建合作协议。山丹培黎学校、临泽县职业中专分别被市委、市政府表彰为“张掖市职业学校教育质量优胜奖”“张掖市职业学校综合改革发展进步奖”。山丹培黎学校被评为第六批全省民族团结进步示范校。

11月，市教育局、人社局、财政局、卫生健康委联合举办2020年张掖市中等职业学校学生技能大赛。大赛设5个赛点85个赛项，6所职业学校1391名学生参赛。

12月，山丹培黎学校护理专业通过省教育厅、卫健委评审。

2020年

1月，省政府印发《甘肃省人民政府关于同意设置培黎职业学院的批复》。高台职业中专教师王明虎的教学案例入选2019年度全国职业院校“双师型”教师队伍建设典型案例。

2月，新冠肺炎疫情发生，全市各级各类学校按要求开展疫情防控工作。培黎职业学院被教育部确定为“智能制造领域中外人才人文交流培养基地”。

3月，省委书记林铎考察培黎职业学院，省委常委、省委秘书长王嘉毅陪同调研。是月，市教育局印发《关于推进落实〈2020年度甘肃省教育厅厅长突破项目实施方案〉的工作方案》。

4月，省教育厅下发《关于做好2020年甘肃省高等职业教育考试招生工作的通知》，对全省“三校生”对口招生考试进行改革，由过去高等职业教育考试招生的四种方式改革为综合评价录取和中职升学考试录取两种方式。

5月，培黎职业学院通过了教育部备案，学院筹建任务全面完成。

6月，山丹培黎学校学前教育专业教师被省教育厅认定为第二批甘肃省职业教育教师教学创新团队。

7月，市教育局在培黎职业学院举行“职业教育宣传周”活动启动仪式。《中国教育报》《甘肃日报》《张掖日报》和张掖电视台等媒体记者进行了现场采访报道。20日，省政府新闻办举行培黎职业学院成立新闻发布会，宣布培黎职业学院秋季首期招生，开设现代农业技术、机电一体化技术、汽车检测与维修技术、旅游管理、应用英语5个专业。山丹培黎学校搬迁至培黎职业学院，实现中高职一体化办学。

8月，高台县入选“2020中国职业教育百佳县市”（《小康》杂志公布）。

9月，张掖市职业技术教育中心整体迁入新校区，新校区开始运营。市政府办公室印发《张掖市职业教育改革实施方案》。是月，培黎职业学院首期招录新生411人。山丹培黎学校机电技术应用、民乐县职业教育中心建筑工程施工、张掖市职业技术教育中心机电技术应用、临泽县职业中等专业学校农业机械使用与维护、高台县职业中等专业学校汽车运用与维修等5个专业被省教育厅确定为甘肃省职业教育骨干专业。

10月，培黎职业学院甘州分院在张掖市职业技术教育中心新校区挂牌。临泽县、肃南县被省教育厅认定为甘肃省第一批省级社区教育实验区。

11月，市教育局、人社局、财政局、卫健委联合举办2021年全市中等职业学校学生技能大赛，大赛设置5个赛点、81个赛项，6所中等职业学校和市育才技工学校的1499名选手参加比赛。是月，全市19名职业学校学生获得中等职业教育国家奖学金（教育部、人社部颁发荣誉证书，每生奖学金6000元）。

12月，省教育厅、财政厅联合发文公布了甘肃省第一批中等职业教育改革发展示范校验收结果，高台县职业中等专业学校和民乐县职业中等专业学校被认定为“甘肃省中等职业教育改革发展示范学校”。

2021年

2月，张掖市教育局印发《张掖市教育局关于加强中小学生手机管理工作的通知》。

3月，张掖市教育局发布《2020年度张掖市中等职业教育质量报告》。

4月，张掖市职业技术教育中心、民乐县职教中心、高台县职业中专被省教育厅、财政厅和人社厅确定为甘肃省优质中等职业学校建设计划建设单位。

5月，省委书记尹弘调研培黎职业学院。

6月，河西学院与培黎职业学院签订《河西学院支援培黎职业学院发展意向协议书》。甘肃省培黎杯“互联网+”新职业创新创业大赛在培黎职业学院举办。中国教育新闻网以《甘肃临泽职专：以多彩社团活动助力学生成长成才》为题，报道了临泽县职业中专社团工作取得的成效。张掖市体育运动学校武术队和田径队在全省青少年锦标赛中获得15枚奖牌。

7月，中国职业技术教育学会会长、教育部原副部长鲁昕一行调研培黎职业学院。

8月，市委、市政府印发《张掖市贯彻落实〈关于整省推进职业教育发展打造“技能甘肃”的意见〉的实施方案》，成立张掖市贯彻落实部省合作整省推进职业教育发展打造“技能甘肃”工作领导小组，建立张掖市贯彻落实整省推进职业教育发展打造“技能甘肃”工作联席会议制度。甘肃省省长任振鹤调研培黎职业学院。

9月，全国人大监察和司法委员会有关领导考察培黎职业学院。培黎职业学院、巴基斯坦费萨拉巴德农业大学、唐风汉语教育科技有限公司、巴基斯坦青年基金会举行线上四方视频会议，签署四方谅解备忘录。

10月，培黎职业学院相关工作被《中华英才》杂志报道。

11月，张掖市委、市政府印发《张掖教育现代化2035行动纲要》《张掖市加快推进教育现代化实施方案（2021—2023年）》。

附　录

一、1990—2021年张掖发展职业教育部分重要文件目录

1.《张掖地区行政公署关于加强科教兴农若干问题的通知》（1991年9月）

2.《张掖地区行政公署关于进一步加快扫盲工作步伐的意见》（1993年9月）

3.中共张掖地委、张掖地区行政公署关于贯彻《中国教育改革和发展纲要》的意见（1994年3月）

4.《中共张掖地委、张掖地区行政公署关于加快全区教育改革和发展若干问题的决定》（1994年12月）

5.《中共张掖地委、张掖地区行政公署转发〈张掖地区关于大力开展扫除文盲工作的意见〉》（1995年3月）

6.《张接地区行政公署关于印发张掖地区教育事业“九五”计划和2010年发展规划的通知》（1996年10月）

7.《中共张掖地委、张掖地区行政公署关于进一步加快发展职业教育的决定》（1997年3月）

8.《张掖地区职业教育发展三年计划和2010年规划》（张掖地区行署办公室转发，1998年11月）

9.《张掖市政府办公室关于印发张掖市人民政府关于贯彻落实〈甘肃省人民政府关于加快职业教育改革与发展的决定〉的通知》（2004年2月）

10.《中共张掖市委、张掖市人民政府关于大力发展职业教育的实施意见》（2005年8月）

11.《张掖市30万农村劳动力技能培训工程工作大纲》（2008年3月）

12.《张掖市中长期教育改革和发展规划纲要（2010—2020年）》（2011年10月）

13.《张掖市人民政府关于加快发展现代职业教育的实施意见》（2015

年4月）

14.《张掖市人民政府办公室关于印发全市职业教育重点工作实施方案（2015—2016年）的通知》（2015年5月）

15.《张掖市人民政府办公室关于印发〈张掖市深化产教融合实施方案〉的通知》（2019年8月）

16.《张掖市人民政府办公室关于印发〈张掖市职业教育改革实施方案〉的通知》（2019年9月）

17.《张掖市职业技能提升行动实施方案（2019—2021年）》（2019年10月）

18.《张掖市贯彻落实〈关于整省推进职业教育发展打造“技能甘肃”的意见〉的实施方案》（2021年8月）

19.《张掖教育现代化2035行动纲要》（2021年11月）

20.《张掖市加快推进教育现代化实施方案（2021—2023年）》（2021年11月）

二、统计资料选辑

附表1　1981—2020年张掖中等职业教育在校学生情况统计表

年份	中专学校（普通中专）			全日制（农）职业学校			在校生数/人	招生数/人	备注
	学校数/所	在校生数/人	招生数/人	学校数/人	在校生数/人	招生数/人			
1981	3	1261		2	750				
1982	3	1134		2	828				
1983	3	1299		7	643				
1984	3	1277		9	1261				
1985	4	1541		10	1862				
1986	4	1654		11	2196				
1987	5	1650		11	2567				
1988	5	1773		12	2783				
1989	5	1992		12	2375				
1990	5	2043		11	2465				
1991	5	2089		9	2616				
1992	5	2114		9	2457				

续附表1

年份	中专学校(普通中专)			全日制(农)职业学校			在校生数/人	招生数/人	备注
	学校数/所	在校生数/人	招生数/人	学校数/人	在校生数/人	招生数/人			
1993	5	2120		9	2252				
1994	5	2173		9	2046				
1995	5	2358	700	11	1913				
1996	5	2360	760	11	2430	1350	4788	2057	
1997	5	2360	760	11	2370	1357	4735	2117	
1998	5	2457	837	10	3117	1788	5574	2625	
1999	5	2665	837	9	4301	1820	6966	2657	
2000	5	3001	1300	9	4405	1766	7406	2066	
2001	5	3286	1069	9	3647	1159	6933	2228	
2002	4	3245	692	8	3002	951	6247	1643	
2003	4	3237	675	7	3191	670	6428	2639	
2004	4	3019	694	7	2729	1047	5748	1741	
2005	4	2852	1177	7	4903	3059	7755	3871	
2006	3	1694	807	12	7079	3848	8773	4655	
2007	3	1778	432	14	11784	5564	13562	5996	含弹性学制学员
2008	3	1949	714	14	10943	12126	14075	5226	
2009	3	1638	463	10	8728	3191	10366	3654	
2010	3	2209	472	10	8866	3198	11075	3670	
2011	3	2436	1336	9	14477	7956	16913	9292	
2012	3	6160	2201	9	9618	3667	15778	5868	
2013	3	3434	186	9	16509	5383	16943	5569	
2014	3	5911	2557	9	7780	1812	13691	4369	

附表2 2015—2021年张掖中等职业教育在校生情况统计表

年份	学校数/所	招生数/人	在校生/人	备注
2015	7	4226	9696	
2016	7	4135	8718	
2017	7	3520	10223	
2018	7	3536	9972	
2019	7	3719	10035	
2020	7	4588	11052	
2021	7	4776	12111	

注：中等职业教育在校学生情况含普通中专和职业学校。

附表3 1980—2010年张掖中等职业学校教职工情况统计表

（单位：人）

年份	教职工	专任教师	职称			学历				备注
			高级	中级	初级	研究生	本科	专科	专科以下	
1980	248	118					53	14	51	
1981	263	123					47	20	56	
1982	285	123	1				46	24	65	
1983	312	135	4	21	45		47	23	84	
1984	298	154	2	7			74	23	56	
1985	361	143	2	6			75	21	86	
1986	376	182	2	6			94	31	72	
1987	422	197	25	44	33		101	45	96	
1988	452	232	31	53	67		124	50	92	
1989	459	266	31	58	64		148	64	50	
1990	470	262	27	59	57		145	68	46	
1991	514	259	27	58	69		146	72	61	
1992	507	279	26	55	68		152	81	43	

续附表3

年份	教职工	专任教师	职称			学历				备注
			高级	中级	初级	研究生	本科	专科	专科以下	
1993	526	272	31	74	89		152	86	34	
1994	519	251	21	63	130		158	91	9	
1995	517	269	22	70	131		165	90	5	
1996	528	255	29	90	117					
1997	529	261	29	103	117					
1998	522	263	27	123	102					
1999	520	276	31	129	99		177	72	37	
2000	523	290	38	115	122		189	68	37	
2001	402	221	31	99	80		145	50	36	
2002	389	232	50	92	82		153	52	27	
2003	409	250	57	92	86		180	39	31	
2004	397	250	56	89	71		178	65	7	
2005	436	288	60	96	77		219	61	6	
2006	445	273	58	95	68	2	180	34	6	
2007	318	348	42	77	58	4	202	32	6	
2008	340	255	42	78	120	8	216	26	5	
2009	347	272	50	78	121	8	240	27	3	
2010	353	272	51	74	124	12	228	27	3	

附表4 1980—2010年张掖中等职业学校教职工情况统计表

（单位：人）

年份	教职工	专任教师	职称			学历				备注
			高级	中级	初级	研究生	本科	专科	专科以下	
1980										
1981	77	43								

续附表4

年份	教职工	专任教师	职称			学历				备注
			高级	中级	初级	研究生	本科	专科	专科以下	
1982	80	46								
1983	75	32								
1984	147	87								
1985	191	96								
1986	224	132								
1987	244	172								
1988	304	190								
1989	345	206								
1990	195	195								
1991	189	189								
1992	346	235								
1993	223	223								
1994	226	226								
1995	297	297	6	49	182		56	199	42	
1996	431	299	12	55	232		63	192	44	
1997	435	334	16	78	240		90	216	28	
1998	478	368	14	119	235		103	221	44	
1999	503	387	15	153	217		113	231	43	
2000	464	357	16	166	177		133	202	42	
2001	539	415	18	198	199		187	209	42	
2002	592	463	19	213	231	2	214	220	40	
2003	687	550	21	254	255	5	251	331	51	
2004	326	249	21	110	96	5	99	128	22	
2005	369	288	25	133	122	5	157	128		

续附表4

年份	教职工	专任教师	职称			学历				备注
			高级	中级	初级	研究生	本科	专科	专科以下	
2006	397	325	35	184	102	5	200	119	3	
2007	674	519	46	255	125	5	359	151	6	
2008	686	542	59	288	137	5	408	125	8	
2009	580	498	58	280	135	6	399	91	9	
2010	657	571	86	279	122	8	446	115	8	

附表5　2010—2020年张掖中等职业学校教职工情况统计表

年份	学校数/所	教职工/人	专任教师/人	职称			学历			备注
				高级/人	中级/人	初级/人	研究生/人	本科/人	专科及以下/人	
2010	13	933	746	126	358	186	16	597	134	
2011	12	936	797	136	334	196	20	612	128	
2012	12	911	819	153	367	187	23	626	115	
2013	12	875	778	162	307	187	25	625	92	
2014	12	868	763	147	351	183	26	623	96	
2015	7	859	743	169	310	184	26	649	85	
2016	7	820	719	184	287	198	28	651	79	
2017	7	878	751	199	327	225	28	705	69	
2018	7	881	713	193	349	171	30	701	59	
2019	7	847	746	224	320	202	30	690	56	
2020	7	838	741	231	351	155	33	680	61	
2021	7	893	824	274	362	188	41	756	27	

参考文献

一、著作

[1] 闻有信，杨金梅.职业教育史 [M].海口：海南出版社，2000.

[2] 董明传，毕诚，张世平.成人教育史 [M].海口：海南出版社，2002.

[3] 谷苞主.西北通史（1—5卷）[M].兰州：兰州大学出版社，2005.

[4] 李蔺田，王萍.中国职业技术教育简史 [M].北京：北京师范大学出版社，1994.

[5] 谢长法.中国职业教育史 [M].太原：山西教育出版社，2011.

[6] 路易·艾黎.农民的希望 [M].兰州：甘肃教育出版社，1992.

[7] 王炳照，李国钧，阎国华.中国教育通史 [M].北京：北京师范大学出版社，2013.

[8] 陈英杰.中国高等职业教育发展史研究 [M].郑州：中州古籍出版社，2007.

[9] 丁铃.河西教育史 [M].兰州：甘肃人民出版社，2006.

[10] 陈青之.中国教育史 [M].北京：中国文史出版社，2016.

[11] 钟赓起.甘州府志 [M].张志纯等，校点.兰州：甘肃文化出版社，1995.

[12] 路宝利.中国古代职业教育史 [M].北京：经济科学出版社，2011.

[13] 孙培青.中国教育史 [M].上海：华东师范大学出版社，2000.

[14] 李华瑞.宋夏关系史 [M].石家庄：河北人民出版社，1998.

[15] 武沐，刘光华.甘肃通史 [M].兰州：甘肃人民出版社，2013.

[16] 高荣.河西通史 [M].天津：天津古籍出版社，2011.

[17] 中国教育与人力资源问题报告课题组.从人口大国迈向人力资源强国 [M].高等教育出版社，2003.

[18] 教育部，中共中央文献研究室.毛泽东邓小平江泽民论教育 [C].北

京：中央文献出版社，2002.

[19] 教育部.中国教育绿皮书 [C].北京：教育科学出版社，2002.

[20] 翟同宪.区域经济发展理论与实践——生态张掖的现实基础与前瞻性分析 [M].兰州：甘肃人民出版社，2010.

[21] 董锁成，李周，魏晓东.中国西部大开发战略研究 [M].西安：陕西人民出版社，1999.

[22] 王国华.金张掖风情 [M].兰州：兰州大学出版社，1998.

[23] 田澍，何玉红.西北边疆社会研究 [M].北京：中国社会科学出版社，2009.

[24] 吴廷桢，郭厚安.河西开发研究 [M].兰州：甘肃教育出版社，1993.

[25] 余太山.西域通史 [M].郑州：中州古籍出版社，1996.

[26] 陈学恂.中国教育史研究（1—5卷）[M].上海：华东师范大学出版社，2009.

[27] 朱永新，王继平.中国教育改革大系职业教育 [M].武汉：湖北教育出版社，2016.

[28] 甘肃方志编纂委员会.甘肃教育志 [M].兰州：甘肃人民出版社，1991.

[29] 甘肃教省张掖教育委员会.张掖地区教育志 [M].兰州：甘肃文化出版社，1996.

[30] 张掖地区志编纂委员会，张志纯.张掖地区志（上、中、下卷）[M].兰州：甘肃人民出版，2011.

[31] 张掖市志编纂委员会.张掖市志 [M].兰州：甘肃文化出版社，1993.

[32] 张掖地方史志编纂委员会.张掖市志（1996—2015）[M].兰州：甘肃文化出版社，2020.

[33] 方步和.张掖史略 [M].兰州：甘肃人民出版社，2002.

[34] 傅九大.甘肃教育史 [M].兰州：甘肃人民出版社，2002.

[35] 钟赓起.甘州府志 [M].张志纯等，校点.兰州：甘肃文化出版社，1995.

[36] 张大策，任积泉.张掖市情纲要 [M].兰州：甘肃文化出版社，2003.

[37] 杨春茂.重刊甘镇志 [M].张掖地方志办公室，校点整理.兰州：甘肃文化出版社，1996.

［38］黄文炜.重修肃州新志·高台县［M］.张志纯等，校点.兰州：甘肃人民出版社，1998.

［39］冯周人.高台县要览［M］.张志纯等，校点.兰州：甘肃人民出版社，1998.

［40］黄璟，等.山丹县志［M］.郭兴圣等，校点.兰州：甘肃人民出版社，1993.

［41］王存德，章金泷.临泽县志［M］.兰州：甘肃人民出版社，2016.

［42］教育部职业教育与成人教育司.中国职业教育与成人教育工作年鉴［R］.北京：高等教育出版社，2002、2003、2004、2005、2006、2007、2008、2009.

［43］高台县志编纂委员会.高台县志［M］.兰州：兰州大学出版社，1993.

［44］民乐县教育编纂委员会.民乐县教育志［M］.兰州：甘肃文化出版社，2008.

［45］山丹县教育编纂委员会.山丹县教育志［M］.兰州：甘肃文化出版社，2009.

二、论文及其他文献

［1］教育部党组.扎实推进教育高质量发展加快建设教育强国［N］.光明日报，2021-06-09.

［2］陈宝生.努力办好人民满意的教育［N］.中国教育报，2017-09-08.

［3］陈宝生.办好新时代职业教育服务技能型社会建设［N］.光明日报，2021-05-01.

［4］陈子季：职业教育从“大有可为”到“大有作为”［N］.中国教育报，2020-10-13.

［5］于珍.中国教育现代化的探索之路［N］.中国教育报，2021-07-07.

［6］刘博超，晋浩天.教育改革：让人民享有更好更公平的教育［N］.光明日报，2021-06-09.

［7］张春铭.根植沃土谱华章——扎根中国大地办教育的实践探索［N］.中国教育报，2021-06-08.

［8］张东.百年征程映初心——党的教育方针的历史变迁［N］.中国教育报，2021-05-27.

［9］曾天山.新中国职业教育70年的发展轨迹和历史经验［N］.人民政协报，2019-10-30.

［10］王扬南：职业教育专业目录沿革、作用与实施［J］.中国职业技术教育，2021（07）：9-14.

［11］陈子季.以大改革促进大发展推动职业教育全面振兴［J］.中国职业技术教育，2020（01）：7-11.

［12］郭文富，马树超.扎根中国大地新中国高职教育发展的经验与贡献［J］.中国高等教育，2019（20）：5-11.

［13］王扬南.新时代新要求、新目标新行动——职业教育改革发展迈入新阶段［J］.中国职业技术教育，2019（20）：5-7.

［14］匡瑛，石伟平.改革开放40年我国职业教育发展之路［J］.教育与经济，2018（04）：9-13.

［15］黄尧.改革开放三十年职业教育发展回顾及对未来的展望［J］.中国职业技术教育，2008（32）：5-8.

［16］任平.晚清民国时期职业教育课程史论［D］.长沙：湖南师范大学，2010.

［17］姜大源：技术与技能辩［J］.中国职业技术教育，2008（32）：1-2.

［18］徐东，张继华，郭道端.我国古代职业教育的发展［J］.中国职业技术教育，2006（11）：60-64.

［19］孙立家.中国古代职业教育的主要教育形式——艺徒制［J］.职业技术教育，2007（11）：72-75.

［20］谢广山.中国古代职业与技术教育范式［J］.职教论坛，2007（10）：76-80.

［21］谢广山.中国古代职业技术教育的兴盛及其特征［J］.职教论坛，2004（10）：63-64.

［22］孔霞，龙玲玲.中国古代家庭教育思想初探［J］.现代教育科学，2011（02）：11-13.

［23］王美蓉，海波.张掖兼及河西古代教育史资料编理［C］.河西学院学报，2003（04）：71-76.

［24］王迎喜.简谈清代甘肃的书院［J］.张掖师专学报（综合版），1988（01）：91-97.

［25］张世清.西北书院制度略论［J］.兰州大学学报（社会科学版），2003（01）：40-46.

［26］吴莉.科举制对中国古代教育的影响［J］.西南民族大学学报（人文社科），2005（05）：350-352.

后 记

从1993年开始，我从事职业教育工作已经26个年头了，对职业教育产生了越来越难以割舍的依恋和感情。自2002年在张掖市教育局承担全国教育科研“十五”规划国家重点课题“西部地区人力资源开发战略研究”课题研究工作开始，一直没有中断过对职业教育的研究和实践思考。得益于张掖市教育局这个重要平台，在参加会议、调研、考察学习、培训等过程中接触了众多全国知名的职业教育专家、学者，开阔了眼界，也对职业教育有了更深的认识、思考和研究。欣慰的是，起步课题和政策研究先后得到了教育部职业技术教育中心所原副所长余祖光先生、甘肃省教育厅原副厅长王萍教授、张掖市教育局原局长贾天杰先生和屈伯虎、安志勇等同志，以及张掖市委党校翟同宪教授、河西学院张海钟教授和市委组织部许兴权同志的悉心指导，掌握了教育教学研究的一些方法。后来在工作中，又受到张掖市教育局原局长王兵、郑生新，副局长武赞智、张世瑞，总督学王克强、张新旭等领导，以及在市政府办公室工作的许元、刘永君、尹叶红、张晓龙等同志在政策研究、公文写作和文件起草等方面的指导，有了一定的写作基础，得益于此，在教育局工作期间，多次承担一些重要文件的起草、重要会议材料的完成、调研报告的执笔，先后还参与了省级层面有关职业教育的一些文件的起草。在工作过程中，我萌生了编写一本《张掖职业教育研究》的想法，便开始收集资料，翻阅各种史料，关注相关方面的政策和专家学者的著述，后因工作环境和岗位变化，未能实现。2019年，我离开市教育局后，心里面一直有一个为全市职业教育做些什么、留点什么的情结。2020年初，受到市教育局局长殷大斌同志的鼓励后，便着手开始《张掖职业教育发展述略》的起草工作。

在资料收集过程中，得到了张掖市教育局、张掖市图书馆、甘州区教育局的鼎力支持。得到了武赞智、朱多祯、秦福伟、郭华新先生，培黎职业学院党委书记杨城、院长彭东军、副院长吴全民，张掖中学党委书记崔发银，张掖市体育运动学校党委书记张有朝，高台县教育局局长单国成，临泽县职业中专党委书记张自国、校长马忠海，民乐县职业中专党委书记杨海年，高台县职业中专校长刘海军、副校长万军和葛发武督学等同志的大力支持和帮助。在近两年的写作过程中，张掖市教育局局长殷大斌，张掖市政府教育督导室总督学张新旭、副总督学姚文奎，以及市教育局刘旭、李谋军、钱立军、王增智等同志给予了支持和帮助。得到了甘州区教育局局长李金铭、副局长卢建明同志和张掖市职业技术教育中心校长王幼华、原校长祁泉等同志的大力支持和帮助。在此，对他们表示衷心感谢。

市教育局局长殷大斌同志对此书的编写工作寄予厚望，并多次提出修改意见，支持出版。张掖市实验中学原校长朱多祯、张掖中学党委书记崔发银、张掖市民政局屈伯虎、张掖市融媒体中心安志勇、临泽县人大常委会主任许兴权、张掖市教育局刘旭同志分别审阅初稿，并提出修改意见，张掖市委党校翟同宪教授对本书的框架结构和研究思路提出了宝贵意见，谨向他们表示诚挚的感谢。本书摘引了《张掖地区教育志》有关职业教育的部分内容，特此说明，并向发布单位和起草作者表示谢意。写作中，借鉴引用了有关领导讲话、专家学者研究成果、单位史志等，未能一一列举，特向他们表示感谢和致歉。成书和出版，得到了郭省谋、张世瑞先生，张风山、张玉安同志等多方面的帮助，在此一并致谢。妻子张亚玲、女儿陈嘉欣在整理资料、文稿录入、图表编制、文字校对等方面做了大量工作。

兰州大学出版社对该书的出版给予了大力支持，在此表示感谢。

编　者

2023年3月